U0795756

知识生产的原创基地
BASE FOR ORIGINAL CREATIVE CONTENT

颉腾商业
JIE TENG BUSINESS

股权并购

寻找企业第二增长曲线

郭勤贵　杨佳媚◎著

Equity M&A

Looking for the Second Growth Curve of Enterprises

中国广播影视出版社

图书在版编目（CIP）数据

股权并购：寻找企业第二增长曲线 / 郭勤贵，杨佳媚著. -- 北京：中国广播影视出版社，2021.3
ISBN 978-7-5043-8564-2

Ⅰ. ①股… Ⅱ. ①郭… ②杨… Ⅲ. ①上市公司—企业兼并—研究 Ⅳ. ①F276.6

中国版本图书馆CIP数据核字(2020)第257362号

股权并购：寻找企业第二增长曲线
郭勤贵　杨佳媚　著

策　　划　李华君
责任编辑　杨扬
责任校对　张哲

出版发行　中国广播影视出版社
电　　话　010-86093580　010-86093583
社　　址　北京市西城区真武庙二条 9 号
邮　　编　100045
网　　址　www.crtp.com.cn
电子信箱　crtp8@sina.com

经　　销　全国各地新华书店
印　　刷　北京市荣盛彩色印刷有限公司

开　　本　710 毫米 × 1000 毫米　1/16
字　　数　280（千）字
印　　张　23
版　　次　2021 年 3 月第 1 版　2021 年 3 月第 1 次印刷

书　　号　ISBN 978-7-5043-8564-2
定　　价　79.00 元

序

股权并购是公司寻找第二条增长曲线的最佳路径

随着全球化的重构与经济数字化转型的加速，公司发展面临前所未有的挑战。伴随着公司对所在行业的产业链与价值链的整合与重构，第七次股权并购时代随之来临。

就全球公司发展趋势而言，传统行业巨头基于产业链的横向与纵向整合并购、基于供应链进行的跨界并购、基于价值链进行的转型升级并购，都使得传统行业的集中度越来越高，公司头部效应越发明显。而以互联网、IT、通信、电子等为核心的科技企业，其天然具有高度垄断及跨国界基因，尤其是互联网经济的“流量为王、赢者通吃”规律，使得该行业集中度与垄断程度远超传统行业。而在即将到来的第四次技术革命推动的产业转型升级以及全球化退潮带来的公司整合重组之下，股权并购等越来越成为公司做大做强、渡过危机、转型升级的重要战略，也是公司寻找第二条增长曲线的最佳路径。

纵观那些伟大的企业，无不是比翼双飞、双驾齐驱的企业。一方面依靠科技创新不断扩大市场，来做大做强；另一方面通过资本并购投资迅速做大或进入新的领域，寻找到第二条增长曲线。二者虽然都是公司基业长青的秘诀，但相比于创新驱动而言，资本并购投资更为直接、更为明显、更为迅速，成功率更高。

因为公司内部创新存在巨大的不确定性和风险，加之创新本身意味着对原有业务及模式的减损或颠覆，而其自身内部的阻力是巨大的，尤其是那些如日中天的巨型公司，不可能减少或放弃唾手可得的现实利益而去创新探索不可知的未来，何况一旦遭遇来自“门口的野蛮人”跨界打劫，那将是致命的危机。其带来的影响与损失远非市场规模的缩减或业务的减少所能比拟，而是原有业务和市场的彻底终结，而市场的终结也就意味着公司走向了覆灭。当年的柯达、摩托罗拉等公司莫不遭此命运。这种颠覆式创新带来的是转换赛道式或转换场地式的发展，场地一旦转换，原有场地的那些巨头们刹那间轰然倒下，沦为“恐龙”。新技术带来新机会的同时，也带来巨大的挑战，商业进化中的商业恐龙式灭绝，变得不再新奇，已经成为常态。

在此大变局下，公司寻找第二条增长曲线，及时发现“门口的野蛮人”，敏锐察觉场景更换趋势与动态的最佳办法就是并购投资。公司通过积累的资金、人才、市场等各种商业资源，针对公司生态进行横向或纵向的并购整合，或者对新技术、新赛道、新模式进行投资，这是寻找第二条增长曲线以及抵御和发现潜在的“门口野蛮人”的良方。

传统商业模式下的并购，无非两种，一种是合并同类项模式的并购，即通过合并行业同类企业，或者以吸收合并模式，或者以新设合并模式，将行业中同类企业的业务、人员、资产进行合并，通过整合达到“1+1 > 2”

的效果，迅速做大做强。众多的巨头都是在不断合并同类企业中野蛮成长起来的。另外一种是并购供应链的上下游企业，从而成为能够掌控产业链上中下游资源与定价权的大型企业。其合并的是行业中的各类供应商，使得企业具备各个节点的发展要素资源。

随着互联网科技的进一步发展、公司全球化的加速，新型公司出现了新的进化模式，即大量的平台类公司、生态类公司、无边界公司、虚实结合的线上线下公司涌现，改变了传统的以产品制造、服务提供为主要模式的公司构造和形态，原有的公司发展或组织模式，产品或服务的品质与质量、品牌乃至标准成了公司核心竞争力，而营销与渠道为公司最主要的资源。但在新的公司构造或组织模式中，利益相关者的结构已经发生了深刻变化，互利共赢、协作、开源、共享、赋能替代了曾经的竞争模式。而平台与生态成了大型公司最核心的竞争力。再好的产品或服务，缺少了生态，都难以获得大的成功、持久的成功。而拥有用户和流量的平台型公司，则依靠平台造就了巨大市值。

在新的商业模式下，公司更侧重于利用并购弥补短板，比如阿里巴巴与腾讯并购大量线下实体店即为此目的。通过生态投资打造生态、扩展生态、完善生态，为公司狙击潜在的颠覆者提供了有效的途径和方法。

公司并购模式有二，其一是资产并购，其二是股权并购。客观来讲，二者各有利弊。但对于那些高速成长、资产优良、业务规模巨大、员工众多、市场准入门槛高（经营需要特许或资质）的上市公司或跨国公司等的并购标的而言，股权并购是不二选择。资产并购往往发生在不良资产处置、破产清算过程中，或者对存在债务负担重、或有债务金额大、潜在法律风险多的公司等进行的并购交易案中。

股权并购主要目标在于掌控被并购公司的控制权，使得并购方可以有效地主导被并购公司的未来发展方向。形成业务协同或被改造，这是企业迅速做大做强的最主要模式。而股权投资更多的情况是出于战略投资、生态布局、赋能等考虑。但切不可看轻或忽视投资的作用，通过生态投资，进一步完善生态圈，发现新的业务方向，具有不可替代的作用。况且新型的独角兽公司是不可能被允许并购的，而生态型投资却容易实施。

公司并购成功的关键不在于完成法律意义上的股权交割、业务接管，而在于并购后的整合。而整合在于理念的契合、文化的认同。如果不能够有效地完成整合，再完美的并购设计都将化为泡影，甚至成为灾难。

一部伟大公司的成长史，其实就是一部公司并购史。探寻公司成长之路，挖掘并购价值，为公司发展提供可借鉴的并购理念、模式及操作方案正是本书的立足点，敬请各位朋友批评指正！

郭勤贵

目录

第一篇

股权并购概述

01

第一章

股权并购时代来临

第一节
股权并购的威力

随着全球化重构与经济数字化进程的加速，全球经济正在发生产业链、供应链与价值链的重构，这场变革带来了两大趋势。

第一个趋势是，无论是传统企业还是科技巨头，“强者恒强、赢者通吃”的头部效应越来越明显。在这种趋势下，由核心企业发起的基于产业链上下游的纵向并购与行业横向并购整合，成为企业最重要的战略及行业的常态。

第二个趋势是，科技变革速度加快，新科技企业面临残酷的研发大战与激烈的市场竞争，稍有不慎，就有可能全盘皆输。尤其在科技创新与商业模式创新的推动下，不断涌现出跨界打劫式、创新整合式及颠覆性创新式的新企业，直接对原来行业构成致命一击。这就迫使科技巨头们不得不通过孵化、投资与并购，做出战略布局式防御，因此，生态型的投资并购便成为科技巨头们的重要战略，使得这些科技巨头成为平台型、生态型的创投企业（创业与投资合二为一的企业）。

此外，2020 年的新冠肺炎疫情对全球经济造成巨大冲击，大量企业处于生死存亡的关头，于是，并购整合便成为大企业抄底、困境企业渡过危机的重要策略。

一、股权并购：公司基业长青的秘密

在激烈竞争的商业社会里，我们经常会看到大浪淘沙、成败瞬间的众多案例。每一天都有公司在诞生，每一天也都有公司在消亡。但仍有一些公司能够在时代风云变幻中屹立百年而不倒，不论政治、经济、社会、技术如何变革，始终保住自己的市场与行业地位，成为经典且永恒的老字号、大品牌。为什么这些公司可以经久不衰？如何能够超越公司生命周期的轮回？要想彻底弄清楚这些问题，就需要追根溯源，从本源上思考公司能够永续发展的原因。

公司是一种组织、一种系统、一种平台，若从生物进化论角度看，更像一种生命形态。因此，学界称公司成长过程（从设立到破产清算、注销等完整法律程序）为公司生命周期。从出生（公司设立）、成长（公司发展）、成熟（公司业绩辉煌期、顶峰）、衰老（公司衰退）及死亡（公司破产清算、注销），公司生命周期与自然界生物生命周期遵循着同样的规律，如下页图 1-1 所示。

若想摆脱这个轮回，那就只能在公司的生命周期关键点上做出重大抉择：第一是在公司成熟期，寻找新的增长曲线，也就是在公司原有业务走向衰败之前，为公司注入新鲜的血液，从而避免公司死亡。这也就是旧瓶装新酒，使得公司业务有生命周期，而公司本身无生命周期。第二是在公司衰退后进入死亡前，通过公司破产重整完成涅槃，走上重生之路。

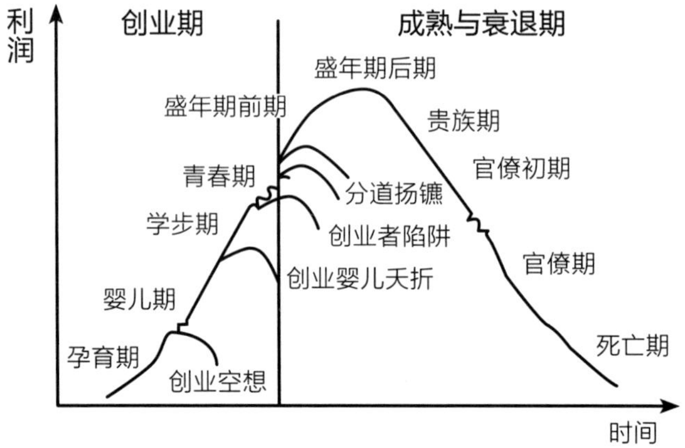

图1-1 公司生命周期曲线图

上述两条路径都是建立在公司能够达到辉煌顶点的基础上，实际上能够按照正常生命周期轮回的公司可以说微乎其微，绝大多数公司自设立之初，未能发展到成熟期就已倒下。对于那些极少数成功到达辉煌顶点的公司而言，能够顺利走上这两条路径的，也只有两种方法：其一就是不断地创新，其二就是不断地并购。唯有创新与并购，才能使公司摆脱原有业务给公司带来的生命周期轮回（业务与公司绑定，业务失败则公司失败）；通过创新与并购两种方法，才能使公司在原有业务即将衰败之际，迅速找到第二条增长曲线，如图 1-2 所示。

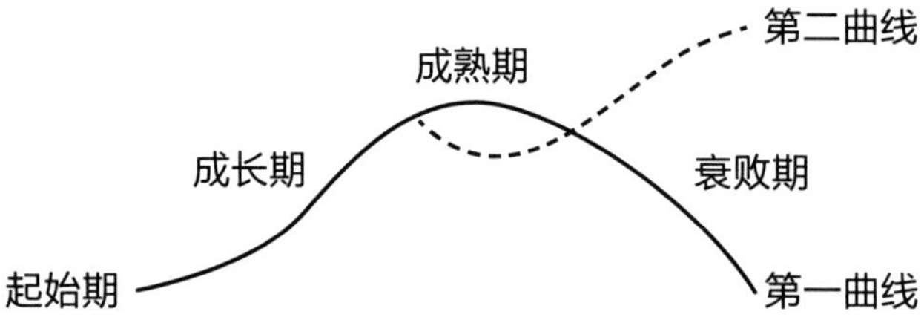

图1-2 公司第二增长曲线图

在社会发展中，我们能看到物质世界中的技术日新月异，公司的产品也千变万化。没有一项技术和产品可以使一家公司永远立于不败之地。但我们耳熟能详的一些著名跨国公司，例如GE、杜邦、IBM、可口可乐等创立了上百年的“老字号”，至今仍然在自己的领域中处于前列，对社会进步发挥着重要作用。这些公司不断适应沧海桑田的技术革命，见证了从骡马时代到互联网时代的产品迭代，至今依然执业界牛耳。其根本原因，就在于他们掌握了公司成长规律，运用创新与并购、完成新旧业务交替，来推动公司物质形态的更新和迭代，不断寻找第二条增长曲线，从而奠定了公司长久发展的基础。

二、股权并购：公司转型升级的动力

如上所述，公司存在的意义和必要性在于其经营的业务（产品或服务）能满足市场需要、人们需求。但社会的进步与科技推动，使得市场需要与人们需求不断发生深刻变化，主要体现在消费层次、消费结构的变化，有的变化甚至是颠覆性的。比如过去的主要交通工具为骡马，如今为高铁和飞机。

公司在新消费、新技术、新模式的变革与推动下，公司原有的业务必然难以满足新的需求，大多数不得不退出市场及舞台，一旦业务走向衰败与死亡，公司存在的价值与基础也就不存在了。如果希望公司能够不因业务的死亡而走向死亡，就必须使公司根据新的市场需求创造新的服务和产品，也就是找到新的业务，这就是公司第二条增长曲线，进入第二个生命周期。以此类推，不断寻找新的第二条增长曲线，进入新的第二个生命周期，这就是那些百年老店、伟大公司基业长青的秘密。

如前所述，保持基业长青的办法只有创新与并购。但大多数实践告诉我们，越是成功的大公司受限于原有的利益、结构、思维、文化及团队，越难以创新，往往旧的系统和机制扼杀创新，创新大都来自“门口的野蛮人”。在此情况下，并购就相对容易一些，是公司快速进入新的领域的有效路径。

并购使得公司可以迅速开拓新的市场、增加新的客户资源，并购公司通过并购整合接管被并购公司，从而获得被并购公司原有的市场份额、客户、技术、品牌资源。由此可见，并购是公司迅速扩大市场、快速进入新业务领域的有效途径，也是公司寻找到第二条增长曲线的最佳策略。

从全球公司发展趋势看，股权并购也是各行业巨头保持龙头地位的不二法门。比如，2017 年 8 月，美国杜邦（DuPont）与陶氏化学（Dow Chemical）完成合并交易，成立了名为陶氏杜邦（DowDuPont）的新公司，合并后的公司股票市值达 1500 亿美元，成为全球市值最大的化学公司。2018 年 6 月，德国制药与农化巨头拜耳集团收购美国生物技术公司孟山都，新成立的拜耳作物科学有限公司（Bayer Crop Science Ltd.）的市值达 1300 亿美元。2019 年 3 月，华特迪士尼（The Walt Disney Company）完成对 21 世纪福克斯（21st Century Fox）娱乐资产并购，总收购价达 713 亿美元；石油巨头沙特阿美公司（Saudi Aramco）动用 691 亿美元收购了沙特基础工业公司（SABIC）的 70% 股权。2019 年 11 月，法国奢侈品巨头 LVMH 集团宣布收购美国奢侈珠宝品牌蒂芙尼（Tiffany），总收购价将达 160 亿美元，该笔收购不仅是 LVMH 集团成立以来最大的一笔收购案，也将成为奢侈品领域史上金额最大的收购案，收购完成之后，LVMH 集团的业务将更加多元化以适应不同阶层对奢侈品的需求。

相对于创新模式的转型升级而言，资本收购与兼并是一种聚合式裂变，运用资本杠杆进行产业整合，再加之生态式投资，是公司成长的阶梯，尤其是生态型公司和平台型公司，更是如此。这一规律和现象在当今世界前十大互联网科技公司表现得尤为显著。

关于公司资本收购与兼并的主要策略，有如下几类：

第一，基于市场的并购。根据国际并购研究领域知名数据库 Zephyr 的不完全统计，2000—2016 年，并购交易最为活跃的 5 家公司分别是雀巢、可口可乐、喜力啤酒、达能和凯瑞集团，其中雀巢以累计并购交易额 452.4

亿美元位居第一。2016—2018 年，北美和欧洲食品市场并购活跃，随着中国食品消费市场需求不断增长，各大饮料公司相继在中国市场开展并购与战略合作。

第二，基于产业链、供应链与价值链的并购。众多中国公司已成为全球细分行业龙头，其中不少企业更是寻求成为全球产业链上的重要决策者，而以产业链整合的外延式并购能使企业通过并购进一步增强自身地位，或者择机进入全球产业链，与这些企业的需求相契合。例如，中粮集团提出并实施“全产业链”兼并重组，业务整合涵盖多个环节，将产业链上中下游公司以产权等方式结合在一起。

第三，基于技术与品牌等知识产权并购。比如，联想并购摩托罗拉手机业务，微软并购全球最大的开源代码共享社区 GitHub，脸书并购 Branch、WhatsApp、Instagram 多家社交媒体等。

第四，基于生态系统而进行的并购。例如，腾讯、阿里巴巴、百度、美团、滴滴、小米等进行的众多生态型并购及生态投资布局。

这些股权并购客观上使得公司完成了当下或未来转型升级的布局。

三、股权并购：产融结合的重要发动机

在公司发展壮大过程中，以下四大资源不可或缺。

其一是金融资本资源。公司在初创期、成长期、发展期、成熟期、衰退期，各个阶段都离不开金融资本的支持，缺少了金融资本的支持，公司的发展就相当于无米之炊，金融资本在公司发展中起着决定性作用。

其二是智力资本，或称智慧资本。这类资本在公司成长过程中起到了重要的帮助与指导作用。这类资本主要是指，在公司发展过程中能为公司决策或风险防控、商业模式构建、销售策略、管理方法起到指导或参谋作用的知识类服务机构，包括：律师事务所、会计师事务所、咨询公司、评

估公司、智库等诸多类似机构。比如，在华为成长过程中，众多国际国内知名咨询机构为华为提供了许多咨询意见，对华为的成长起到了一定的指导与帮助作用。A 股上市公司华夏幸福，也不惜重金聘请知名咨询机构为其业务发展梳理战略。至于律师事务所、会计师事务所、投行更是公司融资、上市必不可少的服务机构。

其三是技术与科研资本。公司竞争策略，不仅仅是低层次的价格战，还有品质（产品质量）、品牌等高层级的竞争，而进入高层级的竞争阶段，技术与科研推动的创新是必不可少的因素。

对此，公司一方面自我创新，建立研发部门，加大投入，不断研发迭代产品，提高产品与服务的性价比和竞争力；另一方面要借助外部科技力量进行研发，或者购买专利技术为己所用。

其四是行业资源必不可少。公司所在行业的产业链、供应链对其所处的价值链位置具有重大影响，公司要发展壮大，必须拥有行业的产业链与供应链等重要资源。

以上四种资源中，金融资本是促进公司成长的重要力量。而金融资本应用的关键，是要做好产融结合。具体而言，就是在公司初创期内，应当积极合理地进行股权融资，通过 VC、PE 的帮助，获得发展的资金。在进入发展期后，择机推动 IPO，走上资本市场，推动公司更大的发展。在上市后，根据需要，积极再融资，或发行债券，或配股，或定向增发，或向银行借款，利用金融资本的力量迅速做大做强。缺少了金融资本的推动，公司就如同少了一个轮子的车辆，将会寸步难行或步履蹒跚。

四、股权并购：产业整合的推手

经济全球化、互联网化带来一个直接且明显的结果是，行业集中度越来越高的同时，行业分工越来越细，社会分工朝向专业化、协作化方向发展。

也就是说，商业的进化向两端发展，要么高度集中和垄断，即大而强的模式，行业是大品牌公司、平台型公司与生态型公司的天下；要么垂直细分，成为小而美的公司。

在传统制造业中，如汽车、家电、飞机、机械设备等，行业集中度高，其好处是可以利用规模化、专业化提供性价比更高的产品，但前提是必须严格依法监管以避免其利用垄断地位损害消费者利益。而互联网经济直接击穿地域壁垒，甚至行业壁垒，带有天然的高度垄断性，要么老大独霸，要么老大老二共生，要么三国鼎立，已成为互联网行业的生存法则。而行业分工细化则带来高度的专业化，满足个性化需求，精细化、差异化符合新消费趋势。

在高度集中化的过程中，有两种路径，一种是自然生成，也就是自然成长，依靠野蛮的竞争、残酷的市场拼杀，形成行业垄断。另外一种路径则是依靠行业并购整合来迅速做大。但举目全球，依靠行业并购整合模式是绝大多数巨头公司成长的最佳模式。即便是互联网巨头亦如此，如谷歌母公司设立了风投部门，脸书更是依靠并购构建了社交矩阵，微软则开启“买买买”模式。

通过并购迅速整合行业，将产业链、供应链、价值链进行纵向、横向整合，打造行业巨头，提高运营效率。因此，股权并购是产业整合的推手。

五、股权并购：市值管理的不二法门

如果问一家上市公司最大的目标是什么，有人回答是营收最大化，有人说是利润最大化，有人说是给股东分配更多的利润。而这些回答都对，又都不对。

其实，作为一家上市公司，最大的目标是市值最大化。因为市值最大化是公司价值、股票价值、股东利益最大化的直观体现。因此，市值管理是一家上市公司重要的目标。这里所说的市值管理，绝非那些在A股市场中，以所谓的市值管理为名操纵市场的行为，而是通过创新、管理、并购等模式提升上市公司业绩与影响力的情形，是上市公司内生价值提升的外在体现。总而言之，本书所说的市值管理，是通过上市公司内生或外延发展而提升上市公司的价值，是市场认可的内涵价值体现，而不是操纵股价，不是利用和编造虚假信息，不是忽悠式重组拉升股价，不是虚拟的、泡沫式的增长。

而在真正的市值管理中，无非三种方式，第一种方式是通过创新寻找第二条增长曲线；第二种方式是通过抓管理、促营销来扩大市场，增加营业收入，提高利润；第三个是通过投资并购，借助外延式发展来提升业绩，寻找第二条增长曲线。

大量成功的案例表明，采用上述第一、二种方式固然很有作用，但是对于那些因为市场外部环境变化、技术发展带来的变革，这两种模式效果甚微。而通过投资并购培育新的业务、新的增长点、进入新的行业，才是最佳的方案，是有效抵御行业衰败或调整的有效方法。

最典型的例子是A股上市公司中的两家矿业巨头利用并购迅速做大，一家是紫金矿业，通过大量并购非洲矿产，储备了优质的矿业资源，获得了持续的发展动力。另一家是洛阳钼业，同样采取并购模式，在全球范围内寻找优质矿业资源。这两家矿业公司正是利用了行业并购模式，在大多数矿业公司因为资源枯竭而业绩大幅下滑时，它们的市值却屡创新高。因此，股权并购是上市公司市值管理的不二法门。

六、股权并购：资本裂变的魅力

一家优秀乃至伟大公司的成长史，就是不断寻找下一条增长曲线的历史。而寻找下一条增长曲线的方法无非两种，其一是内部创新，包括技术创新、商业模式创新、管理创新等。其二是通过投资与并购直接进入新的行业、新的领域。换句俗话就是，自己搞不好，搞得比较慢的，就掏钱买过来。

创新不易，失败率极高，尤其是对于一家已经成功甚至多次成功的优秀乃至伟大公司而言，更是如此。因为原有的业务逻辑、管理模式、技术框架、市场地位，以及原有管理团队的既得利益与思维定式，往往成为创新的杀手与最大阻碍。有人的地方就有江湖，大公司病是不可避免的现象。可以想象，大公司自身创新的成功率极低。但大公司却有着雄厚的资金、优秀的人才、品牌、市场、客户资源等，这恰恰是通过投资并购进入新领域、新行业最大的武器。

因此，充分发挥资本的力量，利用资本裂变的巨大能量，寻找和培育、赋能下一条增长曲线，才能使公司保持基业长青。

资本裂变是资本运作的重要手段，目标就是资本结构得到优化，公司需要借助资本运作的力量腾飞，运用资本裂变的巨大势能获得超常规发展及培训和挖掘下一条增长曲线。

而资本裂变最大的方式就是投资与并购，通过投资不控股、兼并收购等系列资本裂变组合，完成产业整合及进入新行业。而股权并购是最常用、最有效的途径。美国的丹纳赫集团、巴西的3G资本正是利用了股权并购，迅速成长为行业的巨无霸。

商业创新的背后是技术的推动，而产业并购将助推资本裂变。像IBM、苹果、谷歌等从几次工业革命中崛起的巨人，几乎没有哪一家大公司主要是靠内部扩张成长起来的。由此可见，内部技术创新与对外兼并收购是公司做大做强的两轮、两翼，一家公司要成长就必须学会双轮驱动，两翼齐飞。

资本裂变背后的并购动因主要有以下四点：第一，从收入发展趋势维度来看，随着中国的快速发展，人均GDP的逐步提高，并购会变得越来越频繁。第二，从社会发展趋势维度来看，随着消费升级，文化创意行业是未来最有发展前途的行业，尤其是跟互联网相关的。第三，资本是一个不可忽视的博弈力量，另外，还有一系列国家推出的产业政策也推动了并购的发展。第四，并购方的利益诉求，公司并购不外乎四个原因——特长互补、产业互补、产品互补、狙击对手。[①]

纵观国内成功的公司及其领导者，像传统行业巨头，比如中国化工、中粮集团、中国建材、国药集团、中国铝业等无不是通过并购做大做强的。而在新型的互联网科技行业更是如此，腾讯、阿里巴巴、百度进行了大量的并购与投资布局，成为科技企业家，更成为创业＋投资家，这些公司无一例外地都是依靠内部创新与并购投资做大做强的。阿里巴巴与腾讯实际上已成为国内最好的投资机构，其依靠雄厚的资金实力、流量资源及战略能力，投资并购并培育了下一代互联网科技新星巨头。与其说它们是创业公司，倒不如说是投资公司。创新＋科技＋创业＋投资并购，是这些公司共同的基因，也使得一批优秀的公司领导者从企业家走向资本家。

七、股权并购：公司腾飞的翅膀

如上所述，公司成长的双翼是内延式增长与外延式增长，内延式的自我创新、自我驱动，通过做大做强占领市场，获取更大的市场份额及市场占有率。内延式增长在传统成长模式下，是公司常规有效的战略，但对于不确定的市场、技术变革带来的整个行业变化，甚至面临行业被彻底颠覆、被变革、走向衰败及消亡的体系型大变局时，就会存在巨大问题。

这就需要转场式变革，颠覆性变革与成长。因为公司生长的场景已换场了，而不是在原有的场子里发展了。如何换场？内延式增长显然是失效的，这就需要外延式的增长。

而资本的力量是外延式增长的核武器，资本裂变是资本力量与势能的

---

① 证券时报网（www.stcn.com）11月18日讯。

聚集与爆发。而资本裂变的路径是股权并购。充分利用股权并购提前布局，在不确定性时代里，是公司应对不确定性、颠覆性大变局的最高战略，也是公司腾飞的翅膀。

八、股权并购：特殊战略目的之需

除了上述之外，股权并购也是公司其他战略选择的有效方法。比如，在商战中通过并购整合迅速做大，获得源源不断的商战筹码与武器。当年的国美通过并购行业第三位的永乐电器、行业第四位的大中电器，成为行业巨头，从与苏宁的竞争中胜出。

此外，股权并购也成为科技行业巨头，尤其是电子、通信、IT 行业巨头赢得专利战的有效手段。比如，微软、谷歌、苹果、三星、华为等通过股权并购获得行业数以万计的专利，从而在专利法律战中胜出。又如，微软并购诺基亚手机业务获得上万件行业专利，在专利技术战中获得优势地位。通过专利战获得技术战的胜利，通过技术战进而赢得商战的大胜局。

第二节
股权并购成为公司发展新动能

一、世界产业并购的历史

在过去的百余年间，全球共发生过五次比较大的公司并购浪潮。前四次公司并购浪潮分别发生在 19 世纪末、20 世纪初的世纪之交，第一次世界大战之后的二十年代，第二次世界大战以后的五六十年代，美元危机和石油危机之后的七八十年代。第五次公司并购浪潮的规模和交易额之大，是 20 世纪所有的公司并购浪潮中前所未有的。仅 2000 年，全球公司并购金额创下 34,600 亿美元的历史纪录。前五次并购浪潮中国只赶上了第五次浪潮的尾巴，第六次并购浪潮，将是中国公司大展身手的时候。

1. 以横向并购为特征的第一次并购浪潮。19 世纪下半叶，科学技术取得巨大进步，大大促进了社会生产力的发展，为以铁路、冶金、石化、机械等为代表的行业大规模并购创造了条件，各个行业中的许多公司通过资本集中组成了规模巨大的垄断公司。在 1899 年美国并购高峰时期，公司并购达到 1208 起，是 1896 年的 46 倍，并购的资产额达到 22.6 亿美元。1895 年到 1904 年的并购高潮中，美国有 75% 的公司因并购而消失。在工业革命发源地——英国，并购活动也大幅增长，1880 — 1981 年，有 665 家中小型公司通过兼并组成了 74 家大型公司，垄断着主要的工业部门。后起的资本主义国家德国的工业革命完成得比较晚，但公司并购重组的发展却很快。1875 年，德国出现第一个卡特尔（由一系列生产类似产品的独立企业所构成的组织），通过大规模的并购活动，1911 年就增加到 550 — 600 个，控制了德国国民经济的主要部门。在这股并购浪潮中，大公司在各行各业的市场份额迅速提高，形成了比较大规模的垄断。

由此可见，世界第一次并购浪潮主要发生在欧美等工业国家，并购与经济的发展活动、公司的成长紧密相关。

2. 以纵向并购为特征的第二次并购浪潮。20 世纪 20 年代（1925 — 1930）发生了第二次并购浪潮，那些在第一次并购浪潮中形成的大型公司继续进行并购，进一步增强经济实力，扩展对市场的垄断地位。这一时期的并购的典型特征是纵向并购为主，即把一个部门的各个生产环节统一在一个公司联合体内，形成纵向托拉斯组织，行业则转向寡头垄断。第二次并购浪潮中有 85% 的公司并购属于纵向并购。通过这些并购，主要工业国家普遍形成了主要经济部门的市场被一家或几家公司垄断的局面。

由此可见，世界公司史上的第二次并购已经从简单的横向并购向纵向并购方向发展，并购也是大公司成长壮大的最佳选择。

3. 以混合并购为特征的第三次并购浪潮。20 世纪 50 年代中期，各主要工业国出现了第三次并购浪潮。二战后，各国经济经过逐步恢复，在 60 年代迎来了经济发展的黄金时期，主要发达国家都进行了大规模的固定资产投资。随着第三次科技革命的兴起，一系列新的科技成就得到广泛应用，社会生产力实现迅猛发展。在这一时期，以混合并购为特征的第三次并购浪潮来临，其规模、速度均超过了前两次并购浪潮。

这个时期，世界经济史上出现了很多重大现象级事件，德国的模式、日本的奇迹都是在这段时间发生的。

4. 以金融杠杆并购为特征的第四次并购浪潮。20 世纪 80 年代兴起的第四次并购浪潮的显著特点是以融资并购为主，规模巨大，数量繁多。1980 — 1988 年公司并购总数达到 20,000 起，1985 年达到顶峰。多元化的相关产品间的“战略驱动”并购取代了“混合并购”，不再像第三次并购浪潮那样进行单纯的无相关产品的并购。此次并购的特征是：公司并购以融资并购为主，交易规模空前；并购公司范围扩展到国外公司；出现了小公司并购大公司的现象；金融界为并购提供了方便。

这一时期全球的并购王者当属日本，经过近 30 年的高速发展，日本的经济总量已经接近美国，大有赶超美国的趋势。日本公司买遍全球，几乎买下整个美国，这一时期的日本公司比当下的中国公司更具并购扩张冲动。

5. 第五次全球跨国并购浪潮。进入 20 世纪 90 年代以来，经济全球化、一体化发展日益深入。在此背景下，跨国并购作为对外直接投资（FDI）的方式之一逐渐替代跨国创建而成为跨国直接投资的主导方式。从统计数据看，1995 年，美国公司并购价值达到 4500 亿美元，1996 年上半年这一数字就达到2798亿美元。1987年全球跨国并购仅有745亿美元，1990年就达到1510亿美元。2000年全球跨国并购额达到了11,438亿美元。但是从2001年开始，由于受欧美等国经济增长速度的停滞和下降以及“9·11”事件的影响，全球跨国并购浪潮出现了减缓的迹象，但从中长期的发展趋势来看，跨国并购还将继续发展。

6.第六次并购浪潮中的中国角色。全球金融数据供应商Dealogic公布，2005年全球并购总额达到2.9万亿美元，较2004年增长40%，而2006年并购交易额则高达3.9万亿美元，比2005年增长34%，成为2000年以来并购交易额最高的一年。华尔街规模最大的四家投资银行2005年并购业务收入总计46亿美元，其中高盛的全球并购收入最高，为14亿美元。

事实上，在经历了五年时间的漫长等待之后，历史上第六次并购浪潮在2005年终于席卷而来。前五次并购浪潮，中国公司只是在第五次并购浪潮中，以联想、海尔为主力机构稍有参与。而在第六次并购浪潮中，成长起来的中国公司已经开始加入并购行列中，不再仅仅是一个懵懂的看客。

在第六次并购浪潮中，跨国并购成为世界公司并购的主旋律，或为市场、或为资源、或为技术，并购的复杂性已大大增加。

纵观全球公司发展史上的六次大并购，可以清楚地看出一个共同的规律：并购浪潮的发展就像是一个充满魔力的水晶球，是公司对经济发展前景的预期表现，如果看好经济的未来，公司并购扩张的冲动就非常之大，反之则比较保守，并购意愿不强。并购浪潮往往兴起于经济复苏期，并在经济增长达到顶峰之前就进入高潮，而当经济繁荣尚在维持之时，并购活动就开始降温，在降到冰点之后，经济衰退才接踵而至。并购浪潮的兴起一般是对当下世界经济复苏的真实性和有效性的肯定。[①]

---

① 内容参考网络公开文章，如《百年并购浪潮》《公司并购与公司绩效的关系研究》《资本运营知识》《公司并购浪潮》等。

二、世界进入股权并购时代

纵观公司发展史，全球先后经历了六次大并购浪潮，第六次就发生在2005年前后，这期间中国加入世界贸易组织（WTO），从观察者进入到并购行列中，虽然还是一个懵懂的初学者，很多跨国并购行为显得幼稚和笨拙，但是毕竟已开始积极拥抱世界并购的大浪潮。第六次并购浪潮因2008年到来的全球金融危机而结束，世界经济随之进入一个非常艰难的深度调整期。截至目前，世界经济仍未完全走出金融危机所造成的泥潭。

在经历了漫长的等待与经济复苏之后，2015年世界公司发展史上的第七次并购浪潮终于姗姗来迟。但自2018年始，尚未走出泥潭的世界经济又进入新的萧条期。此外，随着IOT技术与5G技术的成熟、大数据和云计算的发展、人工智能技术的落地应用，第四次技术革命（或称之为工业革命）也随之而来。全球公司发展史告诉我们，每一次技术革命都将使得一些传统产业退出历史舞台，而每一次经济萧条都将带来公司的整合，而技术革命与经济萧条的交叉或叠加，将使得并购重组成为公司整合的推手。从全球并购市场来看，自2015年至2019年第二季度，公司并购呈现爆发式增长，体现出行业巨头并购整合、并购交易金额巨大、科技行业并购爆发、上市公司并购为主、跨境并购涌现等诸多特点。

根据美国彭博新闻社发布的《2015年上半年全球并购市场评论》报告，2015年上半年全球并购交易规模达到18万亿美元，这一数据比上年同期高出12.5%，成为有记录以来第二大的上半年并购交易规模。在2015年上半年的并购高潮中，荷兰皇家壳牌石油公司计划以大约470亿英镑现金加股票方式收购英国天然气集团，成为石油天然气行业有史以来的第三大并购案，也引发了全球油气行业的一系列整合浪潮。另一桩并购案——美国特许通信公司宣布斥资550亿美元收购时代华纳有线，对美国通信行业竞争格局调整产生了影响。积极的经济政策和低利率等刺激了投资者信心，美国因此成为 2015 年最大的并购目的地。与美国并购交易同样引人注目的是亚太地区。根据彭博社统计，2015 年上半年，亚太地区并购交易数量与规模分别达到 6234 笔和 6438 亿美元，其中交易规模同比增长 65%。而发生在大中华区的并购交易规模更是同比增长了 91%，创下历史新高。据安永《全球资本信心晴雨表》报告，2015 年全球十大并购目的地中，中国位列第三，印度和澳大利亚等亚太国家也名列其中。

2015 年全年世界并购总数高达 37,212 笔，已经超过 2002 年和 2007 年的历史最高点。2015 年 200 亿美元以上的并购交易有 17 笔，是有史以来最多的一年。10 月份，百威英博以 1205 亿美元收购南非米勒（SABMiller PLC），使其成为全球第一大啤酒酿造商。11 月，世界最大制药商辉瑞以 1837 亿美元收购艾尔健公司，也创造了制药行业历史最大收购纪录。

2016 年，百威英博收购南非米勒、戴尔收购 EMC、壳牌收购英国天然气、万豪收购喜达屋等行业内最大规模的并购最终完成。按照合并完成时间顺序，全球最重要的 22 件大型并购案中，最具代表性的并购案为：

诺基亚（Nokia）与阿尔卡特—朗讯（AlcatelLucent）正式完成合并；英国电信集团（BT Group）正式完成对英国移动运营商 EE 的收购；荷兰皇家壳牌集团（Royal Dutch Shell PLC）完成了收购英国天然气集团（BG Group PLC）的交易；美国有线电视运营商特许通信公司（Charter Communications Inc）完成收购时代华纳有线（Time Warner Cable）和 Bright House Networks LLC，交易对价分别为 780 亿美元和 104 亿美元；联邦快递（FedEx Corporation）完成对 TNT 快递公司（TNT Express N.V.）价值 44 亿欧元的收购；百威英博（AB InBev）完成与南非米勒（SABMiller PLC）价值超过千亿美元的合并；日产汽车（Nissan Motor Co.）完成对三菱汽车（Mitsubishi Motors）2373 亿日元的出资；腾讯控股（Tencent Holdings Ltd.）收购财团完成了以 86 亿美元收购芬兰手机游戏开发商 Supercell 的交易；微软（Microsoft Co.）完成收购领英（LinkedIn）的交易。

2017 年虽然是全球公司并购相对平淡的一年，但是，一些对各自行业有决定性影响的合并在本年完成。2017 年全球有 13 项重大并购，其中，陶氏化学和杜邦的合并是全球化工行业规模最大的一起并购。而中国化工集团完成收购瑞士农化巨头先正达的交易，也是中国公司在海外最大规模的并购。这两项重大并购具体详情如下：[①]

2017 年 6 月，中国化工集团公司宣布完成对瑞士公司先正达的收购，先正达的总部仍设在瑞士巴塞尔，收购总价为 430 亿美元。该笔交易的完成，标志着中国海外并购金额达到新的高度。2017 年 8 月底，陶氏化学和杜邦公司终于完成了合并交易，组成了名为“陶氏杜邦”的全球性新公司，合并后的公司年度销售额达到 770 亿美元，股票市值超过 1500 亿美元，雇员达到 10 万人。摩根大通发布《2019 年全球并购展望》报告称，2018 年全球并购市场交易量为 4.1 万亿美元，中国依旧活跃于全球并购市场。报告显示，总体来看，2018 年全球并购市场依然势头强劲，公布的交易量达 4.1 万亿美元，为有史以来第三高水平。交易活动主要受规模超过 100 亿美元的大型交易驱动。2018 年前 6 个月公布的大型交易达 30 笔，为有史以来同期最高水平，与之相较的 2017 年上半年为 14 笔。

报告进一步称，尽管大型交易是 2018 年并购市场的重要驱动因素，但规模高于 2.5 亿美元的交易数量也较 2017 年增加 7%，各类型交易均表现活跃。无论本国交易还是跨境交易，战略投资交易还是私募股权交易，并购市场的表现都很活跃。值得关注的是，科技（17%）与医疗健康（12%）占 2018 年全球交易量的 33% 左右。私募股权基金依然持有大量资金，并在 2018 年积极配置，支持的买方交易量同比增长 9%。金融数据提供商 Refinitiv 的数据显示，2019 年一季度，全球并购交易规模下降 17%，至 9270 亿美元，对于全球经济放缓和英国无协议脱欧的担忧抑制了公司的并

① 内容参考网络公开文章：《2017年最终完成的13大全球公司并购：陶氏与杜邦合并规模最大》。

购欲望。跨境并购活动下降尤为明显，降幅达45%。不过，也产生了一些有行业代表性的并购。百时美施贵宝（Bristol-Myers Squibb）740亿美元收购新基制药（Celgene），成为全球制药领域第一大并购案；支付领域的并购规模则不断刷新，美国支付处理商Fiserv已同意以全股票交易收购竞争对手First Data，股权价值为220亿美元，成为近年来金融服务业最大的并购案；韩国现代重工与大宇造船合并，将成为全球最大造船公司；沙特阿美691亿美元收购SABIC的70%股权，也是行业内很受瞩目的交易。①

数据显示，2019年二季度全球并购交易规模达8420亿美元，同比下降27%，与一季度相比下降13%，交易量创下2008年金融危机以来新低。美国二季度并购交易总额达4660亿美元，同比下降3%；欧洲并购交易总额锐减54%，至1520亿美元；亚洲并购交易总额锐减49%，至1320亿美元。二季度的主要并购都发生在6月。其中最大的几笔并购交易均来自美国公司，包括美国联合技术公司的航空部门与雷神公司合并，美国制药商艾伯维同意以630亿美元收购艾尔健，西方石油公司宣布以380亿美元收购阿纳达科石油公司。从以上数据可以看出，虽然近两年来，全球公司并购的总金额有所下滑，但行业巨头的并购整合力度越来越大，交易金额也越来越大。

同时，根据前几次世界并购浪潮的规律，第七次并购浪潮的兴起也预示着对世界经济发展前景的看好，尤其是中国经济发展前景可期。标志着一个新的经济时代正在走来，世界经济正在艰难中前行，将逐渐走出金融危机的阴影与泥潭。

三、中国成为股权并购时代的主力军

在中国国内，过去的2015年已经成为公司的合并年，无论是体量庞大

① 内容参考网络公开文章：《2019年第一季度全球企业十大并购案》。

的央企，还是在市场上相互厮杀的互联网巨头，合并都成为它们的最终选择。南车与北车大合并成就了世界第一大高铁制造公司，在当今世界无可匹敌。而在互联网行业，滴滴与快的合并、58 同城与赶集合并，美团与大众点评合并，掀起了合并浪潮。

2016 年的第一个季度还没结束，中国公司海外并购已是捷报频传，且手笔一个比一个大：万达 35 亿美元将美国传奇影业收入囊中；海尔 54 亿美元全盘接收了美国通用电气的白色家电；海航集团拟 60 亿美元收购美国信息技术公司英迈公司；中化集团正拟斥资 430 亿美元并购全球最大的农药生产商瑞士先正达……根据新华社消息，全球金融数据提供商迪罗基公司最新公布的数据显示，2016 年第一季度，中国已公布的外向并购总额达 922 亿美元，再创新高。其他数据显示，中国为 2016 年一季度全球跨境并购中的最大收购国，占 30% 的市场份额；加拿大以 624 亿美元占 20% 的市场份额；美国以 485 亿美元占 16% 的市场份额。①

如前文所述，2017 年 6 月，中国化工集团公司宣布完成对先正达的收购，收购总价为 430 亿美元。成为当年度世界公司并购中最大并购案之一，并购金额位居第二，为化工行业最大并购案。

据摩根大通的发布《2019 年全球并购展望》报告称，2018 年全球并购市场交易量 4.1 万亿美元，中国依旧活跃于全球并购市场。

中国经济新常态下的经济转型升级，“一带一路”战略实施、人民币国际化、亚投行战略、国企混合所有制改革、供给侧改革、互联网 +、多层次资本市场构建与金融改革、中国制造 2025、“大众创业、万众创新”的双创战略等系列重大战略，都使得中国从前五次世界并购浪潮中的缺席者及第六次并购浪潮中的配角，逐渐成长为第七次并购浪潮中的引领者。

---

① 内容参考网络公开文章：《2016年将成中企海外并购年》。

四、股权并购成为新环境下公司发展的主要动力

如前所述，股权并购是公司外延式发展，寻找第二条增长曲线，完成公司跨越式发展、换场式发展的最佳路径。尤其是处于科技变革越来越快、公司生命周期越来越短、不确定性越来越大的时代，股权并购无疑是全球优秀公司成长的有效方式。

从公司发展宏观战略角度看，股权并购已成为公司发展的主要动力与源泉，主要体现在如下几个战略上。

1. 横向并购战略整合产业 / 行业，提高市场占有率，提高整个行业生产效率。横向并购，是指同类公司为扩大规模而进行的并购，也可称之为同业并购，是合并同类项的大整合。进行横向并购的基本条件，是并购方有需要并有能力扩大自身产品的生产与销售，并购双方公司的产品及产品生产与销售有相同或相似之处。横向并购的突出特点主要是：①通过并购，消除竞争对手，扩大市场份额；②发挥经营管理上的协同效应，迅速扩大生产经营规模，实现低成本扩张，节约共同费用，便于在更大的范围内进行专业化分工，采用先进的技术，形成集约化经营，产生规模经济效益。具有代表性的案例，包括青岛啤酒、福耀玻璃等。

2. 纵向并购（全产业链并购）战略，整合行业产业链、供应链与价值链，提高行业协同效率。纵向并购，是指生产过程或经营环节相互衔接、密切联系的公司之间，或者具有纵向协作关系的上、下游公司之间的并购。纵向并购达成的基本条件，要求双方具有产业上的协同关系，对彼此的生产状况比较熟悉，有利于并购后相互间整合。纵向并购的突出特点包括：①使生产、流通等环节密切配合，优势互补，缩短生产周期，降低采购成本，减少流通费用，改善经济效益等；②通过对原料和销售渠道的控制，形成产业链竞争，控制竞争对手的活动，提高竞争能力。具有代表性的案例，包括紫光集团的电子信息产业链并购、富士康电子产品产业链并购等。

3. 混合并购（多元化并购）战略，组合各类资源与发展要素。混合并购，是指分属不同产业领域，即无产业链上的关联关系，产品也完全不相同的公司间的并购。并购通常是为了扩大经营范围，进行多元化经营，以增强公司的应变能力。构成混合并购的基本条件，是一家公司对那些与自己生产的产品不同性质和种类的公司进行的并购行为，其中标的公司与并购公司既不是同一行业，又没有纵向关系。混合并购的突出特点包括：①寻求主业以外的产业的利润；②通过多元化领域的投资，分散行业风险。具有代表性的案例，包括华润集团、宏达高科等。

4. 生态并购战略，围绕公司发展生态进行并购，以丰富与壮大生态体系。生态并购战略，是指并购服务于同一用户群体的公司，共享资源，共同发展。进行生态并购的条件是，生态上至少拥有一家核心公司，其他公司依靠核心公司获得用户和实现盈利。这种模式在电信、媒体和科技（TMT）行业特别显著，一家优秀的互联网平台 / 智能硬件公司的产品连接着大量的相关多元的产业资源。混合并购的突出特点，是以核心公司为中心，以股权为纽带，形成某种生态链上的供应和销售体系，达到整个产业生态链成为一种战略联盟的目的。具有代表性的案例，包括百度、阿里巴巴、腾讯、美团、滴滴、小米等。

5. 产业投资集团战略，做专业的产业投资管理机构，以产业投资囊括天下英才公司。投资集团战略，简单来说，就是指集团主业 + 投行模式。构建投资集团的基本条件，要求具有强大的核心投资团队，以及全方位多渠道融资能力。投资集团的突出特点表现为：①融资模式决定投资模式；②多元化投资、专业化经营；强大的投资能力是其核心。具有代表性的案例，包括巴菲特的伯克希尔、复星集团等。[1]

---

① 内容参考公开网络文章：《中国并购资本运作六大实战类型及模式深度分析》。

五、细数国内外典型的股权并购案例

【案例 1】 740 亿美元，全球最大的药企并购案[①]

美国跨国制药公司百时美施贵宝 2019 年 1 月 4 日宣布将以现金 + 股票的形式收购新基制药，交易金额高达 740 亿美元，这将是全球规模最大的药企并购案。

百时美施贵宝和新基制药均是全球抗癌药物领域的巨头，两家公司声称收购后将节约 25 亿美元成本并显著提升收益。百时美施贵宝最重要的增长引擎——靶向药欧狄沃（Opdivo）在竞争对手默沙东（Merck & Co）的可瑞达（Keytruda）冲击下竞争力大减。新基制药备受瞩目的临床试验以失败告终，并且该公司的拳头产品——治疗多发性骨髓瘤的药物瑞复美（Revlimid）的排他性也将于 2022 年开始失效，股东们担心研发中的药物的销量不足以抵消届时瑞复美排他性失效带来的损失。

百时美施贵宝和新基制药的股价在 2018 年分别下跌 15.2% 和 40%，不过在公布收购后，新基制药的股价暴涨 20.7%，收盘于 89.43 美元 / 股，但百时美施贵宝却大跌超过 13%。

【案例 2】 陶氏化学与杜邦完成合并[②]

2015 年 12 月，美国最大的两家化学公司杜邦与陶氏化学达成平等合并协议，将成为全球最大化学公司。这是全球化工行业迄今为止最大的一宗并购交易。两公司现有股东将各自拥有合并后公司大约一半的股份。

2017 年 8 月底，陶氏化学和杜邦公司终于完成了合并交易，组成了名

① 内容参考网络公开文章：《740亿美元，这是全球最大的药企并购案》。

② 内容参考网络公开文章：《2017年最终完成的13大全球公司并购：陶氏与杜邦合并规模最大》。

为“陶氏杜邦”的全球性新公司，合并后的公司年度销售额达到770亿美元，股票市值超过1500亿美元，雇员达到10万人。不过这起联姻是短暂的，因为按照原定计划，18个月以后这家公司还将拆分为三家行业领先的、独立的上市公司，分别从事农业、特种产品和化学材料业务。

【案例3】中国最大海外并购案：中国化工集团完成收购先正达①

2016年2月，中国化工集团（ChemChina）宣布已经同意通过公开要约收购瑞士农化和种子公司先正达（Syngenta）。要约价格为每股465美元现金。先正达已发行股本金的总价值为430亿美元。中国化工集团表示将完全支持先正达运营、管理层及员工的完整性，包括将其总部保留在瑞士巴塞尔，并计划在未来几年内推动公司重新上市。

2017年6月，中国化工集团宣布完成对先正达的收购，先正达的总部仍设在瑞士巴塞尔。中国化工集团董事长任建新当选先正达董事会主席，先正达CEO埃里克·菲瓦尔（Erik Fyrwald）将留任。先正达还将在5年之内实现部分股票上市。该交易的完成，标志着中国海外并购金额达到新的高度。

【案例4】全球互联网行业大并购案：脸书（Facebook）收购Instagram和WhatsApp，欲整合旗下所有即时通信软件②

Facebook近年收购了Instagram和WhatsApp两大应用，加上自家的Messenger软件，旗下的即时通信软件就多达三款。2019年1月，《纽约时报》引述知情人士的消息称，Facebook正计划将WhatsApp、Instagram

---

① 内容参考网络公开文章：《2016年全球公司十大并购案》。

② 内容参考网络公开文章：《脸书收购Instagram和WhatsApp后，打算整合旗下所有即时通信软件》。

和 Messenger 进行整合，三个软件的用户将可以跨平台通信。

三个软件将会继续维持独立运作，但它们能够发信息到其他软件的用户，例如 Messenger 用户可以发信息给 WhatsApp 用户，而信息仍旧会有点对点加密保障。报道称这次计划由 Facebook 创始人扎克伯格亲自制订。其中 WhatsApp 收购价格为 190 亿美元。Instagram 收购价格为 10 亿美元，最新估值为 1000 亿美元，上涨为原来的 100 倍。

第二章

股权并购再认识

第一节

股权并购概念、特点及优缺点

一、股权并购的概念

并购的内涵非常广泛，一般是指兼并（Merger）和收购（Acquisition）。兼并又称吸收合并，指的是两家或者更多的独立公司，合并组成一家公司，通常由一家占优势的公司吸收一家或者多家公司。收购指一家公司用现金或者有价证券购买另一家公司的股票或者资产，以获得对该公司的全部资产或者某项资产的所有权，或对该公司的控制权。

与并购意义相关的另一个概念是合并（Consolidation），是指两家或两家以上的公司合并成为一家新的公司，合并完成后，多个法人变成一个法人。

投资是一家公司用现金、资产或者有价证券购买另一家公司的股票、股权，以获得该公司的部分股权或股票，从而获得投资收益。根据其投资目的的不同，可分为战略投资、财务投资两大类。

由上述可见，简单而通俗地讲，投资就是投资不控股，并购是控股型投资，兼并是合二为一，包括新设合并与吸收合并两种。

而股权并购是指一家公司用现金、资产或者有价证券购买另一家公司的股票、股权，以获得对该公司的控制权。

由此可见，股权并购是股权控股式收购。控股式收购的结果是 A 公司持有足以控制其他公司绝对优势的股份，并不影响 B 公司的继续存在，其组织形式仍然保持不变，法律上仍具有独立法人资格。B 公司持有的商品条码，仍由 B 公司持有，而不因公司股东或股东股份数量持有情况的变化而发生任何改变。商品条码持有人未发生变化，其使用权当然也未发生转移。

由于控股式收购并不改变 B 公司的组织形式，其仍具有独立法人资格，对外独立承担法律责任，因此，除法律有特殊规定外，B 公司对外的所有行为都应当以 B 公司的名义做出，A 公司无权以其本身的名义代替 B 公司对外做出任何行为，而只能在内部通过其持有的占绝对优势的 B 公司的股份来行使支配或控制 B 公司的权利。

在我国不同的法律规章中，并购的含义不尽相同，但就股权并购的实质而言，却是相同的。具体如下：

- 国有资产管理规范——购买国有公司或国有控股公司的各类资产和股权，统称为“国有产权转让”或“国有资产转让”，适用特别规范（《企业国有产权转让管理暂行办法》《企业国有资产法》）。
- 证监会定义的“上市公司收购”——购买上市公司股权成为控股股东或者其他取得上市公司实际控制权的行为（《上市公司收购管理办法》）。上市公司购买、出售重大资产的行为被称为“重大资产重组”。
- 商务部规章中的“并购”——外国投资者购买境内公司股权和资产的行为。“股权并购”是指境外投资者购买境内公司股东的股权或认购境内公司增资，使该境内公司变更为外商投资公司。这里的并购仅指收购，不含合并。

- 国家发改委的规范文件中的“购并”“投资项目”——境内公司收购境外公司股权、资产和其他权益的行为。
- 财政部、国家税务总局的规范文件定义的“收购”——包括股权并购（一家公司通过购买另一家公司的股权从而控制被收购公司的交易）和资产并购（一家公司购买另一家公司“实质经营性资产”的交易）。
- 《反垄断法》中的“经营者集中”——合并、股权和资产并购以及控制其他经营者的行为。

二、股权并购的特点

股权并购具有如下几个鲜明的特点：

第一，通过股权并购获得标的公司（即被并购公司）的控制权，从而获得使用标的公司业务平台或取得标的公司业务机会的权力。通过并购标的公司，可以获得的不仅仅是标的公司的经营利润，更多的是通过标的公司进入新的行业与领域，扩展新的市场，获得新的客户资源、技术与信息。该模式比一价公司依靠自研、自建要快速得多，成效明显得多。同时，也比投资模式要更有效，因为投资不控股模式下，是不能完全掌控标的公司的，也就无法获得上述有关的隐形利益。

第二，股权并购一般是控股型收购，以获得标的公司绝大多数股权或股票，一般持股比例超过 51%。但也存在其他控制形式，虽然持股比例没有超过 51%，但实际上对标的公司形成了控制权。股权并购基本是以获得标的公司控制权为目的，这是其与投资的显著区别之一。

第三，股权并购在完成股权交割后，需要对标的公司业务进行整合，没有整合，难以达到收购的目标。但在现实中，收购容易，整合难。

第四，与新设公司模式相比，股权并购可以化敌为友，快速进入市场，通过产业链、供应链及价值链的整合，获得快速发展。

三、股权并购的优缺点

1. 股权并购的优点

- 无须履行新公司的设立程序，仅需履行对标的公司的股权变更程序即可以完成投资行为。可以节省新设公司的环节与费用，可以减少清点标的公司的资产的麻烦。
- 并购完成后，产品销售和业务开展的起步点高，过渡期短，利于新旧衔接。在股权并购模式下，标的公司名称不变、主体不变、产品销售的市场主体不变，仅是股东发生变化，便于继承标的公司原有的产品销售渠道和市场份额以及业务关系。
- 与新设公司及资产并购相比，节省了员工招聘环节、大量的培训时间和培训经费。
- 与新设投资方式相比，可以节约基本建设时间。股权并购无须进行基本建设即可直接从事生产经营活动，很可能获得当年投资当年见效的成果。
- 与新设投资方式相比，可以节约大量的新公司、新产品、新市场、新渠道的宣传费用和开发费用，因此一般不会出现新设公司在经营之初的亏损期。
- 与新设投资方式相比，投资的现金流相对较小。
- 与资产并购相比，可以节约流转税税款。在资产并购的情况下，交易的标的是目标公司的所有权，其中的不动产、土地使用权和无形资产因发生所有权转移，需要投资公司依法缴纳契税，需要标的公司依法缴纳营业税。而在股权并购的情况下，标的公司的不动产、土地使用权和无形资产不存在转移所有权的问题，即使因标的公司变更公司名称需要变更产权证照上所有人名称的，也不是所有权转移，均无须缴纳营业税和契税。

○化敌为友。通过股权并购直接与竞争对手共融，避免了与竞争对手在市场上拼杀。

2. 股权并购的缺点

○由于并购前后标的公司作为民事主体是持续存在的，因而有关民事权利义务是延续的，因此，基于出让方信息披露不真实、不全面，导致标的公司遭受或有负债，使投资公司承担对标的公司的权益减损风险。这是股权并购的主要风险，也是最难防范的风险。

○由于标的公司的厂房、机器、设备往往是旧的，因此，虽然并购的现金流量相对新设投资要少，但并购后可能需要投入资金进行技术改造，否则可能难以提高标的公司产品的竞争力。

○由于标的公司与员工之间的劳动继续有效，并购后往往面临标的公司冗员的处理，这不仅容易激化劳资矛盾，而且会增加标的公司的经济负担。

○并购程序复杂，受让股权需要征得标的公司存续股东的同意，修改标的公司的章程需要与存续股东进行谈判，工作成本较高。

○并购后的整合难度大，投资公司对标的公司行使管理权的阻力大。在投资公司并购标的公司全部股权特别是仅为相对控股的情况下，并购后的整合及投资公司对标的公司行使管理权都会遇到困难，股权并购后对标的公司整合和行使管理权的难度很大。

○股权并购受国家《反垄断法》的规范和限制。《反垄断法》第三条规定，具有或者可能具有排除、限制竞争效果的经营者集中属于垄断行为。第二十条规定，经营者集中是指下列情形：经营者合并；经营者通过取得股权或者资产的方式取得对其他经营者的控制权；经营者通过合同等方式取得对其他经营者的控制权或者能够对其他经营者施加决定性影响。

第二节
股权并购与资产并购

并购有两种主要方式，一种是股权并购，另一种是资产并购。资产并购是指投资人通过购买标的公司有价值的资产（如不动产、无形资产、机器设备等）并运营该资产，从而获得标的公司的利润创造能力，实现与股权并购类似的效果。资产并购和股权并购的区别如下：

一、收购的主体和客体不同

股权并购的主体是收购公司和标的公司的股东，客体是标的公司的股权。而资产并购的主体是收购公司和标的公司，客体是标的公司的资产。

二、并购的负债风险大小不同

股权并购后，收购公司成为标的公司控股股东，收购公司仅在出资范围内承担责任，标的公司的原有债务仍然由标的公司承担，但因为标的公司的原有债务对今后股东的收益有着巨大的影响，因此在股权并购之前，收购公司必须调查清楚标的公司的债务状况。对于标的公司的或有债务在收购时往往难以预料，因此，股权并购存在一定的负债风险。

而在资产并购中，资产的债权债务状况一般比较清晰，除了一些法定责任，如环境保护、职工安置外，基本不存在或有负债的问题。因此，收购公司只要关注资产本身的债权债务情况就基本可以控制收购风险。

三、并购交易的税收存在差异

在股权并购中，纳税义务人是收购公司和标的公司股东，而与标的公司无关。除了合同印花税，根据《国家税务总局关于企业股权投资业务若干所得税问题的通知》（国税发〔2000〕118 号）的规定，标的公司股东可能因股权转让所得缴纳所得税。

资产并购中，纳税义务人是收购公司和标的公司本身。根据目标资产的不同，纳税义务人需要缴纳不同的税种，主要有增值税、营业税、所得税、契税和印花税等。

四、政府审批存在差异

股权并购因标的公司性质的不同，政府监管的宽严程度区别很大。对于不涉及国有股权、上市公司股权并购的，审批部门只有负责外经贸的部门及其地方授权部门，审批要点主要是外商投资是否符合我国利用外资的政策、是否可以享受或继续享受外商投资公司有关优惠待遇。对于涉及国有股权的，审批部门还包括负责国有股权管理的部门及其地方授权部门，审批要点是股权转让价格是否公平、国有资产是否流失。对于涉及上市公司股权的，审批部门还包括中国证券监督管理委员会，审批要点是上市公司是否仍符合上市条件、是否损害其他股东利益、是否履行信息披露义务等。

对于资产并购，因标的公司性质的不同，政府监管的宽严程度也有一定的区别。对于标的公司是外商投资公司的，我国尚无明确法律法规规定外商投资公司资产转让需要审批机关的审批。

对于标的公司是国有公司的，资产并购价格一般应经过审计和政府核准。对于上市公司重大资产变动的，还应按照《证监会关于上市公司重大购买、出售、置换资产若干问题的通知》（证监公司字〔2001〕105 号）

的规定报证监会批准。

五、涉及的第三方权益影响存在较大差异

股权并购中，影响最大的是标的公司的其他股东。根据《公司法》第七十一条，有限责任公司股东向股东以外的人转让股权，必须有过半数的其他股东同意并且其他股东有优先受让权。

资产并购中，影响最大的是对该资产享有某种权利的人，如担保人、抵押权人、商标权人、专利权人、租赁权人。对于这些财产的转让，必须得到相关权利人的同意，或者必须履行对相关权利人的义务。

此外，在股权并购和资产并购中，都可能因收购相对方（标的公司股东或标的公司）的债权人认为转让价格大大低于公允价格，而依据《合同法》中规定的撤销权，主张转让合同无效，导致收购失败。因此，债权人的同意对公司收购行为非常重要。

第三节
股权并购的适用前提

如前所述，资产并购与股权并购是并购的两种主要模式，二者存在较大差异，各有利弊。在公司并购中，具体采用股权并购还是资产并购要结合被并购标的的实际情况，选择最佳的并购方案。

一般而言，如果并购交易符合以下情形的，比较适合采用股权并购模式，换句话说，股权并购适用的前提如下：

1. 标的公司必须是公司类型的企业，而不能是合伙企业或私营企业。因为只有公司类型的企业股东才对公司债务承担有限责任，股东对公司的权益才表现为股权，才可适用股权并购。

2. 对管理不规范的公司也不适宜用股权并购。虽然凡是公司类型的企业都可以适用股权并购投资方式，但是如果标的公司管理不规范，特别是没有规范、严谨的财务制度、财务记录、财务核算，或者资产、财务、纳税、合同管理混乱，最好不要适用股权并购而应适用资产并购，因为对投资公司来说风险太大。

3. 出让方无法或不愿意对标的公司进行披露，而投资公司又不能从其他渠道获得足够的信息资料，且标的公司的股份没有公允的市价的情况下，也不适宜采取股权并购。这是因为股权交易实质上是股东之间对其享有的对标的公司权益的交易，如果投资公司不能充分占有标的公司的信息资料，在标的公司的股份没有公允的市价的情况下，就没法对出让股份者对标的公司享有的权益做出正确的判断，也无法进行股权并购。

4. 标的公司的股东特别是出让股权股东不存在虚假出资和出资违约的情况，不存在依法应当对公司债务承担连带责任的情况。因为，如果存在这类情况，投资公司股权并购后将置于风险中。

5. 标的公司的产品、市场份额、销售渠道、品牌、机器设备、场地等应当对投资者有利用价值，如果没有利用价值，投资公司就没有并购的必要。当然，如果投资公司需要标的公司的壳，则另当别论。

6. 在某些情况下，标的公司的资产横跨几个行业，其中有投资公司不需要的，或者投资公司不能持有的，或者有些已经是垃圾资产的。在这种情况下，如果投资公司拟对标的公司进行股权并购，就应当要求标的公司对没有利用价值的资产或投资公司不能持有的资产、业务进行剥离，或者采用资产并购的方式将垃圾资产甩掉。

7. 标的公司存在重大违法违规行为，且处于立案调查期，对于该类公司不宜并购。

8. 标的公司存在巨大的或有债务或潜在债务风险。也就是说，标的公司处于不干净的状态之下，不适合并购。

9. 对于上市公司而言，被并购公司的股东必须做出业绩承诺，不做业绩承诺的，不能进行股权并购。

第四节
股权并购的模式与分类

股权并购具有不同的操作方式，以及不同的并购目的。并购公司需要根据自己公司的发展战略选择并购战略，根据并购战略选择并购的具体模式。如果选择股权并购，要结合交易成本、交易审批、交易的结构来选择不同的股权并购操作方案。要做好并购案，有必要全面而系统地了解并购的操作方案究竟有哪些，以便在并购交易方案的制订上选择最佳的策略。因此，为了介绍具体的操作方案，需要对股权并购根据不同的方法进行分类。

一、按并购双方的行业关系分类

按并购双方的行业关系可以将并购划分为横向并购、纵向并购和混合并购。

横向并购（水平并购）指并购双方处于相同或横向相关行业，生产经营相同或相关的产品的公司之间的并购。该类并购属于行业整合型的，也就是合并同类项模式，有助于提高整个行业的集中度，优化行业效率，是公司做大做强的并购路径。

纵向并购（垂直并购）指生产和销售过程处于产业链的上下游、相互衔接、紧密联系的公司之间的并购。该类并购模式是向上下两头延伸，做产业链的上中下游的整合与并购，属于产业链、价值链并购。

混合并购指既非竞争对手又非现实的或潜在的客户或供应商的公司之间的并购。该并购模式是公司既运用横向并购模式进行行业整合，又深挖产业链，进行产业链的整合并购。

二、按并购是否取得标的公司的同意与合作分类

按并购是否取得标的公司的同意与合作，并购可以划分为善意并购和恶意并购。恶意并购一般发生在上市公司中或非上市的公众公司中。对于未上市的一般类公司，比如有限责任公司、股东人数较少的股份公司，基本不可能发生恶意并购，因为法律设定了诸多的障碍，限制了自由转让的可能性。

善意并购（友好并购）指标的公司接受并购公司的并购条件并承诺给予协助。善意并购有利于并购后的整合与协同。

恶意并购（敌意并购）指并购公司在标的公司管理层对其并购意图不清楚或对其并购行为持反对态度的情况下，对标的公司强行进行的并购。恶意并购不利于并购后的整合，往往会出现新旧股东的对立与抵触。

三、按并购双方是否直接进行并购分类

按并购双方是否直接进行并购活动，并购可以划分为直接并购和间接并购。

直接并购又称协议收购，指并购公司直接向标的公司提出并购要求，

双方通过一定程序进行磋商，共同商定并购的各项条件，然后根据协议的条件达到并购目的。该类并购是并购方与被并购方直接达成交易，一对一、点对点，而不需要遮遮掩掩，进行中转。其优点是利于并购整合，利于协同，交易便利，成本低。

间接并购主要有两类模式，具体如下：

第一类，要约收购模式，指并购公司不直接向标的公司提出并购要求，而是通过证券市场以高于标的公司股票市价的价格收购标的公司的股票，从而达到控制标的公司的目的。

第二类，通过收购标的公司的母公司（或称控股股东）而间接控制标的公司。其操作方法是，A 公司拟收购 B 公司，但受制于审批环节多、交易成本高、税费成本等诸多考虑，于是 A 公司直接并购了 B 公司的控股股东 C，由此通过 C 对 B 形成了实际控制。

该类并购模式又根据实际情况不同，存在如下两种情形：

VIE 结构①中并购：通过并购 VIE 中控制一侧的上下层级公司完成对经营实体的控制。

红筹模式并购：通过并购境内公司的境外母公司，完成对境内公司的实际控制。交易均发生在境外，减少了境内的交易环节与成本。

四、按并购完成后标的公司的法律状态分类

按并购完成后标的公司的法律状态来分，并购可以划分为新设型并购、吸收型并购和控股型并购。新设型并购指并购双方都解散，成立一个新的法人的并购。其法律性质实质上是公司的新设合并。吸收型并购指标的公司解散而为并购公司所吸收的并购。其法律性质实质上是公司的吸收

① VIE结构：即可变利益实体（Variable Interest Entities）,也称为协议控制，其本质为境内主体为实现在境外上市采取的一种方式。

合并。控股型并购指并购双方都不解散，但标的公司被并购公司所控股的并购。

五、按股权并购方的出资方式分类

按股权并购方的出资方式，并购可以划分为现金购买股票式并购和股票互换式并购。

现金购买股票式并购指并购公司用现金购买标的公司的股票所进行的并购。

股票互换式并购指并购公司直接向标的公司的股东发行股票，以换取标的公司的股票而进行的并购。该模式实质为换股。

现金＋股票式并购是指，并购公司以部分现金及部分股票作为支付方式而进行的并购。

六、按并购公司是否负有并购标的公司股权的强制性义务分类

按并购公司是否负有并购标的公司股权的强制性义务，并购可以划分为强制并购和自由并购。

强制并购指并购公司持有标的公司股份达到一定比例，可能操纵后者的董事会并对股东的权益造成影响时，根据《证券法》的规定，并购公司负有对标的公司所有股东发出收购要约，并以特定价格收购股东手中持有的标的公司股份的强制性义务而进行的并购。该类行为发生在上市公司并购中，当并购公司持有被并购公司的股票达30%时，就触发了要约收购义务，必须向上市公司所有股东发出收购要约。但该要约收购可以依法向证监会申请豁免。

自由并购指并购方可以自由决定收购被并购方任一比例股权的并购。

七、按并购公司是否利用自己的资金分类

按并购公司是否利用自己的资金，并购可以划分为杠杆收购和非杠杆收购。

杠杆收购指并购公司通过信贷所融资本获得标的公司的产权，并以标的公司未来的利润和现金流偿还负债的并购方式。

非杠杆收购指并购公司不用标的公司的自有资金及营运所得来支付或担保并购价金的并购方式。

八、按并购方掌控被并购公司的方式分类

按并购方掌控被并购公司的方式，可以将股权并购分为股权受让并购、增资并购、合并并购三类。

股权受让并购，是指并购方通过受让被并购方股东的股票或股权，而成为被并购方的控制人。上市公司协议并购，受让控股权就是此类并购模式。

增资并购，是指并购方通过认购被并购公司的增资扩股而成为被并购方的控制人。此类模式常发生在初创公司的并购中。

合并并购是指并购方与被并购方进行合并，从而控制被并购方的股权的并购模式。包括吸收合并与新设合并。

九、按并购战略目的分类

按股权并购战略目的可将股权并购分为：产业整合并购、私有化并购、生态并购，转型升级并购。

产业整合并购，是指并购公司通过纵向、横向或混合式并购整合产业链、供应链及价值链。

私有化并购，是指上市公司的控股股东、实际控制人通过收购其他股东手中的股票，使得上市公司不再符合上市条件而退市，该并购就是私有化并购。另外一种私有化并购是指私营公司、私人资本针对国有公司进行的并购，使得国有公司在收购完成后成为私有资本或私有公司控制的实体。

生态并购是指并购方具有生态型公司或平台型公司的能力，围绕自己构建生态，并为此而进行的有关并购。

转型升级并购是指并购公司为了寻找第二条增长曲线，为转型升级而对新的行业进行的并购整合。

十、按并购方法分类

按并购方法可将股权并购分为：影子并购、三角并购、倒置式并购。

影子并购是一种间接并购的方式，在直接并购标的公司不能实现时，而采取委托独立的第三方先收购标的公司，之后在合适时机再将标的公司转至并购方，实现对标的公司控制权的一种并购方式。

三角并购是一种特殊的并购类型，它以并购公司的股票作为主要支付手段，用并购公司的全资（控股）子公司作为并购的直接实施主体对标的公司进行兼并，从而实现“风险隔离”，达到降低运作成本、顺利完成并购的目的。这些突出的特点和独特的优势使得三角并购在很多国家的国内和跨国并购中被广泛运用。在我国并购实践中，“三角形式”的并购模式也时常被运用。

倒置式并购的实质是并购式逃税。美国是众所周知的高税负国家，其公司虽因所在州不同税负也略有差别，但总体而言，公司所负担的税率在40% 左右。在这种高税负的影响下，华尔街的投行和财务顾问们为了帮助公司合理避税，而为公司提出建议，让它们将总部迁出到美国境外从而规避美国的税收，这种方法被称作税收倒置。

税收倒置（Tax Inversion）是指公司通过改变注册地的方式，从高税率国家迁往低税率国家，将原本应适用比较高的税率变为适用比较低的税率，以达到避税的目的。这种避税的方法一般通过海外并购后将业务转移的方式来完成。近几年为实现税收倒置而进行的并购行为越来越多，信息服务提供商汤森路透的数据显示，自2011年至2014年上半年，三年半的时间里，高盛、摩根大通、富国银行等投行财务顾问仅通过税收倒置这一项业务所赚取的手续费已接近10亿美元，因此大有掀起税收倒置并购潮的趋势。

十一、按股权并购是否跨境分类

按股权并购是否跨境可将并购分为国内并购与跨境并购。国内并购是指并购方与被并购方均在国内，交易在境内完成。跨境并购是指并购交易的一方位于境外，交易涉及跨境。

十二、按并购标的公司属性分类

按并购标的公司属性可将股权并购分为：国有公司并购、外资并购、上市公司并购。

国有公司并购是指并购方或被并购方有一方系国有公司，该并购行为需要遵守国务院国资委有关国资的法律法规而进行。

外资并购是指外国公司并购境内公司的行为，需要遵守我国商务部、国家发改委、国家外汇管理局等部委的关于外资并购的有关规定。

上市公司并购是指并购上市公司的并购行为，也就是收购上市公司。该类并购需要遵守上市公司有关法律法规。

第二篇

股权并购与被并购战略规划

02

第三章

公司股权并购战略规划

第一节

公司发展中的并购战略需求评估

随着经济的发展，市场竞争激烈，公司间的并购成为一种常态。并购需求是驱动并购的起点，而激发并购行为的因素又是多元而复杂的，但是从一家公司生存和发展的角度来看，经济利益是公司长期追逐的目标，它主要包括公司生产、战略发展、财务管理、公司治理等方面，这些方面发展的需求成为驱动公司并购的重要原因。从公司生产的方面来看，并购是产生规模经济效应、扩大市场份额的需要；并购也是节约交易成本、增强产业链竞争的需要。从战略发展的方面来看，并购是多元化经营、产生管理协同效应的需要；从财务管理的方面来看，并购是产生财务协同效应、提高投资价值的需要；从公司治理的方面来看，并购是规避管理者道德风险的需要。

公司一般从上述经济利益的角度出发，首先通过横向并购，使公司在商品的生产上获得规模经济从而降低生产成本，在同样的竞争条件下占领更大的市场；公司在具备一定的规模，取得较为稳定的市场占有率之后，通过前后向的公司并购取得交易成本的降低，纵向一体化增强公司抵御风险的能力。随着近年来跨国公司的大型并购的发展，在一个更大的国际市场，要保持公司对市场的占有率，市场的扩大要求公司具有与之相适应的规模，强强联合成为公司增强市场竞争力的快速、有效的途径。

我国公司并购有着深刻的社会历史背景，它是在新旧经济体制并存交替和摩擦的背景下产生的，是经济体制改革特别是深化国有企业产权制度改革的产物。随着20世纪90年代我国证券市场的迅猛发展，上市公司的并购开始活跃，并逐渐成为并购发展的主战场。尤其是我国加入世界贸易组织后，对外开放程度逐渐提高，明显加快了融入世界经济一体化的进程，公司并购活动也逐渐与国际接轨。由此，公司并购需求也从原来中国传统体制下的拯救亏损公司、获取被并购公司的土地、低价购买资产、获得优惠政策等，转变成产业整合与产业扩张的战略性并购。如前所述，战略性并购需求主要源于实现多元化经营，降低单一主业经营风险，获得协同效应，发挥自身管理优势，提升被收购公司的价值，等等。

公司在发展过程中，为了降低单一主营业务风险，往往通过并购的方式实现多元化经营。以国内某大型国企的多元化战略为例，其之前起家的激光照排、出版业务日趋饱和；专注的网络软件业务也遭遇产业周期的调整；电脑业务又遭遇竞争而利润日渐萎缩；就公司的业务而言，除了上市公司以外，其余的大多为亏损。因此，公司董事会决定集团走多元化的战略，向两个方向延伸：一是向高科技领域延伸，二是向传统产业延伸。于是开始了一系列的跨行业并购：2002年，国内某大型国企出资2.29亿元控制浙江证券51%的股权；同年，国内某大型国企以2302万元受让佛山市南海区佰骏物业持有的深大通A1A771万股法人股；2003年，国内某大型国企与苏州经贸委签订协议，国内某大型国企将在 3—5 年的时间里，斥资 27 亿元收购苏州钢铁集团 100% 的国有股；同年，国内某大型国企又控股西南合成制药总厂，收购了苏州钢铁集团，参股了成都商业银行，收购了武汉正信投资公司……走出了一条快速、行业跨度大的多元化发展之路。

通过一系列的并购，国内某大型国企涉足了医疗医药、钢铁、金融等行业，选择了多元化发展的道路。在金融行业，还涉足证券、银行、信托，初步形成了金融产业格局。在传统行业方面，重组西南合成制药，成为西部地区最大的拥有营运、研发和生产能力的原料药生产和出口基地；国内某大型国企收购苏州钢铁集团，计划用“钢铁 + 鼠标”的管理模式，走高精路线。国内某大型国企拥有了 6 家在上海、深圳、中国香港以及马来西亚交易所上市的公众公司和遍布海内外的 20 多家独资、合资公司，员工约 3 万人，形成了四大集团——产业控股集团、金融控股集团、软件控股集团和投资控股集团。

多元化发展以后，国内某大型国企产业布局和行业发展方向变得清晰，改变了过去的资源分散的状况，一定程度上提高了集团资源配置的效能。

公司发起战略性并购也是出于发挥协同效应和规模经济效应的需要。所谓协同效应是美国学者安索夫（Ansoff）在 1965 年最早提出来的一套理论，是指公司并购的动因在于获得公司并购后的实际价值增加，公司资产、能力等方面的协同或者互补促使公司在并购后能提高绩效、创造价值。协同效应包括经营上的协同效应，市场上的协同效应，财务上的协同效应，管理上的协同效应，等等。以互联网行业协同效应需求驱动的最大并购案——美国社交网站脸书（Facebook）收购即时通信应用 WhatsApp Messenger（WhatsApp）为例。Facebook 向美国证监会提交的文件证实，这次收购以总价 190 亿美元创下了全球互联网领域自 2011 年时代华纳与美国在线合并之后的最大规模的并购交易纪录。Facebook 出于协同作用考虑，收购了 WhatsApp。Facebook 收购 WhatsApp 很大程度上在于资源、能力的协同互补，尤其是受市场份额协同效应的驱动。Facebook 早在 2011 年时曾经发布了手机聊天应用 Facebook Messenger，但很快就被微信、Line 等其他移动即时通信应用（Instant Messenge，IM）超越，而 Facebook 社区也老龄化严重，无法很好地吸引青少年。当下 Facebook 的收入有近一半来源于移动终端的收入，但是 WhatsApp、Snapchat 这类新应用却占领了移动终端和年轻人的市场，WhatsApp 更是大多数地区的市场龙头。因此，收购 WhatsApp 很大程度上在于市场的协同。另外，WhatsApp 拥有的 4.5 亿活跃用户资源、32 名高级工程师、强大的市场营销能力，都是驱动 Facebook 出于经营协同效应收购的重要因素。

公司也会因为发挥管理优势、提升公司价值而触发战略并购。在并购活动中，尤其是中外并购活动中，常常会看到拥有管理优势的公司通过并购管理效率不高的公司，改善经营效率，使得公司价值提升，从而获得并购利益。2003 年，业界十分关注的东盛集团击退丽珠药业，联手西安风华医科并购潜江制药的案例中就充分体现出管理优势驱动了战略性并购。潜江制药是国内唯一的眼药基地，对拟进入被誉为“尚未挖掘的金矿”的眼药行业的公司来说是难得的资源，但是由于经营效益不佳，公司大股东潜江市政府决定对其进行改革，减持国有股份，引进有实力的公司。

东盛集团一直奉行的并购整合思维是：低价收购国有制药公司最好是受行业保护和垄断的公司，被收购的公司可以经营不善，但是一定要有核心技术或者产品。在入主这样的公司后，东盛可以利用其明显的管理优势对公司进行重组，从而获得高额回报。基于这样的并购理念，东盛集团力争潜江制药的控制权。同时，潜江市政府面对诸多有收购意向的医药公司和投资公司，唯独钟情于东盛的民企效率，希望通过东盛对公司的并购重组，弥补潜江制药的国企低效软肋，实现其快速发展。在这个案例中，东盛独特的产业并购整合思维使其抢占了先机，获得了快速发展。在短短几年内，东盛集团在医药产业领域内迅速建立起“白加黑”“盖天力”“四季三黄软胶囊”“维奥欣”“小白”“宝鉴堂国药”“济生大输液”等知名品牌。通过品牌整合经营，东盛药品的销售毛利率在国内同行中一直居于前列，平均达到了80.5%以上，其中如“白加黑”“盖天力”“维奥欣”的市场占有率分别高达81.97%、85.88%、91.67%，实现了公司重组后的多品牌的整合经营和投资的高回报。该收购在国家眼药基地资源的基础上，实现了品牌的整合，为公司价值的增长提供了更大空间。

像这种由于具有管理优势进行战略性并购的案例不在少数，华润的强势收购、太极集团收购西南药业、欧莱雅收购小护士，等等，都是并购方具有独特的管理优势。随着外资并购的进入，未来管理优势触发的战略性质收购还将不断增加。

第二节
公司并购的方向与策略选择

公司为了提高竞争优势，会制定一个战略目标以及为实现这个目标所需要的资源，战略目标资源与公司自身资源之间的差距就表现为资源剩余或者资源缺口。资源缺口就是公司的资源需求，能够满足并购能力约束的资源需要就是资源需求，即并购方向的内在资源范围，这些资源在行业、区域、规模、盈利能力四个维度表现出的属性就是公司的并购方向。

并购方向实质上是并购在行业、区域、规模和盈利能力方面的战略规划，是公司具备了并购动机和能力并决定实行并购时制订的，既与公司总体发展战略相一致，又是总体发展战略的细化。

根据并购方向的概念，并购方向实质就是并购战略方向，其内在表现为公司的短缺资源，外在表现是这些资源在行业、区域、规模和盈利能力方面的属性。具体表现为公司在行业方面是相关并购还是非相关并购；在区域方面是同省并购、跨省并购、同区并购还是跨国并购；在规模方面是大型并购、中型并购还是小型并购；在盈利能力方面，公司并购是高盈利能力要求还是低盈利能力要求。

从并购方向的概念可以看出，并购方向的确定受两个方面的约束，即公司的战略目标以及实现战略目标的目标资源和公司自身资源。就公司的并购战略而言，把握并购方向意味着双层决策，即确定满足各种要求的集合和搜寻确定标的公司，本书所指的并购方向是狭义的并购方向，仅指前面一项内容，而确定并购公司则是并购匹配的主要内容。在并购方向的决策中，满足各种维度要求的集合是确定决策方向的前提，并购方向决策的准确与否直接影响着并购匹配的精准度和标的公司的选择。因此，并购方向是公司有效实施并购战略的重要前提。

在确认并购方向之前，我们先得分析公司的战略目标资源。战略目标资源是战略管理的一个部分，是公司在对外部环境和内部环境进行分析的基础上确定的公司发展目标，以及为完成这些目标所需要的资源。

外部环境包括一般环境和行业环境，在公司战略分析工具中对宏观和产业环境进行分析的有 PEST 分析（对宏观环境进行分析）、S-C-P 范式分析、行业结构矩阵分析、竞争者分析、行业生命周期分析、行业价值链分析、波特的五力模型分析、行业关键成功因素分析等。并购战略的制定要把波特的产业定位理论和公司资源理论结合起来进行分析，以对公司的并购方向提供指引。常用的战略制定和选择工具有麦肯锡咨询公司首创的 SWOT 分析、波士顿矩阵（BCG 矩阵）、GE 矩阵和定向政策矩阵等。利用这些战略工具对公司的内外部环境分析以后，确定公司的发展战略。

公司战略目标是在公司所面临的内外部环境和公司的战略意图相结合的基础上而设定的，是公司战略宗旨的具体化，应该对其具体化和量化。

公司在制定战略目标时，可以预计该行业未来的发展、市场容量、竞争对手情况，也就可以结合公司在现在行业所需要达到的定位和相对竞争对手的定位来确定战略目标。

战略目标资源是公司在预测未来行业发展方向、分析行业内实力相当的竞争对手甚至是行业领头人的基础上确定的目标资源，这种目标资源可能是参照行业内比自身实力强大的公司的资源制定的。公司制定的战略目标资源是资源的一种最有效的配置形式，表 3-1 就详细地从价值链的角度说明公司的战略目标资源。

表 3-1　公司战略目标资料表

价值链 资料	研发	采购	制造	营销	服务
人力资源					
金融资本					
实物资本					
信息					
能力					

资料来源：作者自制绘图

分析完公司的战略目标资源，接下来就是分析公司自身的资源。公司的自身资源主要是从行业、区域、规模和盈利能力这四个方面考虑，具体分析公司拥有的不同资源及其所在的价值链中所处的位置。确定公司的行业位置时，一般按照公司注册所在的行业分类或者公司的主营业务确定；区域位置按照公司注册时地理位置确定；规模要根据公司的总资产确定；盈利能力用投资回报率来衡量。

根据上述分析的公司所处的行业、区域、规模和盈利能力，可以确定公司细分内部资源是否满足条件。例如人力资源方面，公司规模和盈利能力限制了人员数量；不同职能活动人员的行业专有性质不同，如研发人员的行业专有性比采购人员的行业专有性强。例如金融资本方面，金融资本流动性较高，其不受行业区域的影响，也不受职能活动的影响。例如实物资源方面，公司的规模和盈利能力决定了实物资源的数量和质量，同时由于实物资源具有可获得性和可转移性，使用实物资源对区域性要求不高。例如信息资源方面，公司的规模和盈利能力反映了公司的无形资产数量和质量，在公司里主要指的是无形资产，包括专利、专有技术、行业许可以及商标、声誉等，具有重复使用性而不会贬值。不同行业、不同公司的信息资源专有性较强，对区域性要求不高。例如能力资源方面，有行业专有能力和一般能力，按照不同的职能活动划分又包括讨价还价能力、创新能力、生产管理能力和服务能力，等等。总之，可以用上述表 3-1 的方式，从公司内部几个维度的资源，清晰地表示一家公司所处的行业、区域、规模、盈利能力。

如上所述，已经定量分析了公司的战略目标资源和公司自身资源，通过对两者的比较可以得出资源的差距，可能是战略资源缺口也可能是资源的剩余，这种缺口或者剩余是公司现状相对于公司的总体战略目标而言的。同样，我们也可以用上述表 3-1 来进行公司资源差距分析。

资源过剩是指公司内部某些资源无法得到充分利用，例如公司专属的知识和技能、高层管理人员的管理技能，等等，其中一些过剩资源，如公司专属知识、技能，留存于公司内部的价值远远高于通过公开市场将其出售所得的收益。另外一些过剩资源例如资金、设备等，闲置在公司不能给公司创造更大价值，而应该通过公开市场将其进行更能创造价值的投资。这些资源的剩余形成了公司的并购能力、资金支付能力和整合管理能力，是公司成功并购必须具备的资源基础，也是并购方向选择范围和约束条件。

资源缺口并不是资源空白，通常是指公司的某项资源相对于公司的其他配套资源或者整体战略目标而言，成为制约公司进一步发展的瓶颈。因而公司希望通过并购快速获得该项资源，进而弥补资源的缺口。

公司资源缺口是公司需要的资源，但是这些资源是否能够通过并购获得，公司是不是具备并购的大环境，是不是都需要通过并购来获得，是不是并购就能获得公司希望得到的资源，公司是不是具备并购能力等，都是公司需要考虑的问题。首先，公司在市场的大环境中生产，其经济活动必然受到外部竞争环境的影响。产业的结构特性、竞争程度、市场状况、进入壁垒的高度都影响着公司的并购活动，是判断并购活动是否可行的一个约束条件。其次，这些资源缺口是否都通过并购获得，要看公司的并购能力，也就是公司的剩余资源有多少，能够满足并购能力约束的资源需要才是公司的资源需求。最后，并购只是实现公司战略目标的举措之一，也就是说这些资源缺口并不是都通过并购来获得，公司可以通过非货币性交易获得，或者直接从市场购买需要的部分资源。所以，这些资源缺口是并购所要获得的资源最大值，而不是通过并购获得的全部资源。

最后就是并购方向的决策，在对并购方向进行决策之前需要对公司短缺资源的特征进行分析，见表 3–2。

表 3–2　公司资源特征分析表

资源	资源特性及偏好
人力资本	从专属性和可获得性来看：非管理人力资本相对具有专属性，公司只能通过相类似的机构中获得；行业专属人力资本，只能通过相同或相关行业的公司获得；普通人力资本可以从不相关行业的公司并购中获得
	从区域维度来看：由于劳动力的流动受到限制，导致一国不同地区，尤其是不同国家的劳动力成本存在较大差异，人力资本成本的地域差异是公司进行并购方向选择时需要考虑的重要因素
	从人力资本配备数量来看：不同行业、不同规模的公司，需要配备的人力资本数量是有一定的规律的，公司按照规律，就可以确定需要并购的公司规模
金融资本	金融资产流动性最高，专属性最小，因而具有较强的可转移性，对不同并购方向的选择不存在明显的偏好；但是金融资产的数量会限制公司的并购规模甚至盈利能力

续表

资源	资源特性及偏好	
实物资本	能够在公司之间顺利转移，具有可获得性和可转移性，在购买时，公司为了节约交易费用，将对使用过程中会因消耗而不断地减少	若实物资本的专用性较高需要重复在购买，公司为了节约交易费用，将对 纵向并购产生明显的偏好。若专用性较高不需要重复购买，则对横向并购产生明显偏好
		资源依托型产业中，若公司缺乏对原料资源的控制，则倾向于实施纵向并购，整合上游资源，并且更倾向于实施跨区域并购，向拥有该原料的区域扩张，从而弥补资源缺口
信息	无形资产属于可以重复使用而不会贬值的资源，它的可转移性和共享性决定了分享这类资源的产品数量越多，分摊到单位产品中的成本就越小	优势品牌资源的获取 / 延伸和转移对相关行业具有明显的偏好；从区域维度来看，品牌资源对跨区域并购、跨国并购具有偏好；公司信息与公司盈利能力成正比
		若公司已经掌握其主导产业核心技术，不受产业瓶颈制约，则对横向并购和纵向并购具有明显的偏好；反之，则对行业内并购具有明显偏好
能力	通用能力可以在不同行业之间顺利转移，不受行业的约束	
	专用能力如研发能力、创新能力、生产质量管理能力等行业专属性较强，这类资源偏好相关性并购，专业的能力通常与盈利能力成正比	

资料来源：刘岩、李玮、张秋生.基于资源视角的并购方向决策研究[C]2006中国科协年会，2006.

明确了公司自身资源的特征处于不均衡的状态之后，则需要对其战略重要性进行评价。评价时需要综合考虑公司所属的具体行业特点，以及公司自身资源状况。同类资源对不同行业的公司，或者同一家公司的不同发展阶段而言，其战略重要性是不同的。例如在咨询服务行业中，难以模仿的人力资本就是竞争的关键；而对于电子信息、生物医药等高新技术行业而言，技术资源的战略意义则更为突出。再例如，在公司发展初期，金融资产可能成为持续竞争优势的来源，而到了发展阶段后期和成熟阶段，技术和品牌等无形资产将成为公司扩张的关键性资源要素。所以，不同行业、处于生命周期的不同阶段的公司要根据资源的战略重要性，确定它们在资源中所占的比例。对资源战略重要性的评价，可根据行业内专家对资源的重要性的评价来确定。

资源重要性的具体化和量化，可以采用如下模型来评估：

$$W_r=\sum S_{rf}/f$$

式中 W_r——用百分比表示，代表了不同资源的重要性比重；

r——取值 1，2，…，5，代表不同的资源（如表 3-2 中的信息、能力、金融资本，等等）；

S_{rf}——第 f 个决策人对资源重要性比重的打分；同一决策人对不同资源的比重打分加总为 1；

f——取值 1，2，…，n，代表对资源重要性评价的决策人数。

最后就是在上述理论的基础上对并购方向进行决策。如上文所述，并购方向的内在资源需求中，已经分析了公司并购的资源范围，即受公司并购能力和外部环境约束的资源需要是并购所要获得的资源最大值，这个最大值的测算是通过模型获取的。公司并购在行业、区域和盈利能力方面的选择模型如下。

（1）资源对行业的选择模型：

$$I_k=\sum i_{rk}\times Wr;$$

式中 I_k——资源对行业选择的加权平均得分；

k——取值 1、2，…，n，代表资源 r 对行业的不同偏好；

r——取值 1、2，…，n，分别代表细分的各类资源；

i_{rk}——依据资源 r 对行业 k 的偏好打分；

W_r ——资源 r 的战略重要性权重（取值于上述模型 $W_r = \sum S_{rf}/f$，$0 < W_r \leqslant 1$）。

（2）资源对区域的选择模型：

$$G_j = \sum g_{rj} \times Wr$$

式中 G_j——资源对区域选择的加权平均得分；

j ——取值 1，2，…，n，代表资源 r 对区域的不同偏好；

r ——取值 1，2，…，n，分别代表细分的各类资源；

g_{rj}——依据资源 r 对区域 j 的偏好打分；

W_r ——资源 r 的战略重要性权重（取值于上述模型 $W_r = \sum S_{rf}/f$，$0 < W_r \leqslant 1$）。

（3）资源对盈利能力的选择模型：

$$M_h = \sum m_{rh} \times Wr;$$

M_h——资源对投资回报选择的加强平均得分；

h ——取值 0.01%，0.02%，…，n，代表资源 r 对投资回报率的不同偏好；

r ——取值 1，2，…，n，分别代表细分的各类资源；

m_{rhx}——依据资源 r 对投资回报率 h 的偏好打分；

W_r——资源 r 的战略重要性权重（取值于上述模型 $W_r = \sum S_{rf}/f$，$0 < W_r \leqslant 1$）。

根据所建立的模型计算公司资源对不同行业、区域和投资回报率选择的加权平均得分 I_k、G_j、M_h。最终 {max（I_k），max（G_j），max（M_h）}，即资源对并购的行业、区域和盈利能力的偏好选择，这几个维度的组合也就是公司的并购方向与策略选择。

第三节
公司并购的内部决策流程

并购是公司的重要战略性投资，涉及公司内部的投融资决策过程，是董事会批准和授权的行为，需要做好内部决策流程控制。一般而言，一家公司并购的内部决策流程包括如下几个环节。

一是项目建议：根据公司发展战略，董事会对管理层进行明确的并购投资授权、投资额度、投资预算和绩效要求。并购项目组或者专门负责投融资的部门提出拟并购项目建议。在这个阶段，主要研究为什么要并购、并购什么资源、具体并购目标是谁、如何并购。项目建议书一般包括以下内容：

- 公司面临的任务与挑战、发展目标。
- 项目主要信息：项目背景介绍与主要股东介绍、持股比例、团队与组织结果、产品与服务、行业地位、市场需求及前景预测、盈利模式与财务分析、融资计划与使用方案。
- 总体评价：行业展望；项目投资后的财务分析；盈利预测；资本预算（NPV、IRR、投资回收周期、现金流量分析等）；不确定分析（盈亏平衡分析、敏感性分析等）。
- 风险分析：财务风险、市场风险、技术与知识产权风险、政策法律风险，等等。
- 交易框架：股份和对价、股份对应的权利；支付方式与前置条件；管理层与员工激励；过渡期间条款；法律主体与管理人员派驻，等等。
- 退出方式：董事会审议；答辩；磋商；表决。

二是立项：由公司主管领导确定初步收购意向，启动对收购标的公司的评估程序。一般是并购项目组或者专门负责投融资的部门完成项目的初步调研之后，召开立项会议对项目进行讨论并形成意见，确定对项目进行立项。立项会议决策人员一般报告项目经理、行业分析人员、并购分管的高管，以及财务和法务人员等。立项会议内容一般包括对项目初步调查报告的审阅，对并购项目的可行性分析，对合规性以及资料的真实性进行审查和质询，进而确定是否立项及继续推进、暂时搁置或者放弃。

三是评估：包括组建收购团队，与被收购公司接洽，表明收购意图。在被收购公司同意下，展开尽职调查和价值评估，设计交易结构，准备相关的法律文件。在尽职调查和签订相关法律文件的基础上，由项目组向投资决策委员会提交并购投资的可行性研究报告和投资建议书。这个评估阶段需要对被并购方经营活动、财务活动进行更细致的审查，确保并购价格的合理性，需要制订详细的调查清单和计划，对财产权属、财务报告或有负债、法律遵循等进行重点调查。这些评估工作需要并购项目组联合财务、法律等部门进行审慎的审核，并将评估审查的结果提交投资决策委员会、董事会等决策机构。

四是决策：由公司执行委员会或者投资决策委员会甚至是董事会进行决策。决策的内容包括：是否进行该项投资并购；投资并购的总金额；交易结构；法律文本的主要条款；执行团队的核心人员以及其他重要的事项。

五是执行：交易实施阶段是并购交易基本完成阶段，包括并购合同的签署，在复杂情况下，需要有关监管部门的审批和工商执照等相关法律文本变更，在此期间进行接管和不确定性管理。批复后进行整合，以及并购绩效的持续的跟踪评价，甚至还报告股权的退出管理。

这个阶段的内部决策一般是通过投资决策委员会、董事会甚至是股东（大）会对并购交易进行审批，批准并购文件，如资产并购条件下资产过户文件、在股权并购条件下股转文件等，当然还包括并购后的管理决策甚至投资退出决策等。

第四节
公司并购方案的制订

并购方案的制订是一个在理想点和约束点之间找平衡的经济问题，也是一个在买卖双方之间寻找满足双方需求的过程，两者之间存在很多种可能，这就要求我们在制订方案时重点把握并购关键点，主要包括以下几个方面：一是对产业协同效应的把握，通过并购能最大限度地发挥产业协同效应。二是控制权，控制权决定产业协同效应与财务效应的发挥。三是对交易标的，在并购中常常以目标公司的股权、资产为并购标的，通过对目标公司的股权或者资产进行参股、控股和完全控制来控制公司。四是支付方式，支付形式包括股权支付、债权支付和现金支付，另外，还可以考虑股权、债权、现金混合支付的方式。五是判断好双方公司的接受范围，也就是并购方案的实施要建立在双方公司能接受的范围之内，等等。

以中国平安并购重组深发展为例，来看如何通过并购关键点的把握制订并购方案。该并购方案大体分为四个部分，第一，中国平安以定向增发H股换取 Newbridege Asia AIV Ⅲ，L.P（以下简称“Newbridege”）持有的深发展股权；第二，平安寿险以现金认购深发展非公开定向增发的股份；第三，中国平安以其持有平安银行的股权和部分现金等为对价认购深发展非公开定向增发的股份；第四，深发展吸收合并平安银行。

2015 年 5 月，中国平安得以向 Newbridege 定向发行 2999,088,758 股 H 股作为对价，受让了 Newbridege 持有的深发展 520,414,439 股股份；2010 年 6 月，平安寿险认购了深发展非公开发行的 379,580,000 股股份。中国平安及平安寿险合计持有深发展 1,045,322,687 股股份，约占深发展总股本的 29.99%。此外，中国平安还持有平安银行 7,825,181,106 股股份，约占平安银行总股本的 90.75%，是平安银行的控股股东。中国平安通过本次交易将所持有的平安银行的股份全部注入深发展，可以避免平安银行与深发展之间的潜在同业竞争，符合监管的要求，同时，通过实施本次交易，可以充分发挥深发展与平安银行及中国平安的协同效应，为中国平安和深发展的股东创造更大的价值。本次交易完成后，中国平安将实现对一家具有一定规模银行的控股，提升旗下银行板块实力，优化集团内部银行业务的资源分配，推进保险、银行、投资三大业务更加均衡发展。中国平安将基于深发展全国的银行网络，显著提高集团内部的交叉销售能力，加快实现中国平安“综合金融、国际领先”的战略发展目标。①

对中国平安而言，上述并购方案可以实现产业的协同效应，对深发展而言，也是可以接受的。通过本次交易，深发展可以提高资本充足率，在并购之前深发展的资本充足率已经成为其加快发展的瓶颈，深发展有迅速提高资本充足率的需求。引入 Newbridege 作为战略投资者以后，深发展可以实现顺利的转型，资本充足率可提高到 8% 以上，不良贷款可以下降，银行在风险控制、业务创新、流程改革等方面取得很大进步，更重要的是深发展有了内涵式的发展。通过本次交易，深发展将获得一次难得的外延式增长机会。通过控股平安银行，深发展的资产规模和网点数量获得了增加，网点布局得到优化，尤其是在我国东南沿海地区网点覆盖将更为完整。同时，深发展成为中国平安唯一的控股银行后，将获得来自中国平安的战略支持，可以更充分地利用中国平安的全国销售网络、庞大而优质的客户资源、强大的后台运营系统以及综合金融服务平台，有助于塑造深发展独特的业务特色，提升深发展未来的市场竞争力。

从控制权的方面来看，中国平安收购深发展是绝对控制，只有通过绝对控制的方式，才能最大限度地产生协同效应和财务效应。本次交易由中国平安以认购对价资产（中国平安持有的平安银行 7,825,181,106 股股份，

① 内容参考中国平安（601318）上市公司公告信息。

约占平安银行总股本 90.75%）以及认购对价现金（269,005,23 万元）全额认购深发展非公开发行的新发行股份。本次认购完成后，中国平安将直接及间接持有深发展约 52.38% 的股份，成为深发展的控股股东。

截至重组报告书签订日，交易双方的股权控制图如图 3-1 所示。

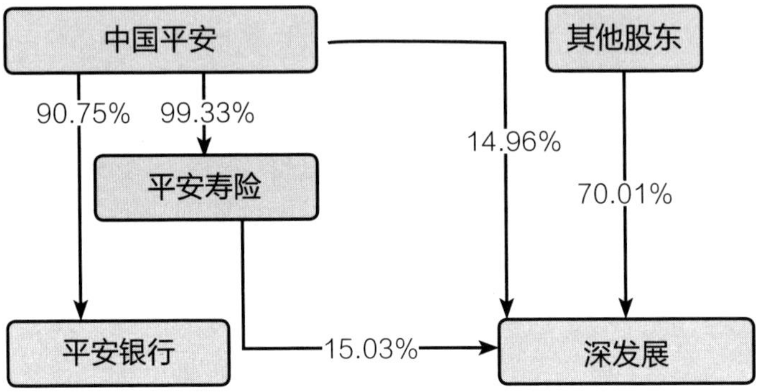

图3-1　重组报告书签订日交易双方的股权控制图

交易完成之后，交易双方的股权控制图如图 3-2 所示。

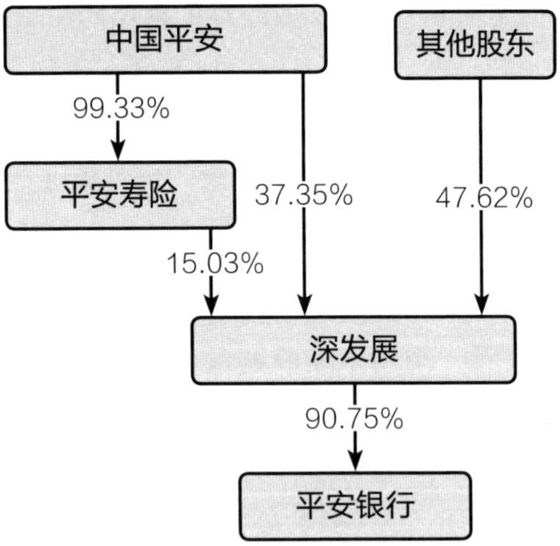

图3-2　交易完成后交易双方的股权控制图

支付方式方面，按照保守谨慎的原则，经过中国平安与深发展管理层的讨论和协商，最终确认平安银行的股权市场公允价值为人民币290.8亿元。深发展将依据此交易价格和自己的市场收盘均价确认对中国平安的增发股票数量。并以此确定中国平安和深发展各自股东在董事会中的控制权比例。中国平安向深发展支付的总认购价格由认购对价资产和认购对价现金两部分组成。深发展拟对中国平安进行定向增发，用以吸收合并中国平安所持有的平安银行7,825,181,106股股份（约占平安银行总股本的90.75%），新发行股份的认购数量（以下简称“股份认购数量”）按照以下公式进行确定：

股份认购数量 = 平安银行的最终定价 ÷ 新发行股份的每股认购价格

根据中国平安与深发展确认的平安银行的最终定价（290.8亿元）和每股认购价格（17.75元），股份认购数量为16.4亿股，具体以中国证监会最终核准的结果为准。差额部分由中国平安向深发展支付共计26.9亿元的现金。其中：新发行股份的总认购价格为每股认购价格（17.75元）与股份认购数量（16.4亿股）的乘积，共计290.8亿元。2010年8月4日，经过深圳市工商局核准，深发展总股本为34.86亿股。因此，当深发展定向增发后，（29.99%×34.86+16.4）/（34.86+16.4）≈ 52.39%。如果不补偿26.9亿元现金，中国平安的控制权则为50.94%。

并购方案的效果评估可以从方案制订的初衷评价。从中国平安的角度来说，中国平安成功控股深发展以后，中国平安实现了对一家上市股份银行的控股，大幅度提升了旗下银行业务板块的实力，对中国平安实现真正意义上的保险、银行、投资三大业务均衡发展和成为世界知名的金融服务集团的战略目标更近了一步；同时银行业务净利润对集团利润的贡献比例将会显著提高，并购完成后中国平安银行业务净利润构成达到集团内部净利润的32.51%，优化了金融控股集团各大业务分布，推动了保险、银行、投资、信托业务的均衡发展。

在完成对深发展绝对控股后，中国平安通过在集团内部调整，实现其银行、保险、投资等业务的相互促进，各业务发展过程中实现在客户、信息、管理、财务等的协同，从而使得集团内部各业务实现良性循环发展。如中国平安基于深发展的全国银行网络和银行客户数据库，可以不断提升平安集团内部的交叉销售能力。而且后期的资金支持、产品研发、风险控制等方面也能够在集团的整体协调下使得各业务受益。同时，深发展在银行的经营上有国际性的先进管理经验和经营模式，使得平安集团的混业经营实现了关键的一步。

第四章

公司股权被并购战略规划

第一节
公司引入战略投资者的战略分析

“战略投资者”源于国外的证券市场，是指能与上市公司大股东长期“肝胆相照、荣辱与共”的机构投资者。我国对战略投资者概念的引入始于证监会 1999 年 7 月发布的《关于进一步完善股票发行方式的通知》（证监发行字 [1999]94 号），其中将“与发行公司业务联系紧密且欲长期持有发行公司股票的法人”称为战略投资者。具体来说，战略投资者就是指符合国家法律法规要求、与发行人具有合作关系或长期合作意向，并愿意按照发行人配售要求与发行人签署战略投资配售协议，提供先进技术和管理经验，协助改善公司治理结构，通过公司的发展和成长谋求长期战略利益的法人实体。战略投资者发掘被投资公司的优势，对被投资公司进行长期投资。战略投资者与被投资公司的发展战略相吻合，其有能力支持被投资公司，使被投资公司实现长远的发展。

战略投资者一般具有如下几个特点：

首先，拥有雄厚的实力。战略投资者要进行投资，需要给被投资公司注入大量的资金，要求战略投资者的资信良好；战略投资者居于市场的主导地位，能够影响整个行业的发展；战略投资者对整个产业链有一定的战略规划，被投资公司可以从中受益；战略投资者在公司治理和技术开发等方面具有优势，积累了成熟的管理经验，拥有完善的公司治理体系。总之，战略投资者不仅实力雄厚，而且其战略规划和被投资公司的战略规划相一致，可以提高被投资公司的核心竞争力和创新能力。

其次，与被投资公司的业务联系紧密。战略投资者往往选择同一行业或是相关行业的公司作为投资对象。被投资公司可以借助战略投资者的产业背景和行业经验，充分发挥协同作用，进行资源整合，从而提高被投资公司的市场地位，使被投资公司在整个行业产业链中具有一定的影响力。

再次，长期持股。战略投资者关注的是被投资公司的成长性和战略价值。战略投资者进行投资是为了实现战略目标，而不仅仅是为了获得投资收益。投资公司和被投资公司密切配合才能实现长期战略目标，有些战略部署需多年的时间才能实现。所以，战略投资者更多关注的是被投资公司的成长，很少因为股价的变动而改变自己的投资目的。

最后，持股量比较大。战略投资者在被投资公司的股权结构中，往往占有较大比例，是被投资公司的大股东，甚至取得被投资公司的控制权，处于相对控股或者绝对控股的地位。因此，战略投资者能够对被投资公司的经营管理和财务决策等方面施加影响。

战略投资者与财务投资者同属公司的投资人，资本具有逐利性决定了这两类投资者最终都是关注资本利得，但这两类投资者在投资理念、投资方法方面有着本质的区别。财务投资者更注重短期的获利，片面追求被投资公司的短期财务指标，不参与公司的经营管理，并不关注公司的长远战略发展，更多的是追求短期、片面的资本利得。而相对于一般财务投资者而言，战略投资者更多地关注从公司的长远发展中获得利益，投资期限一般比较长，在投资的同时会带来一些先进的技术和管理经验，协助被投资公司改善公司治理结构，制订长期战略合作规划，谋求长期的投资利益。

公司引入战略投资者，建立长期的战略合作伙伴关系，将对公司发展产生诸多方面的重大影响：

一是扩大资产规模，优化公司产业链。我国引入战略投资者的方式主要是吸引资金的注入，补充公司资本。战略投资者可以给被投资公司带来充足的资金。被投资公司通过战略投资者转让股权，拓展了融资渠道，降低了融资成本和减少了财务风险，为公司长远发展提供了强有力的资金保障。资金如同公司的血液，充足的资金为公司的良性运转奠定了基础。战略投资者带来的资金会使被投资公司的资本结构发生变化。资本结构的改变将对被投资公司的市场价值和公司治理产生影响。被投资公司通过引入战略投资者，合理安排资本结构中的权益资本的比例，可以优化资本结构，提高公司治理的有效性。

二是发挥协同效应，提升核心竞争力。协同效应简单表示为“1+1 > 2”，代表两家公司经过整合后，双方实力更强。被投资公司通过引入战略投资者，可以产生管理协同效应、经营协同效应、财务协同效应。战略投资者已经建立起成熟和完善的公司治理体系，在资金、管理、技术和人才等多方面具有优势。战略投资者在管理上积累了许多经验，派驻董事、监事或者其他高级管理人员到被投资公司。由此，战略投资者的管理优势必然会在被投资公司中得到发挥，使被投资公司实现管理的协同效应，提高被投资公司的管理能力。引入战略投资者，双方公司通过实施横向、纵向或者混合发展的战略，还能实现经营协同效应，双方公司可以从以下四个方面受益：

第一，规模经济。被投资公司通过引入战略投资者，可以获得大量的资金，有利于开拓市场，扩大生产规模，产生规模经济，尤其是在制造业这种规模经济十分明显。

第二，产生范围经济。战略投资者对被投资公司的投资，使被投资公司共享其资源,降低了被投资公司的成本,从而对被投资公司产生积极影响。成本是公司竞争的一个关键因素，战略投资者的资金成本比较低，通过对被投资公司注入资金，不仅可以节约被投资公司的外部筹资成本和交易费用，而且可以实现双方公司的价值。同时，战略投资者属于股权直接融资，股权融资会降低被投资公司的资产负债率，优化资本结构。此外，若战略投资者是国有公司，则被投资公司的性质会发生变化，被投资公司可以更好地利用税收优惠政策，实现合理避税。

第三,优化股权结构,改善治理水平。公司的治理结构有股东会、董事会、监事会和管理层这四个层面。这四个层面互相协调、互相影响，保障公司利益和长期远景的实现。被投资公司可以借鉴战略投资者先进的管理经验，优化治理结构，提升治理水平。被投资公司可以实现内源式增长，提高业绩，得到可持续发展。

第四，增强创新能力，提高盈利水平。战略投资者可以给被投资公司带来充足的资金，使被投资公司有更多资金来加大科研投入。被投资公司直接借鉴战略投资者的技术,可以节约技术引入的交易费用,缩短开发周期。被投资公司可以充分与战略投资者进行人才交流，学习先进知识和经验。

下面以冠豪高新引入战略投资者为例，来进行战略投资者引入的战略分析。冠豪高新是国家级高新技术公司，是国内首家大规模生产热敏纸的专业公司，2003 年，冠豪高新成功在上海证券交易所挂牌上市，股票代码 600433。

冠豪高新在第一次定向增发引入产业战略投资者之前，业绩下滑，面临着发展难题，造成这种问题的主要原因包括外部原因和内部原因（见表 4–1）。

表 4-1 冠豪高新业绩下滑原因

<table>
<tr><td rowspan="4">外部原因</td><td>原纸、化工料、运输、燃料油等原材料的价格上涨</td></tr>
<tr><td>国内竞争对手产能增加</td></tr>
<tr><td>反倾销与反补贴调查的裁决结果使公司产品出口受阻</td></tr>
<tr><td>来料加工业务和热敏收银纸业务减少</td></tr>
<tr><td rowspan="2">内部原因</td><td>设备故障和改造</td></tr>
<tr><td>对部分产品的销售折让</td></tr>
</table>

资料来源：根据上市公司公开信息整理

从表 4-1 中可看出，冠豪高新的发展基本良好，但全球金融危机使其面临一定的发展问题。面临发展困境，冠豪高新致力拓展高端产品市场，不仅需要资金的支持，而且需要技术、管理等多方面的完善。与此同时，中国纸业也在谋求特种纸的发展，中国纸业隶属于中国诚通控股集团，主要经营纸品，旗下拥有多家子公司。2005 年至今，中国纸业投资总公司致力打造诚通包装纸业板块，使中国纸业飞速发展。中国纸业的特种纸发展目标与冠豪高新的发展战略不谋而合。2005—2009 年，中国纸业进行了一系列的并购活动（见表 4-2），对整个造纸行业有着重要影响。

表 4-2 中国纸业的并购历程

时间	事件
2005 年 6 月	间接控股粤华包 B
2007 年 2 月	投资珠海华丰公司
2009 年 6 月	收购粤华包旗下子公司
2009 年 7 月	收购湛江冠龙纸业有限公司
2009 年 12 月	入驻冠豪高新成为控股股东

资料来源：中国纸业的并购历程（根据外网公开信息整理）

2008年，面对全球金融危机，企业融资困难成为普遍的问题。企业冠豪高新计划发展特种纸业务，但是公司缺少流动资金，在经济不景气的情况下，公司从银行贷款十分困难。与此同时，中国纸业也在谋求特种纸的发展，这两家公司的特种纸发展战略不谋而合。在这样的战略需求的驱动下，冠豪高新决定对中国纸业定向增发，引入战略投资者，促进特种纸业务的发展。

引入战略投资者中国纸业以后，冠豪高新发生了一系列的变化。全球金融危机过后，冠豪高新的无碳、热敏纸业务发展势头良好。冠豪高新的盈利显著增长，市场价值品牌地位得到提升。同时，冠豪高新收购了湛江冠龙纸业有限公司，形成了从造纸到涂布的产业链，提高了整体的经营效益。此外，中国纸业的注资，使冠豪高新启动了湛江东海岛特种纸产业基地项目，特种纸业务也顺利开展。中国纸业为保障冠豪高新的发展，根据冠豪高新的发展情况，让冠豪高新优先发展特种纸业务。特别是同业竞争方面，如果有新的发展机会，中国纸业优先让与冠豪高新。冠豪高新在2011年迎来了公司发展的新时期，东海岛特种纸及涂布产业基地的迅速发展，进一步实现了冠豪高新的战略目标。

从上述冠豪高新成功引入战略投资者中国纸业的案例可以看出，冠豪高新引入战略投资者主要有以下几个方面的战略动因：

其一，拓宽产业链的战略动因。冠豪高新引入战略投资者正值经济危机期间，当时冠豪高新发展不尽如人意，虽然冠豪高新想拓展特种纸业务，但是资金缺乏。与此同时，中国纸业正在进行一系列的并购，积极布局特种纸业务。冠豪高新顺利完成对中国纸业的定向增发，解决了筹资的问题。冠豪高新业务主要集中在造纸环节，而中国纸业旗下的泰格林纸则可以在公司上游环节提供纸浆，为冠豪高新提供原材料。冠豪高新也可以借助中国纸业的平台拓展客户，发展下游产业，使产业链得到拓展。

其二，引入先进技术的战略动因。冠豪高新大力推进各种纸品的研发，开发出超薄热敏纸、耐久热敏纸等具有高附加值的新产品。而中国纸业旗下的子公司在各自的领域有着突出的发展，可以给冠豪高新带来技术支持。冠豪高新坚持技术创新，取得了多项专利，不仅与国外先进公司进行交流，而且与国内高校开展合作。冠豪高新把自己的先进技术转化成生产力，使其生产的产品能满足不同的客户需求。

其三，优化资本结构的战略动因。冠豪高新引入战略投资者中国纸业，从中国纸业募集资金 6.92 亿元，中国诚通控股集团也顺利成为冠豪高新的大股东，使冠豪高新获得国有资本。这样冠豪高新就拥有充足的流动资金，可以顺利投资建厂。由于定向增发，不仅使冠豪高新股本规模扩大，而且使其具有国资背景，冠豪高新的资本结构也更加完善。

其四，扩大市场份额的战略动因。冠豪高新在不断开发高端市场的同时，也注重不干胶业务的拓展。随着金融危机的影响消除，国内外经济环境变好，冠豪高新的出口规模不断扩大。战略投资者中国纸业把冠豪高新定位为特种纸发展平台，作为中国纸业旗下唯一的一家特种纸公司，中国纸业把发展机会优先让与冠豪高新，为冠豪高新扩大市场份额打下坚实的基础。

冠豪高新引入战略投资者，进行了一系列的战略资源整合。

第一，公司治理结构的整合。引入战略投资者必将对股权结构进行调整和改善。冠豪高新充分发挥股东制衡机制，加强公司内部控制与监督，优化公司法人治理结构，建立有利于公司的治理结构、监管提醒、法律框架和财务制度。中国纸业在以战略投资者身份进驻冠豪高新后，积极改组董事会，并派驻两名董事进入董事会。

第二，经营技术的整合。借助中国纸业雄厚的资金，冠豪高新加大技术投入，结合中国纸业旗下子公司的技术优势，在集团内部进行技术的交流和学习，降低技术开发成本，节约交易费用。冠豪高新是中国纸业旗下唯一的特种纸业公司，中国纸业特别看重冠豪高新的发展，并力争把冠豪高新打造成特种纸行业的领军公司。

第三，管理模式的整合。中国纸业和冠豪高新有着一致的发展目标，为了加强冠豪高新的特种纸业务，中国纸业对冠豪高新大力支持，投入资金和人力资源。冠豪高新通过和中国纸业旗下的各子公司合作，可以有效发挥产业间的协同作用。同时，中国纸业大力支持冠豪高新精简机构和人员，使冠豪高新中层人员由以前的100多人减少为42人，高管人员也大幅度减少，提高了整个公司的效率。

第四，股权结构的整合。冠豪高新增发股份，战略投资者中国纸业的持股比例最高，达到27.27%，顺利成为冠豪高新的实际控制人，中国纸业通过冠豪高新实现其特种纸发展战略。而冠豪高新拥有了央企背景，有利于公司的发展，这使得它承接了更多高品质的业务，这些业务对冠豪高新的利润贡献很大。

第五，产业链的整合。冠豪高新是福利彩票和体育彩票用纸的主要供应商，也是增值税发票专用纸的供应商。冠豪高新通过调研了解到物流快递单纸有很大的市场空间，在中国纸业的帮助下，冠豪高新很快切入下游产业链，拥有了珠海生龙条码科技有限公司和珠海市拱北生龙纸业有限公司的股权。物流快递单纸业的毛利率高，给冠豪高新带来了新的盈利增长点。

冠豪高新引入战略投资者后的绩效在财务上也得到充分的印证和体现。2011年引入战略投资者中国纸业实现控制权转移后，冠豪高新的盈利能力不断提高；偿债能力有所改善；营运能力也不断提升；战略投资者的管理优势不断显现，协同效应不断增强，冠豪高新也体现出更好、更持续的成长能力。

通过上述案例不难发现，战略投资者的引入对公司发展有着积极的推动作用。公司在引入战略投资者时，不仅要关注战略投资者带来的资金，而且要关注战略投资者的战略计划是否适合本公司的发展，要制定好公司自身发展战略，选择合适的战略投资者，即“战略要契合，发展要一致”。

另外，引入战略投资者，要注重整合。引入战略投资者的效果如何，关键看被投资公司的资源整合能力。整合管理对被投资公司的发展至关重要，甚至直接影响被投资公司未来的发展。事实上，在某些引入战略投资者的公司中，战略投资者和被投资公司在发展战略、人力资源以及公司文化等诸多方面存在冲突。没有重视这些差异性、没有关注引入后的差异整合，是引入战略投资失败的重要原因。引入战略投资者时，应从投资者的财务绩效、市场地位、治理水平和技术研发等方面进行调查。被投资公司不仅要从战略投资者那里获得资金，更重要的是明确战略投资者的投资目标。不仅仅要看战略投资者的财务背景，还要看它的市场地位，战略投资者的市场地位较高，对整个行业的影响大，才能更多支持引入战略投资的公司。

战略投资公司的治理水平也是重点考察的点，对引入战略投资的公司而言，完善的法人治理机制、规范的公司管理制度、成熟的现代化管理模式，是被投资公司可以借鉴和发展自身的好机会。引入战略投资者也要加强风险控制，防止投机行为。战略投资者谋求的是长远发展利益，被投资公司的诉求是经营、技术和管理等方面的协同效应。不同于战略投资者，财务投资者追求的更多是中短期的财务回报，很少或者不会参与被投资公司的经营管理，很难关注公司的长远发展。事实上，境外投资者在限售期满后立即出售上市公司的股份的事件屡见不鲜。被投资公司应制定防范措施，加强风险控制，防止投机行为。上述几点都做到了，方能引入和被投资公司“情投意合”的战略投资者。

第二节
公司被并购的企划方案制作

被并购公司的企划方案，实际上就是公司引入投资者的商业企划案，是被投资公司为了实现未来发展战略而制订的详细计划，主要用于向投资者说明公司未来发展的战略与实施计划，从而取得投资者的支持的商业计划报告。同时也是展现自己战略计划、展现投资回报能力、展现资源实力的商业计划报告。

公司的企划方案不仅仅是一份说服投资者向公司投资的文件，也是一份把公司愿景转变为现实的路线图，是厘清公司发展思路的最佳方式。被收购公司的企划方案具体内容随着强调的重点不同而不同，尽管如此，企划案必须包含基础部分和投资者关注的关键问题。

投资者想从中了解公司是干什么的，也就是公司提供的产品和服务是什么，公司的目标和宗旨是什么，公司的组织架构是什么，等等；公司是怎么干的？也就是生产的工艺和过程，产品或者业务的流程是什么，公司面对的消费者群体和结构是怎样的；公司竞争对手有哪些？也就是进行行业和市场分析，看看市场上相同或者可替代性产品和服务提供商有哪些；公司的经营管理团队构成如何？主要是公司的决策管理层的背景构成，核心技术团队的背景构成，甚至是营运、销售、风控等关键岗位负责人的背景构成；股权结构是怎样的？主要是股东的背景，股权的比例，有形资产、无形资产的构成等；募集投资方案是怎样的？主要是募集资金的用途，营运计划与安排，等等；财务分析如何？主要包括利润点、风险点、投资回收期等。按照上述这些投资者关注的问题，被并购公司的企划案也就由此分篇展开，逐一回答这些投资者关注的问题。

企划案开篇一般是摘要。摘要列在企划案的最前面，它浓缩了企划案的精华，涵盖了企划案的要点，一目了然，方便投资者在最短的时间内评估企划案并做出初步的判断。摘要内容一般包括：公司概述，主要的产品和服务；公司愿景和宗旨；公司的股权结构；公司组织架构；市场概况和营销策略；核心管理团队；募集和投资方案；财务分析。在介绍公司时，首先说明公司的基本情况、目标和发展战略。其次，要交代公司现状、历史沿革和经营范围。要对公司的发展情况做出客观的评价，中肯、客观的分析更容易赢得投资者的信赖。最后，要表达希望什么样的投资者投资进来，以及希望他们为公司带来什么样的资源。

以某生物科技有限公司引入战略投资者的商业企划书为例（详见附文），其摘要通过七个部分，简单描述了公司所处的行业为生物医药行业，主要从事胃病疫苗的研究、生产和销售，描述了与行业相关的较强的股东背景和股权结构；对公司提供的胃病疫苗产品的背景进行的介绍，体现了公司产品的核心竞争力在于首创性和原创性，强调了产品的竞争力；同时对该胃病疫苗的中国市场进行了市场容量分析；阐述了资金募集用途，主要用于胃病疫苗产业化工程建设，强调了政府对该产品生产的税收政策的支持；摘要还做了简单的财务预测，让投资者对投资回收期、投资收益率等有一个初步的了解；最后是融资方案，以定向增发的方式融资。该摘要清晰明了地回答了投资者关心的核心问题：公司所处的行业；产品和服务的具体内容；产品和服务的市场在哪里，客户在哪里，市场有多大；公司提供的产品竞争力如何；公司需要多少钱，投资方向如何，投资回报如何；公司希望引入什么样的投资者。被投资公司需简明扼要地回答投资者上述问题，吸引投资者对投资公司产生兴趣，为进一步了解公司奠定基调。

摘 要

一、公司概况

AA 生物科技有限公司（以下简称“AA”）是重庆市高新技术公司，2000 年 11 月，由岳阳兴长石化股份有限公司（以下简称：“岳阳兴长”）、中国人民解放军第三军医大学（以下简称：“第三军医大学”）、重庆市阳春生物科技有限责任公司及 AA 部分高管人员、科研人员共同出资组建，主要致力口服重组幽门螺杆菌疫苗的研究、生产和销售。

经 2003 年及 2005 年增资扩股后，AA 的注册资本从最初的 2000 万元增加为目前的4043.20万元，主要两大股东是岳阳兴长（57.63%）和第三军医大学（18.06%）。

根据AA 2009年7月1日股东会和董事会决议，对公司股份结构存在的若干历史遗留问题将择机与本次引进战略投资者工作一起予以解决，AA的股本将从目前4043.20万元增加到7900万元左右，其中：岳阳兴长股本总额从2330万元增加到约3800万元，持股比例约48%；第三军医大学增加到1130万元，持股比例约14%。

二、项目简介

“口服重组幽门螺杆菌疫苗”又称“幽门螺杆菌疫苗”，俗称胃病疫苗。幽门螺杆菌（H.pylori）是慢性活动性胃炎、消化性溃疡、胃癌的主要致病因子。如何预防和治疗因幽门螺杆菌引发的胃病被列入世界卫生组织的重大攻关项目，成为全球生物医药研究领域的热点课题。

2000年11月，AA生物科技有限公司成立并致力口服重组幽门螺杆菌疫苗的研究。9年多来，口服重组幽门螺杆菌疫苗项目顺利完成了临床前研究和Ⅰ、Ⅱ、Ⅲ期临床试验，于2009年3月23日获得国家食品药品监督管理局（SFDA）新药证书批准，主要用于预防幽门螺杆菌感染。

AA生物科技有限公司以邹全明教授为首的科研团队，在没有相同疫苗参考资料的情况下，结合基因工程、蛋白质工程等现代分子生物技术，在国际上首创分子内佐剂黏膜疫苗理论，采取独特的基因工程疫苗分子构建模式，在胃黏膜表面产生免疫力，避免了以往因幽门螺杆菌在黏膜表面感染而难以防治的情况，成功解决了该领域的世界性难题，是真正意义上由中国人研发的原创性疫苗。

“口服重组幽门螺杆菌疫苗”是国家重点科研及产业化项目，先后被列入国家“九五”重点科技攻关项目、国家“十五”863生物技术领域首批重点课题，军队“九五”医药卫生科研基金、重庆市科技攻关重点项目和高新技术产业化项目、科技部2002年创新基金资助项目等。

2009年4月23日，科技部在北京召开新闻发布会，宣布世界上首个口服重组幽门螺杆菌疫苗研制成功。该疫苗全称为“口服重组幽门螺杆菌疫苗”，由第三军医大学邹全明教授领衔研制并获得国家一类药物证书。

三、项目优势

1. 本项目是目前世界上研发成功的第一个口服重组幽门螺杆菌疫苗，已经获得SFDA新药证书（Ⅰ类预防性生物制品），就口服重组幽门螺杆菌疫苗产品而言，本项目产业化工艺技术、质量标准等最成熟、最可靠。本项目产品如能尽快成功上市，起码领先国内外同类产品5—8年时间。

2. 本项目产品免疫效果肯定，口服剂型服用方便，而且安全性较好。本项目Ⅲ期临床研究结果表明：受试人群血清抗体阳转率大于85%，预防感染的总保护率达到72.10%，免疫效果肯定。本项目为口服剂型，服用方便，接种人群依从性较好，而且证实对受试人群具有较好的安全性。

四、行业和市场分析

全球疫苗市场以高于处方药一倍的速度快速增长，至2007年市场规模已超过100亿美元，据预测，2009年有望突破200亿美元。我国是世界上疫苗产品的最大生产国和最大使用国。截至2008年6月，我国共有疫苗生产公司43家，可以生产预防26种传染病的41种疫苗，年产量超过10亿个剂量单位。目前我国疫苗市场增长迅速，尤其是2003年SARS暴发后，以年平均15%的速度递增，市场规模达到50亿元左右。

本项目产品是全球首个批准的口服重组幽门螺杆菌疫苗品种。据统计，我国是H.pylori感染率相当高的国家，全国各地的感染率存在很大的差异，该菌感染率范围为42%—90%，平均为59%。我国幽门螺杆菌流行病学调研结果表明，共计5.61亿人需要接种本疫苗。本项目目前已批准适用人群为6—15岁儿童，根据流行病学调研资料分析，预计适宜接种人群的市场容量约为 1 亿人；未来拓展适用人群（0—5 岁）成功，预计适宜接种人群的市场容量可达 1.5 亿人。

五、产业化实施与投资规模

AA 将在重庆市北碚区同兴工业园新建厂房实施本项目产业化，实现公司由科技公司向制造公司的转型。根据 2007 年 8 月 24 日 AA 与重庆市北碚区人民政府签订的《口服重组幽门螺杆菌疫苗项目投资框架协议书》，重庆市北碚区政府将以优惠价格提供 500 亩土地用于本项目产业化，其中生产用地 300 亩、综合用地 200 亩。目前，300 亩工业用地位于重庆市北碚区同兴工业园核心地带，据悉，同兴工业园将被划入即将批准的“两江新区”开发特区。同时，重庆市北碚区政府承诺：本项目产业化工程启动后，将给予 6650 万元基础设施建设与科技开发补助资金、1500 万元产业先导补助资金，并提供不低于 1 亿元的贷款担保；项目达产后，所得税实行“两免三减半”，此后按照 10% 计征。

按照规模经济的要求，兼顾生产能力弹性。根据中石化集团上海医药工业设计研究院有限公司为本项目编制的项目工程可行性研究报告，厂房和公用工程按年 1000 万人份设计和建设，一期设备按 500 万人份 / 年购建。项目投资总额为 2 亿—2.5 亿元，其中①项目产业化投资 1.84 亿元；②工艺向产业化放大需资金 4000 万元左右。

如果本次引进战略投资者工作能按照预期计划实现，则本项目预期从 2009 年 9 月起可启动生产工程的建设，建设工期总计时间约为 25 个月，预计最快于 2011 年 10 月份可获得 GMP 认证证书，2011 年 12 月份能够获得口服重组幽门螺杆菌疫苗的生产批准文号，进而生产上市销售。

六、财务预测

由于是第一个Ⅰ类口服重组幽门螺杆菌疫苗，可以自主定价，如果营销策略、营销管理和营销模式得当，本项目产品的附加值高，盈利前景诱人。

根据将来接种人群情况，即6—15岁人群（情景1）和0—5岁人群（情景2），分别进行财务预测和分析。需要说明的是，情景2中，0—5岁人群需要按药品注册管理办法规定重新进行研究和申报，得到批准方能上市。

财务指标 \ 情景	情景1（6–15岁适用人群）	情景2（0–5岁适用人群）
出厂单价（不含税）	122元/人份	111元/人份
零售价（含税）	237元/人份	217元/人份
年均销售收入	5.36亿元	9.41亿元
年均利润	2.31亿元	3.88亿元
投资收益率	113.56%	159.23%
投资回收期（含建设期2年）	2.4年	3.01年
净现值	7.94亿元	12.62亿元
内部收益率	159.18%	106.46%

备注：社会基准收益率10%，按德尔菲计算的生物科技行业基准收益率为24.1%。

从上可见，两种情景下，本项目投资回收期在3年左右。此外，情景1和情景2的内部收益率分别高达159.18%和106.46%，均超过24.1%的生物科技行业基准收益率，这表明本项目具有非常好的投资回报潜力，因此，可行性非常高。

七、融资方案

根据AA董事会的决定，口服重组幽门螺杆菌疫苗项目产业化筹资主要通过引进战略投资者来完成，因此，本着保持合理的资产负债率的原则，其融资方式主要是采用定向溢价增发方式，向战略投资者募集资金1亿—1.5亿元。

企划案的产品和服务是投资者重点关注部分，在进行战略投资评估时，投资者最关心的就是被投资公司的产品、技术或者服务能否以及在多大程度上满足市场的需求，解决市场的痛点。因此，产品和服务介绍是企划案中必不可少的内容。通常，产品和服务的介绍应该包括以下内容：产品和服务的名称、特征及性能用途；产品和服务的研究和开发过程；主要的产品和服务介绍；产品和服务所处的生命周期；产品和服务市场前景和竞争力如何；产品和服务改进和更新换代计划及成本；产品和服务的品牌和专利，等等。

在产品和服务介绍部分，被投资公司要对产品和服务做出详细的说明，说明要准确，也要通俗易懂，一定要让外行也能看出门道来。一般来说，产品和服务介绍都需要附上产品的图片或者其他介绍，以显得更加生动形象，更容易被了解。产品和服务主要向投资者阐明以下问题：

- 客户希望公司提供的产品和服务解决什么问题？客户能从公司的产品和服务中得到什么好处？
- 公司产品和服务与竞争对手提供的产品和服务相比有哪些优缺点？客户为什么会选择公司提供的产品和服务？
- 公司为了自己的产品和服务采取了何种保护措施？公司拥有哪些专利、许可或者与已经申请专利的厂家达成了哪些协议？
- 为什么公司的产品和服务定价可以使公司产生足够的利润？为什么客户会大批地购买公司的产品？
- 公司采用何种方式去改进产品和服务的质量、性能？公司对发展新的产品和服务有哪些计划？等等。

产品和服务介绍的内容比较具体，体现产品和服务优势是必要的，但是公司对投资者所做出的关于产品和服务的每一项承诺都是“一笔债”，需要一一落地，需要一一兑现。被投资公司跟投资者要建立长期的战略合作伙伴关系，而“口头支票”只能得一时之快，终究害人害己。产品和服务是合作发展的基础，如果公司连最基本的承诺都不能兑现，势必影响公司信誉，最终影响战略投资者的引入。

仍以某生物科技有限公司引入战略投资者的商业企划书为例，在企划案的项目介绍即产品和服务介绍板块（截取部分内容，详见附文），详细介绍了 AA 生物科技有限公司的产品是胃病疫苗，该胃病疫苗研发、生产具有强大的科研背景，是国家专利产品，获得了国家和当地政府支持；产品采用了国际先进的技术，技术安全、可靠，阐述了产品的工艺流程。企划案在产品和服务这块，重点介绍了胃病疫苗的研究和申报流程，把历时 7 年的胃病疫苗申报、评审和Ⅰ、Ⅱ、Ⅲ期临床试验及结果充分向投资者展示，这是医药产品得以生产和发行的先决条件，也充分体现了技术壁垒和政策法律壁垒，充分体现了产品原创性的竞争力。产品和服务板块还重点突出了产品专利分析，将产品申请的多项专利进行了详尽的展示，同时对国内外关于同类胃病疫苗的专利情况做了分析，对公司产品的专利保护力度也做出了风险提示。产品和服务板块还着重提炼了产品优势：免疫力高、效果稳定、价格优惠、使用方便，这些优势都是同类产品的对比优势，解决了市场的需求和客户痛点。最后还分析了产品的生命周期，长达 5—8 年的保护时间优势，以及产品在国内外取得的成就。通过这些内容的展示，给投资者的非常深刻的印象就是：产品受到政府支持，具有原创性，技术壁垒高，市场需求大，需求痛点得以有效解决，产品保护周期长，是值得进一步接触甚至考虑投资的好项目。

第二部分　项目介绍

一、项目简介

AA 生物科技有限公司主要从事口服重组幽门螺杆菌疫苗及相关新药的研发和经营，多年来，AA 与第二大股东第三军医大学紧密合作，依靠第三军医大学雄厚的科技资源，在口服重组幽门螺杆菌疫苗研发领域硕果累累，目前已有两项国内发明专利，一项新药证书成果（口服重组幽门螺杆菌疫苗，新药证书号：国药证字 S20090002）。此外，第三军医大学还申请了其他12项口服重组幽门螺杆菌疫苗跟进研发成果专利，根据双方合作协议，AA有优先实施这些专利的权利，从而可保证公司未来口服重组幽门螺杆菌疫苗产品线拓展需求。

AA研发的口服重组幽门螺杆菌疫苗项目是国家重点科研及产业化项目，被列入国家“九五”重点科技攻关项目、国家“十五”863生物技术领域首批重点课题、国家“十五”重大科技专项课题、国家“十一五”重大科技专项课题、军队“九五”医药卫生科研基金、重庆市科技攻关重点项目和高新技术产业化项目、科技部2002年创新基金资助项目等。

口服重组幽门螺杆菌疫苗项目属国家Ⅰ类新生物制品，采用基因工程技术，将幽门螺杆菌的尿素酶亚单位B（UreB）与黏膜免疫佐剂大肠杆菌不耐热肠毒素亚单位B（LTB）基因重组制成的基因工程疫苗，用于预防幽门螺杆菌感染。本项目是由中国人民解放军第三军医大学邹全明教授等研发。项目已完成Ⅲ期临床试验，在国际上也是第一个完成Ⅲ期临床试验的口服重组幽门螺杆菌疫苗，2009年4月13日获得国家食品药品监督管理局颁发的新药证书。

口服重组幽门螺杆菌疫苗采用了国际公认的亚单位+佐剂的疫苗技术，该技术免疫响应强，不良反应小，是H.pylori预防性亚单位疫苗的普适技术，成熟、合理、可靠。

本项目采用了分子内佐剂的技术，将幽门螺杆菌的尿素酶亚单位B（UreB）与黏膜免疫佐剂大肠杆菌不耐热肠毒素亚单位B（LTB）基因融合重组，通过工程菌表达产生融合蛋白，采用了冻干制剂为最终疫苗的制剂形式。

本项目采用的这些技术涉及DNA提取，克隆、基因重组，构建，转化、工程菌构建、大量培养、蛋白质提取分离纯化、制剂冻干等核心技术，对生产单位相关设备、配套设施以及相关配套产品和生产流程要求很高，具有一定的先进性和实施难度。

二、项目研发历程和结果

2.1 项目研究和申报历程

口服重组幽门螺杆菌疫苗项目经过实验室研究、小试、中试，至2002年7月份，顺利完成了临床前的工作，并于11月26日由中国药品生物制品检定所（以下简称“中检所”）以中检生[2002]1330文件批准了该产品的国家质量标准。从2002年11月开始，项目经历一系列的申报、评审和Ⅰ、Ⅱ、Ⅲ期临床试验，2009年3月23日获得SFDA颁发的新药证书（证书号：国药证字S20090002）和药品注册批件（批件号：2009S01159）。

2.2 项目研究结果

2.2.1 质量研究结论

AA 2002年拟定了产品质量标准，2002年11月26日中国药品生物制品检定所以中检生[2002]1330文件批准了该产品的国家质量标准。

AA 2002年在中试车间连续生产了三批合格的中试产品，经中检所检测于2002年11月出具了质量检测报告（报告编号为：SJKX20021670、SJKX20021671、SJKX20051672）。

2009年3月23日，本项目质量标准已获得SFDA批准，药品标准编号：S20090002

2.2.2. 临床研究结论

2.2.2.1 Ⅰ期、Ⅱ期临床试验结果

Ⅰ期、Ⅱ期临床试验结果表明：该疫苗在所试验三种剂量下对人体均具有良好的安全性，未见明显的毒副反应。试验各组疫苗均能刺激人体产生较高的血清特异性抗体、血清特异性总Ig抗体，且持续时间较长，在全程免疫后两月仍处于较高的水平（并在商业企划书中附上大量数据证明此疫苗具有良好的安全性和免疫原性，3 次免疫优于 2 次免疫）。

2.2.2.2 Ⅲ期临床试验结果

Ⅲ期临床试验结果表明：

（1）口服重组幽门螺杆菌疫苗的血清抗体阳转率大于 85%，该疫苗在受试人群中具有良好的免疫原性，其刺激机体产生血清特异性 IgG 和唾液特异性 SIgA 抗体在体内维持在保护性水平的持续时间较长。

（2）口服重组幽门螺杆菌疫苗预防感染的总保护率为 72.10%，且在不同乡镇、不同性别、不同年龄段一年期预防 H.pylori 感染的保护率无统计学差异。

（3）该疫苗对人体具有良好的安全性。

2.2.3 本项目工业化技术成熟程度

重组幽门螺杆菌疫苗项目是口服疫苗，与注射性疫苗大不相同，它每人份所需的蛋白量极大，因此口服重组幽门螺杆菌疫苗发酵与纯化的中试工艺必须向产业化规模发酵工艺放大。由于幽门螺杆菌疫苗目前还处于中试生产水平，从中试水平推广到大生产水平还需要从中试工艺向产业化规模放大的相关研究，需要质量标准的优化与确定，需要进行疫苗免疫持久性研究的工作。

三、项目专利分析

3.1 本项目的中国专利：已授权（商业企划书上一并附上授权证书或详细说明）

3.2 本项目的专利族

第三军医大学科研团队 2004 — 2007 年共申请了相关专利 14 项，内容涉及广泛，包括多种亚单位口服重组幽门螺杆菌疫苗的构建与制备、表达系统、分子内佐剂、制剂技术、治疗方法，等等。（商业企划书上一并详细分析 14 项专利，尤其是对本项目有支持和改善的关联技术专利）

3.3 幽门螺杆菌疫苗国内专利情况

在中国，除了第三军医大学的幽门螺杆菌专利组外，还有许多国际和国内机构申请了相关专利，主要集中在亚单位的蛋白质疫苗水平上，包括亚单位的氨基酸序列和DNA序列、制备方法（DNA来源、载体、工程菌及其培养）、检测方法、制剂形式等（商业企划书附上幽门螺杆菌疫苗相关中国专利情况）。

3.4 幽门螺杆菌疫苗国外专利情况

从20世纪末至今，世界各国政府和公司为H.pylori的防治研究，特别是为既有治疗又有预防作用的H.pylori疫苗的研制投入了大量经费。目前国外已有大量H.pylori疫苗专利问世，主要为基因重组亚单位抗原、相关佐剂、载体以及相关制备技术（商业企划书附上幽门螺杆菌疫苗相关国际专利情况）。

3.5 本项目专利保护力度

AA拥有两项幽门螺杆菌疫苗专利，其中与目前获得新药证书的“重组口服幽门螺杆菌疫苗”项目紧密相关的专利（口服重组幽门螺杆菌疫苗及其制备方法，专利号：ZL200610095094.0）的权利要求有六大内容（略），本项目上述专利权利要求包括了重组幽门螺杆菌疫苗的物质基础、应用范围、剂型和制备方法，其中专利中所描述免疫佐剂为LTA2B，包含本项目现用佐剂LTB分子基础，该专利权利要求主要倾向于制备方法。对于本项目的产业化，专利（ZL 200610095094.0）具备知识产权保护作用，未来发生针对本项目的专利侵权纠纷可能性较小。但考虑到该项目研发单位——中国人民解放军第三军医大学，还申请了与幽门螺杆菌疫苗后续产品研发（如多价疫苗、制剂、表达体系等）相关的多项专利（专利群），AA需尽快进一步明确与第三军医大学在此类未来替代性技术领域的合作或产权转让关系，以避免来自这些未来替代技术的专利风险。

四、产品优势

一是免疫率高。研究结果表明，口服重组幽门螺杆菌疫苗的免疫率达90% 以上。目前，市面上的任何一种抗生素胃药，对胃病的根治率均不到30%，即便是采取多联治疗方法，其根治率也仅为 60%—85%。

二是免疫效果稳定，不易复发，并无毒副作用。目前抗生素胃药具有明显的不足，包括毒副反应大、疗效欠稳定、易产生耐药性以及不能彻底消除幽门螺杆菌感染，复发率高等。AA 口服重组幽门螺杆菌疫苗从源头预防幽门螺杆菌感染，克服了现行抗生素疗法存在的毒副反应等不足，经有效免疫后不会复发，是防治幽门螺杆菌感染的首选高效生物制剂。

三是价格优势明显。目前抗生素胃药一个疗程约需 1000 元，且容易复发，而服用口服重组幽门螺杆菌疫苗的成本大大低于该费用，仅为 1/3—1/2，且不易复发。

四是剂型先进，使用方便。AA 口服重组幽门螺杆菌疫苗为口服剂型，其毒副作用小，出现不良反应的概率非常小，在临床试验中得到了证实。而且可减少销售环节和方便消费者，并适应胃肠疾病特点，充分发挥疫苗防治作用，先进的剂型有利于产品销售和市场推广。

五、项目商业寿命

口服重组幽门螺杆菌疫苗采用了国际公认的亚单位 + 佐剂的疫苗技术，该技术免疫响应强，不良反应小，是 H.pylori 预防性亚单位疫苗的先进技术，成熟、合理、可靠。

本项目采用了分子内佐剂的技术，将幽门螺杆菌的尿素酶亚单位 B（UreB）与黏膜免疫佐剂大肠杆菌不耐热肠毒素亚单位 B（LTB）基因融合重组，通过工程菌表达产生融合蛋白。本项目采用了可降解的缓释微球包裹疫苗蛋白，采用冻干制剂为最终疫苗的制剂形式。

本项目采用的这些技术涉及 DNA 提取，克隆、基因重组，构建，转化、工程菌构建、大量培养、蛋白质提取分离纯化、微球制备、制剂冻干等核心技术，对生产单位相关设备、配套设施以及相关配套产品和生产流程要求很高，具有很高先进性和一定的实施难度。

然而由于医药生物技术发展迅速，H.pylori 预防性亚单位疫苗基础研究在近 5 年取得很大进展。目前的 H.pylori 预防性亚单位疫苗的发展趋势是双价 / 多价抗原 + 分子内佐剂，并已得到动物试验的验证。该项目的技术和专利虽不易模仿，但是其竞争性技术（多价预防性疫苗）已经出现，从这一角度而言，本项目得到 SFDA 的批准后产品顺利上市，其产品技术商业寿命预期为 5—8 年（从生产批件批准之日计）。

六、项目取得的成就

项目取得的成就举世瞩目。在澳大利亚和荷兰鹿特丹举行的第 13 届、第 14 届国际 CHRO 幽门螺杆菌会议，以及第三届、第四届中日韩幽门螺杆菌会议上，科研团队提交了极具学术价值的交流论文多篇。“口服重组幽门螺杆菌疫苗”是国家重点科研及产业化项目，先后被列入国家“九五”重点科技攻关项目、国家“十五”863 生物技术领域首批重点课题、军队“九五”医药卫生科研基金、重庆市科技攻关重点项目和高新技术产业化项目、科技部 2002 年创新基金资助项目等。2009 年 4 月 23 日，科技部在北京召开新闻发布会，宣布世界上首个胃病疫苗研制成功。该疫苗全称为“口服重组幽门螺杆菌疫苗”，由第三军医大学邹全明教授领衔研制并获得国家一类药物证书。

有了好的产品，要有好的团队来运营和管理，因此在企划案中管理团队是不可或缺的板块。公司管理的好坏，直接决定了公司经营风险的大小。而高素质的管理人员和良好的组织结构则是管理公司的重要保障。因此，投资者会特别关注对管理团队的评估。从某种意义上讲，投资者能否成功，最重要的取决于公司是否拥有一个强有力的管理团队。企划案中一般会重点介绍公司的管理机构股东会、董事会以及关键雇员、薪酬、股票期权、劳动协议、奖惩制度以及各部门构成等情况。要通过这些充分向投资者展示管理团队的战斗力、创造力、独特性、专业性。

仍然以某生物科技有限公司引入战略投资者的商业企划书为例，在企划案的管理团队介绍部分（截取部分内容，详见附文），披露了公司的决策层的基本情况，包括股东的演化进程及董事会的成员，而董事会成员主要来自大股东岳阳兴长石化股份有限公司。企划案着重介绍了研究团队的人员构成，包括不同学历的构成比例，强调了胃病疫苗研究团队的雄厚实力。企划案做出这样的安排，主要考虑到项目涉及研发、生产和销售不同的体系和内容，这些工作对项目成功实施产业化具有决定性的作用，因此，建立涵盖研发、生产和销售的复合管理团队至关重要。从该生物科技有限公司的管理团队来看，股东们都缺乏全面运作胃病疫苗项目的经验和能力，而项目在本阶段所涉及的管理内容包括生产批文注册申报管理、产业化生产线的建设管理、生产工艺的放大管理、营销体系建立和管理、产品销售管理等工作。最为紧迫的管理内容为产业化基地的确定和生产工艺的放大，以及产品营销前期准备工作，涉及研发、生产和销售不同的体系和内容。在投资者看来，目前的管理团队重研发，轻产业化、轻营销的管理体系可能会面临一定的挑战。

公司沿革

1.2000 年 12 月 7 日公司成立时，注册资本 2000 万元，各股东出资金额及所占比例如下：

序号	股东姓名或名称	出资金额（万元）	出资比例（%）	出资形式
1	岳阳兴长石化股份有限公司	1200.00	60	货币资金
2	中国人民解放军第三军医大学	500.00	25	无形资产、货币资金
3	重庆市阳春生物科技有限公司	300.00	15	货币资金

2.2003 年 9 月 26 日一届五次董事会，增资 1164.2 万元（其中第三军医大学无形资产增资 230 万元），总股本 3164.2 万元。

3.2005 年 3 月 31 日二届一次董事会，增资 879 万元，总股本为 4043.2 万元。

4. 至 2009 年 6 月 30 日公司各股东出资金额及所占比例如下：

序号	股东姓名或名称	股本结构		出资方式
		出资金额（万元）	出资比例（%）	
1	岳阳兴长石化股份有限公司	2330.00	57.63	货币资金
2	中国人民解放军第三军医大学	730.00	18.06	无形资产、货币资金
3	重庆市阳春生物科技有限公司	10.00	0.25	货币资金
4	李波	150.00	3.71	货币资金
5	伍本银	108.00	2.67	货币资金
6	邹龙	40.00	0.99	货币资金
7	邓和平	15.00	0.37	货币资金
8	彭东升	10.00	0.25	货币资金
9	张苏克	5.00	0.12	货币资金
10	刘庆瑞	313.00	7.74	货币资金
11	黄中伟	10.00	0.25	货币资金
12	李䢼峰	10.00	0.25	货币资金
13	罗友望	3.00	0.07	货币资金
14	段顺罗	304.00	7.52	货币资金
15	解庆华	5.20	0.12	货币资金
合计		4043.20	100	

公司管理层

董事会成员名单:（岳阳兴长）邓和平、彭东升、张苏克、刘庆瑞、黄中伟、李正锋；（第三军医大学）何凤慈、邹全明；（阳春公司）杨永春。公司董事会成员名单如下：

序号	职务	姓名	工作单位	出资形式
1	董事长	邓和平	岳阳兴长石化股份有限公司	货币资金
2	副董事长	何凤慈	中国人民解放军第三军医大学	无形资产、货币资金
3	董事	彭东升	岳阳兴长石化股份有限公司	货币资金
4	董事	张苏克	岳阳兴长石化股份有限公司	
5	董事、总经理	刘庆瑞	岳阳兴长石化股份有限公司	
6	董事	邹全明	中国人民解放军第三军医大学	
7	董事	黄中伟	岳阳兴长石化股份有限公司	
8	董事	李正锋	岳阳兴长石化股份有限公司	
9	董事	杨永春	重庆市阳春生物科技有限责任公司	

公司目前职工情况

目前AA作为一家项目公司，其员工主要是由各股东方派出，其中AA研究所从事“口服重组幽门螺杆菌疫苗”项目研究的科研人员有30名（博士后2名、博士10名、硕士14名，技师4名），在生物制品新药研究领域具有很强的开发能力。其中大专以上文化程度有30人，占总数的83%；大学本科以上有30人，占总数的83%；硕士学位（含中级职称）以上有14人，占总数的38%；博士学位（含高级职称）以上有10人，占总数的28%。

行业和市场分析是企划案不可或缺的一个部分。当公司研发生产的新产品向市场推广时，首先就要进行行业和市场分析，如果行业和市场分析不容乐观，或者不令人信服，不让投资者看好，那么投资者需要承担更大的风险，市场风险是重要的风险事项，往往决定了投资者合作与否。

行业和市场分析首先要对需求进行预测。市场是否存在这种产品的需求？需求的程度是否可以给公司带来所期望的利益？新的市场规模有多大？需求发展的未来趋势和状态如何？影响需求的都有哪些因素？其次，行业和市场分析还包括对市场竞争的分析。公司所面对的竞争格局如何？市场中主要的竞争对手有哪些？是否存在有利于本公司产品的市场空间？本公司预计的市场占有率如何？本公司进入市场会引起竞争者怎样的反应，这些反应对公司会有哪些影响？……在企划案中，行业和市场分析通常包含以下内容：市场现状的综述；竞争厂商概览；目标市场和客户；公司的市场地位；市场格局和特点；等等。公司向投资者展示的行业和市场分析应该建立在严密、科学的市场调研的基础之上。被投资公司所面对的市场，本来就充满变数、难以捉摸。因此，被投资公司应该尽量扩大信息收集的范围，重视对环境的预测，采取科学的分析手段和方法。被投资公司应该牢记，行业和市场分析不是凭空想象的市场，需要真金白银的投资印证，对市场没有敬畏之心，错误的行业和市场分析与定位是公司经营失败的最主要的原因之一。

继续以某生物科技有限公司引入战略投资者的商业企划书为例，企划案浓墨重彩地对胃病疫苗的行业和市场进行分析（截取部分内容，详见附文）。首先，阐述了疫苗行业的基本情况：用大量的国外权威数据阐明了全球的疫苗市场快速发展，疫苗的产业形成了葛兰素史克公司（GlaxoSmithKline，GSK）、默克公司（Merck）、惠氏公司（Wyeth）、赛诺菲－安万特公司（Sanofi-Aventis）、凯龙公司（Chiron）5家公司寡头垄断的格局，这些跨国制药巨头持续看好疫苗行业的未来发展。在国内，疫苗的生产量和使用量都是世界最大的，目前的问题是产能不足，生产技术需要提高；疫苗市场处于加速发展中，市场容量在50亿元左右，并且以每年15%的速度在增长；国家政策扶持力度强，从事疫苗生产的公司相对国外产业集中度低。其次，重点对幽门螺杆菌这种胃病疫苗的市场进行了分析：阐述了幽门螺杆菌感染的流行病学，用图表、数据等方式分析了该病菌的感染分布的范围广泛，感染的年龄跨度大，不分性别和农村城市，并且进一步对地域、年龄市场需求进行了细分，明确了目标市场。强调了本项目产品是世界上第一个批准的口服重组幽门螺杆菌疫苗，市场潜力巨大，行业地位领先。

第三部分　行业及行业和市场分析

一、疫苗行业情况

1.1 全球疫苗产业格局：寡头竞争，快速增长

1.1.1 全球疫苗市场高速发展，疫苗产业形成寡头垄断

全球疫苗市场的增长速度大于处方药，自 1980 年以来的 20 多年间，全球疫苗市场增长了 10 倍多，而同期药品销售额仅增长了 5 倍。按照 WoodMackenzie 预测，2001 年全球疫苗销售额为 54 亿美元，2002 年为 75 亿美元，年增长幅度约为 40%。在过去 10 年间，全球疫苗市场显著增长，至 2007 年已超过 100 亿美元。据美林公司预测到 2009 年有望突破 200 亿美元。根据赛诺菲巴斯德预计 2012 年的疫苗市场规模将达到 180 亿欧元，其中增长最快的是流感疫苗。据雷曼兄弟公司预测，全球疫苗销售额将以每年 18% 的速度递增，远远超过整个制药行业年增长 4.4% 的预期值。

目前，全球约有 20 家公司被世界卫生组织认定为疫苗生产商，然而疫苗市场实际上被 5 家跨国公司所垄断，全球疫苗领域的主要公司有葛兰素史克公司、默克公司、惠氏公司、赛诺菲 - 安万特公司和凯龙公司，这 5 家公司占据了全球超过 85% 的疫苗市场。

1.1.2 跨国制药巨头看好疫苗行业未来发展

虽然疫苗的销售收入在这些超大型跨国医药公司的总收入中比重仅在

6%—7%，但是各大巨头却十分看好疫苗产业的发展，2005年发生在疫苗领域的收购案涉及金额达68亿美元。其中凯龙公司是全球第五大疫苗生产商、第二大流感疫苗生产商，诺华在收购凯龙公司100%股权后正式进军疫苗领域，成为全球疫苗领域的有力竞争者之一。葛兰素史克、惠氏等也纷纷将疫苗作为未来发展的重点领域之一。以葛兰素史克为例，不但收购专业疫苗公司，相比于其疫苗收入占比7%，疫苗研发数量达到研发总量的17%，凸现了GSK对疫苗研发的重视。2006—2007年，辉瑞、阿斯利康也相继收购疫苗研发生产制造公司，布局疫苗领域。

1.2 中国疫苗产业：加速发展，前景可期

我国是世界疫苗产品的最大生产国和最大使用国。截至2008年6月，我国共有疫苗生产公司43家，可以生产预防26种传染病的41种疫苗，年产量超过10亿个剂量单位，幽门螺杆菌疫苗等产品完成了临床研究正申请上市。

然而，我国许多疫苗品种的产能严重不足，生产技术亟须提升。疫苗的品种、产能、关键生产技术及工艺等都迫切需要增强和提高，才可能实现国家免疫规划目标。

1.3 国内疫苗市场加速增长

据SFDA南方医药经济研究所的统计数据，目前我国有价疫苗市场规模达到25亿—30亿元。预计在疫苗流通垄断机制打破后，有价疫苗市场将以更快的速度增长。对医药行业疫苗生产公司的销售统计数据显示，2006年我国疫苗市场规模约为52亿元，其中有价疫苗市场规模约为30亿元。目前，我国疫苗市场正以大约15%的年增长率急速增长，预计到2010年市场规模将达到100亿—120亿元。我国疫苗市场尚处于萌芽状态，但未来发展潜力巨大。

1.4 国内疫苗产业面临良好发展机遇

1.4.1 国家对疫苗产业高度重视

作为21世纪高科技行业的支柱之一，生物医药行业是我国大力发展与扶持的行业，在“八五”“九五”“十五”和“十一五”规划中都对生物医药产业的发展高度重视，国家自然科学基金将三分之一的经费投入与生命科学相关的研究中。《国家中长期科学和技术发展规划纲要（2006－2020年）》中，生物医药产业的发展具有显著地位，并成为第一个被提及的前沿技术。国家发改委先后出台了《关于组织实施生物疫苗和诊断试剂高技术产业化专项的通知》《国家高技术产业化项目资金申请报告编制要点》《国家发改委、国家开发银行关于印发共同推动我国生物产业融资工作意见的通知》，以及2009年6月国务院颁布的《促进生物产业加速发展的若干政策》等，将我国疫苗产业定位为重点发展领域。

1.4.2 产业集中度将逐渐提高

目前国内疫苗生产公司共43家，和国外相比行业集中度低。我们认为中国生物制药包括疫苗行业的集中度将在不远的将来进一步提高，市场将向优势公司集中。

1.4.3 相关条例出台打破疫苗流通市场垄断格局

《疫苗流通和预防接种管理条例》的实施打破了疫苗市场以往销售渠道单一垄断的格局。该条例规定对于第一类疫苗的流通，仍是由省级疾病预防控制机构制订本地区第一类疫苗的使用计划。第二类疫苗则允许药品批发公司经营。该条例的颁布，给疫苗行业带来极其深远的影响。

二、口服重组幽门螺杆菌疫苗行业和市场分析

2.1 幽门螺杆菌感染的流行病学（略）

2.2 幽门螺杆菌疫苗行业和市场分析

2.2.1 不同年龄段人群分布

根据《中国统计年鉴》2007年最新人口年龄段分布数据，可以得到目前国内未感染人群不同年龄段的基本容量，共计约5.61亿人。

年龄段	人口比例（%）	人数（万）	感染率（%）	未感染率（%）	未感染人数（万）
0—4	5.05	6672.51	39.55	60.45	4033.54
5—14	12.83	16952.15	42.04	57.96	9825.47
15—24	14.93	19726.86	53.38	46.62	9196.66
25—34	13.76	18180.95	65.75	34.25	6226.98
35—44	19.46	25712.3	65.2	34.8	8947.88
45—54	14.18	18735.89	63.3	36.7	6876.07
55—59	6.16	8139.15	61.1	38.9	3166.13
60—64	4.29	5668.33	58.2	41.8	2369.36
65—69	3.35	4426.32	56.8	43.2	1912.17
70—74	2.8	3699.61	55.8	44.2	1635.23
75—79	1.77	2338.68	55.1	44.9	1050.07
80—84	0.95	1255.23	54.2	45.8	574.89
85+	0.48	634.22	55.3	46.7	296.18
合计	100	132142.21	55.67（均）	44.33（均）	56110.63

2.2.2. 幽门螺杆菌疫苗使用人群（目标市场）分析

2.2.2.1 6—15 岁年龄段（目前可及市场）

考虑到本项目目前所批准适应证人群为 6—15 岁年龄段儿童，可知此年龄段人群总量应与 5—14 岁年龄段相仿，即本项目未来理论市场容量约 9825.47 万人，约为国内总容量的 12.83%。

2.2.2.2 0—5 岁年龄段（近年可拓展市场）

H.pylori 流行病学研究结果表明：0—5 岁为 H.pylori 高危易感人群。但本项目目前批准的使用人群是 6—15 岁儿童。根据新药注册批件评审意见，SFDA 建议本项目未来继续扩大 0—5 岁年龄段使用人群的临床研究。根据《药品注册管理办法》相关规定，目前其临床试验的组织工作即可开始进行。未来引进战略投资者成功之后，假设 AA 公司决定立即启动 0—5 岁年龄段扩大使用人群的临床试验研究，预期需要时间三年左右，即投产后第一年完成研究并获得注册批准，第二年开始上市销售。0—4 岁年龄段 H.pylori 未感染人数为 0.4 亿人，等比例放大估计，0—5 岁年龄段未感染人群总量约 0.5 亿人，约为国内总容量的 8.91%。届时本项目的目标适用人群年龄段则为 0—15 岁，理论市场容量将达到 1.5 亿人，约为国内总容量的 26.73%。

生产和销售经营计划则是企划案中富有挑战性的一个环节，因为有了团队、产品和市场，最后需要通过生产和销售经营来落地实现，同时，财务规划的实现以及财务数据的真实性，也需要通过生产和销售经营计划来实现和论证。生产经营计划一般包括新产品的生产经营计划，公司现有的生产技术和能力，产品品质的控制和质量的改进能力，现有的生产设备或者将来需要购置的生产设备，现有的生产工艺和流程，生产产品的经济分析和生产过程，等等。销售经营计划则主要包括市场机构和营销渠道的选择，销售队伍的建设和管理，促进销售计划和广告策略，价格策略，等等。作为投资方重点关注的板块，也是实现投资目标和财务目标的板块，投资方会进行多方调查研究和内部论证，论证生产线的产能、产品质量的达标率、营销策略实施的有效性、市场容量的获取能力、定价策略带来的产品竞争力和回报……

某生物科技有限公司引入战略投资者的商业企划书，在生产和销售经营计划环节相对简单，因为项目还未能实施，没有历史生产和销售的数据，处在需要融资进行疫苗生产的阶段，生产和销售经营计划主要集中在项目实施计划和营销策略章节，重在对项目生产和销售的预估分析。在项目实施计划章节，公司重点对疫苗工业化厂房建设、设备安装、GMP 认证做了时间的安排；对疫苗获得生产批复时间做了预测；对项目具体实施计划做了安排。最后得出的结论是整个项目布局从生产到上市周期大概是 29 个月，在此期间需要同步完成工艺、质量、检测等技术完善工作。

由此可见，该产品生产上市的风险，重点在于相对滞后的时间周期。战略投资者需要充分考虑生产环节的时间周期风险。在营销策略章节，主要对拟销售的疫苗进行了产品定价分析，主要考虑如下几个因素：产品的成本因素，公司预测的销售利润因素，商业折扣率的因素，目标市场同类产品价格水平的因素，然后将这四个定价因素进行量化，制定出产品最终的零售价格。其定价模型为：“胃病”疫苗终端零售价 =[含税单位成本 ÷（1– 预期销售利润率）÷ 出厂价折扣率]。分析定价机制后，对目标市场进行了市场销售预测，并且量化了可以抓取的目标市场，例如，小学生（6—12 岁）市场，初中生（12—15 岁）市场，待拓展的目标市场（0—5 岁幼儿），并且分别做了 8 年的推广计划。

在目标市场的基础之上，还对疫苗未来的市场销售量进行了统计分析。目标市场再大，也需要可行的销售策略，企划书花了大量笔墨在细分市场的选择、目标市场如何扩展、渠道策略的选择、营销渠道的类型、营销渠道的策略、渠道方案选择注意事项、销售模式、营业推广、营销策略、区域代理和经销策略、价格操作策略、促销策略、品牌策略等诸多方面，详尽地阐述了产品如何实现销售。

企划案中最后就是财务分析和融资计划环节。财务分析需要花费较多精力在具体分析上，包括对现金流量表、资产负债表以及损益表的分析。流动资金是公司的生命线，因此，公司在初创或扩张期，对流动资金需要有预先周详的分析和过程中的严格控制；损益表反映的是公司的盈利状况，它体现了公司运作一段时间后的经营结果；资产负债表则反映在某一时刻的公司状况，投资者可以用资产负债表中的数据得到的比率指标来衡量经营状况以及投资回报率。财务分析一般包括三个方面的内容：①过去几年的历史数据，未来几年的发展预测（一般是 3—5 年），主要提供过去 3 年的现金流量表、资产负债表，以及年度的财务总结报告书等；②投资计划安排，主要内容包括预计的投资数额，风险投资机构未来的筹资资本结构和安排，获取投资的抵押、担保的条件，投资收益和再投资安排，投资后双方持股比例安排，投资者介入后的财务管理安排，等等；③融资需求，即资金需求计划，包括为实现公司发展规划所需要的资金额、资金需求的时间、资金用途、融资方案。融资方案是投资方很关注的内容，即被投资公司认为自己估值多少，愿意释放多少股权，投资方占有股份多少，资金的来源和构成安排情况如何，这往往成为双方博弈的一个重要部分。一般除了被投资公司会在商业企划案中做财务分析，投资方也会重新评估财务数据，做一套投资方的财务分析，因此，同样的公司，在被投资公司和投资方之间，会出现财务分析数据不一致、估值区间不一致，甚至估值模型都不一样。这也是双方博弈和谈判的基础和筹码。

仍以某生物科技有限公司引入战略投资者的商业企划书为例，在财务分析的部分，中规中矩，考虑到没有历史财务数据，疫苗没有扩张生产，因此做了大量的财务基本假设，如对直接成本、管理费用、财务费用、营业费用、所得税、折现率等做了常规假设。在此基础上，做了两套不同营销策略对应的财务预测模型，对项目年销售计划、项目综合成本和定价、项目的现金流量分析、项目的财务分析指标、项目财务分析指标的敏感性进行了详尽的分析（详见如下财务分析之情景 1）。

情景 1　财务分析

1. 项目年销售计划

结合前文第五部分营销策略中对 6—15 岁年龄段人群上市后市场销售量的情景预测，以建设期 2 年、生产期 8 年为时限，假设产销率 100%，设计未来的年销售能力为：

	建设期	生成期							
	1	2	3	4	5	6	7	8	9	10
合计（万剂）	0	0	948	976	1300	1525	1750	1525	1525	1525
合计（万人份）	0	0	316	325	433	508	583	508	508	508

2. 项目综合成本及定价

（1）项目综合成本：详见《生产期项目成本估算简表（6—15岁）》（单位：万元）。

序号	项目	合计	生产期							
			3	4	5	6	7	8	9	10
	产量（万人份）		316	325	433	508	583	508	508	508
1	生产成本	172213	15630	16181	20442	23400	26359	23400	23400	23400
2	管理费	13682	2522	2182	2181	1836	1309	1217	1217	1217
3	财务费用	1016	127	127	127	127	127	127	127	127
4	营业费用	53384	7691	5939	7910	6186	7099	6186	6186	6186
5	总成本费用	240295	25970	24429	30660	31549	34893	30931	30931	30931
6	单位成本（元/人份）		82.18	75.09	70.75	62.06	59.82	60.85	60.85	60.85

（2）项目产品销售单价。本项目产品未来价格制定，需要考虑到多个方面的因素，其中最主要的影响因素包括产品成本、公司预期的销售利润率、销售渠道折扣率和目标市场同类产品价格水平四个方面。

将各因素数值代入预先设计的本项目产品终端零售价格定价模型："胃病"疫苗终端零售价＝含税单位成本÷（1—预期销售利润率）÷出厂价折扣率。

根据上市第六年的产品单位成本60.85元/人份（不含税），以预期销售利润率为50%、出厂价按零售价折扣率60%计算产品定价，详见下面《本项目产品定价情况表（6—15岁）》。

产品单位成本	预期销售利润率	产品出厂单价（不含税）	折扣率（零售价）	增值税	终端零售价（含税）
60.85 元 / 人份	50%	122 元 / 人份	60%	17%	237 元 / 人份

3. 项目的盈利预测

下表显示项目的盈利预测（单位：万元）。项目在前两年的建设期中不产生利润，但在上市后第一年即可产生净利润 1.21 亿元，之后净利润逐年快速增长，在达到第六年销售稳定期之后，税后净利润可达每年 2.73 亿元。

序号	项目	建设期		生产期							
		1	2	3	4	5	6	7	8	9	10
	产量（万人份）			316	325	433	508	583	508	508	508
1	产品销售收入			38552	39691	52867	62017	71167	62017	62017	62017
2	税金及附加			444	457	609	714	820	714	714	714
3	产品净销售额			38108	39234	52258	61302	70347	61302	61302	61302
4	总成本费用			25970	24429	30660	31549	34893	30931	30931	30931
5	利润总额			12138	14804	21598	29753	35454	30372	30372	30372
6	所得税			2700	3719	4432	3037	3037	3037	3037	3037
7	税后利润	-1500	-2500	12138	14804	18898	26034	31022	27334	27334	27334
8	折现系数	1	0.869	0.7561	0. 6575	0.5718	0. 4972	0. 4321	0. 3759	0. 3269	0. 2843
9	净利润现值	-1500	-2174	9178	9734	10805	12943	13412	10276	8936	7770
10	累计净现值	-1500	-3674	5504	15238	26043	38987	52398	62674	71610	79380

4. 项目的现金流量分析

项目的现金流量分析显示在下表中。从分析结果看，项目实施计划执行期间，本项目能够在生产期的前四年实现快速的现金盈余增加，从生产期的第四年开始一直保持正的累积现金盈余，从而能够保证项目实施得以正常进行。

序号	项目	建设期	生产期								
		1	2	3	4	5	6	7	8	9	10
1	现金流入	0		0	38552	39691	52867	62017	62017	62017	62017
2	现金流出	12217	8135	26414	24887	33983	35983	40145	34682	34682	34682
3	净现金流量	-12217	-8135	12138	14804	18898	26034	31022	27334	27334	35357
4	累计净现金流量	-12217	-20352	-8214	6590	25488	51522	82544	109879	137213	172570
5	所得税前净现金流量	-12217	-8135	12138	14804	21598	29753	35454	30372	30372	38394
6	累计所得税前净现金流量	-12217	-20352	-8214	6590	28188	57941	93395	123766	154138	192532

5. 项目的财务分析指标

从项目的财务分析中得到的财务指标值如投资回收期、财务净现值（NPV）、财务内部收益率（IRR），以及投资获利指数从不同角度反映了项目的投资回报潜力。对本项目实施计划的财务分析给出下列财务指标值：

财务内部收益率＝159.18%（社会基准收益率为10%，按德尔菲方法计算的生物科技行业基准收益率为24.1%）

年平均销售收入＝56292.83万元

年平均利润＝23112.42万元

财务净现值＝79380万元

投资利润率＝113.56%

投资回收期＝2.40年（含两年建设期）

初始投资在项目达产的第一年可收回。此外，159.18% 的内部收益率远超出 24.1% 的生物科技行业基准收益率，这表明本项目具有非常好的投资回报潜力，因此，可行性极高。

6. 项目财务分析指标的敏感性分析

敏感性分析可以揭示公司经营中的不确定性因素对项目财务分析指标的影响程度。单项敏感性分析结果表明（见下表），出厂单价与单人份成本的波动对财务净现值指标的影响最大，贴现率与销售数量对财务净现值指标的影响相当。可见，本项目投资回报能力对未来产品出厂单价及单位成本波动的抗风险能力较差，需要在产品上市伊始，就解决好产品的定价策略与生产成本控制问题。

继续以某生物科技有限公司引入战略投资者的商业企划书为例，其中的融资计划部分相对简单（截取部分内容，详见附文），阐述了融资的基本原则和融资的约束条件，对总投资额度、投资进度进行了约束。详细列明了产业化实施的各个阶段的具体资金需求安排和资金用途，同时列举了 3 种融资方式，并着重对战略投资者引入提出了要求，优先选择生物疫苗类或具有生物疫苗制药背景的投资者，对有意向的战略投资者，将从资产规模、质量、资质水平和市场声誉等方面进行考察和筛选，并且会以对战略投资者进行定向溢价增发股本的方式筹集项目产业化资金。

融资计划

按照公司与北碚区政府签署的口服重组幽门螺杆菌疫苗投资协议，项目第一期总投资为 2 亿—2.5 亿元，其中，启动项目建设首先至少需要购地款 7000 万—8000 万元。为确保全面启动项目产业化建设的资金需要，必须多方筹集资金，“一揽子”方案解决项目建设资金问题。

敏感因素	敏感因素值		财务净现值	
贴现率	40%	21%	5.99	-24.56%
	20%	18%	6.87	-13.40%
	0	15%	7.94	0.00%
	-20%	12%	9.22	16.20%
	-40%	9%	10.79	35.95%
单人份成本	40%	85	14.15	78.20%
	20%	73	11.04	39.10%
	0%	61	7.94	0.00%
	-20%	49	4.68	-41.03%
	-40%	37	1.58	-80.13%
销售量	40%	5168	10.75	35.43%
	20%	4430	9.25	16.55%
	0%	3691	7.94	0.00%
	-20%	2953	6.5	-18.10%
	-40%	2215	5.03	-36.59%
出厂价	40%	170	15.44	94.46%
	20%	146	11.69	-47.23%
	0%	122	7.94	0.00%
	-20%	97	4.19	-47.23%
	-40%	73	0.44	-94.46%

一、融资基本原则

（1）保证建设资金需要；

（2）争取国家和重庆市及北碚区政府的资金资助；

（3）多种筹资方式结合。

二、融资约束条件

1. 总投资额度

按照项目第一期年设计生产能力500万人份计算，考虑到设计概算的调整，项目应筹资总额为2亿—2.5亿元，其中：

（1）项目产业化应筹资1.84亿元（不含购地款，项目投入总资金为18,373万元，其中建设投资15,244万元、建设期利息242万元、流动资金2887万元）；

（2）工艺向产业化放大需资金4000万元左右，包括1吨的发酵罐、纯化、冻干设施等系列配套设施成本（包括生产厂房）；

（3）土地费用及工程设计费用等。

依照上海医药工业设计院编写的口服重组幽门螺杆菌疫苗工程《可行性研究报告》，根据项目建设阶段投资的需要，产业化实施分阶段资金需求量见下表：

产业化阶段	所需资金（万元）
征地	首期融资需要7000-8000万元购地资金（含税）
立项、场地规划、报建及项目设计	按500万人份/年，设计费约600万元
工艺放大试验	按年产500万人份计需要资金4000万元，所需设备和资金，可以与项目后续产业化建设整体相配套，减少项目的重复投资。
基本建设	项目投入总资金为18373万元。

2. 资金筹措方式

根据AA董事会的决定，口服重组幽门螺杆菌疫苗项目产业化筹资主要通过引进战略投资者来完成，因此，本着保持合理的资产负债率的原则，其融资方式主要是：

（1）采用定向溢价增发方式，向战略投资者募集资金1亿—1.5亿元。

（2）从国家有关部门、地方政府获得疫苗产业化专项资金资助3000万—5000万元。

（3）向银行贷款1亿元以上，采取北碚区政府主导的担保公司提供担保等方式进行。

3. 积极引进战略投资者

引进战略投资者的基本方案：

（1）优先考虑生物（人用）疫苗类或具有生物疫苗制药背景的公司。优先选择生物疫苗类或具有生物疫苗制药背景、运作规范、效益良好、质量优良的战略投资者。如确实不能做到，才考虑引进虽无医药背景但有足够资金实力和融投资能力的公司，或者项目的科研团队。

对意向战略投资者，要从资产规模和质量、资质水平、市场声誉等方面进行着重考察和筛选。

（2）引进的主体。引进的主体是AA，所有引进工作都要在AA的名下进行。

（3）引进工作必须经过必要的程序，依法合规。引进工作必须在遵守国家法律、法规的前提下进行，必要的工作程序包括审计、评估和战略投资者的比较筛选，以及股东各方履行必要的批准和披露等程序，可以适当简化但必须保障引进工作必要的程序及时间安排。

（4）公开招标引进。必须遵循“公开、公正、公平”的原则，公开对社会招标引进，避免暗箱操作。将聘请专家团队，与公司股东方一起，制定专门的招评标办法，择优选择战略投资者。

（5）引进的方式。

引进的主要方式是对战略投资者进行定向溢价现金增发股本，以筹集产业化资金，同时要根据国家有关生物产业扶持政策，争取政府专项资金支持，包括无息贷款等。

第三篇

股权并购的操作流程

03

第五章

股权并购框架协议

股权并购框架协议是并购投资协议的一种，是在并购方拟开展股权并购的情况下，与标的公司的股东或者标的公司签署的关于股权并购相关事宜的备忘录，它的表达形式也可以是意向协议、会谈纪要、会议纪要等，这些文件是在披露调查、谈判协商过程中产生的，通过正式的形式、体现契约精神的文件资料。本章将主要谈到股权并购框架协议的作用、主体、条件、效力和主要内容。

第一节 股权并购框架协议的作用

股权并购框架协议是股权并购正式启动的第一个环节，在整个股权并购过程中发挥战略布局和战术指导的重要作用。

1. 是股权并购的起点：股权并购框架协议的签署意味着股权并购工作进入实质操作的阶段，之前的磋商没有这份法律文件签署的保障，双方没有任何法律约束，而它的签署标志着股权并购正式启动。

2. 为股权并购进行战略部署：股权并购框架协议约定的是全局性、战略性、原则性的条款，是对整个股权并购项目进行全局性和方向性的把控，指引股权并购朝着双方最基本的共识推进。

3. 为股权并购奠定基础：股权并购框架协议为全部并购工作奠定基础，确立基本原则。它意味着参与并购的各方已经就并购的模式和操作的原则达成了一致意见，这就为整个并购奠定了基础，它还包含了未来正式股权并购合同的主要内容。

4. 增进互信，为信息披露提供保障：在股权并购框架协议签署之前，被并购方会做出一些初步的信息披露，但是只有正式的框架协议签署之后，双方才能建立起真正的互信，被并购方才能放心地、全面地、及时地、准确地进行披露，有些文件资料、数据信息才能无保留地提供。从实务操作看，只有订立了框架协议，披露和尽职调查工作才能进入实质阶段，尤其是财务信息的披露，披露方才能如实披露，调查方才能真实了解被并购方真实的经营情况，公司的股权对应估值才能如实体现。所以，框架协议中一般会订立保密条款，甚至定金条款来促进互信和提供保障。

5. 框架协议为全部并购工作提供了具体工作安排：框架协议一般会对整个并购流程、对应的时间点、对应的双方职责和分工分别进行约定，在此工作日程安排下，双方共同推进并购工作。

综上所述，虽然股权并购框架协议本身没有很强的法律约束力，但是它对并购通盘的驾驭力、指挥力还是很强的，它奠定了整个并购工作的基调，在此框架下双方共同持续推进并购工作落地。

第二节
股权并购框架协议的主体

股权并购框架协议的主体即参与交易的主体，一般由股权转让方、股权受让方、标的公司、担保方等组成，不同的并购模式交易主体稍有不同。

1. 拟采用股权受让模式的并购，应当由出让股权的股东和受让的并购方共同签署。

2. 拟采用标的公司增资的模式进行并购的，应当由标的公司或者标的公司的控股股东与增资方共同签署。

3. 拟采用合并方式进行并购的，应当由标的公司或者标的公司的控股股东与股权并购方共同签署。

为了增进互信，促进交易的尽快达成，并购方有时候也会要求交易对方提供担保方的担保，例如对收购过程中因信息不对称造成潜在风险的担保，对标的公司经营业绩承诺的担保，等等。而上述这三种并购模式都可能涉及担保主体，主要看并购方和被并购方对担保的需求和谈判的结果。

第三节
股权并购框架协议的条件

股权并购框架协议和正式的投资协议一样，签署也应当具备一定的条件，只有达成这些条件，才可以与交易对方订立股权并购框架协议。实务中，订立股权并购框架协议一般应该满足如下条件：

1. 拟收购目标市场的调研：并购方对目标市场的调查研究已经完成，并做出进入目标市场的决定。如果公司尚未对拟收购的目标市场进行尽职调查，并根据公司的发展战略做出进入目标市场的决定，公司一般不能盲目地进入目标市场。

2. 符合并购方战略的要求：根据对目标市场竞争态势和标的公司所处的位置以及规模、现状的了解和分析，并购方可以初步判明标的公司是否符合并购方的扩展战略对拟收购公司的要求。

3. 并购方与标的公司的股东或者实际控制人已经初步表明股权交易的意向，双方对交易都有意愿有效地推进。

4. 双方在有意愿推进交易的基础上，愿意签订有一定约束力的诚信文件，以此奠定未来交易的基础，以此为据协调双方谈判、披露、调查、缔约正式的交易合同。

一般来说，应当在具备上述条件的前三项后，并购方才会与交易对手订立股权并购框架协议。股权并购框架协议虽然没有那么强的约束力，不会造成双方特别大的违约责任风险（有些股权并购框架协议约定了定金条款、违约责任条款，具有法律效力），但是如果对标的公司的基本情况不了解，盲目签订股权并购框架协议，则将给收购带来不必要的麻烦。所以股权并购框架协议签署的最佳时点，应当是在对交易对手、对标的公司有初步的了解的基础上，对标的公司所处的行业、地位、业务、团队、股权结构等有了基本的了解，标的公司也符合并购方的收购目的。

从实操来看，股权并购框架协议的签署标志着双方的合作进入实质性的阶段，框架协议是一个标志性的文件。但是，也不应将框架协议仅仅理解为交易双方在开始谈判之初订立的一份无约束力的文件，实际上，在此之后的尽职调查和谈判过程中形成的纪要、备忘录等也都具有协议性质。双方应当处理好框架协议的法律约束力和谈判进程自由度的关系，也就是说框架协议及相关的纪要、备忘录等既要有一定的约束力促进谈判的深入发展并最终签订正式合同，又应当避免太具体或者太宽泛不利于实质谈判，应该是让双方在宽松的环境下，有进有退地进入下一轮谈判，这个度其实很难拿捏，很考验人。

第四节
股权并购框架协议的效力

股权并购框架协议不能简单地说它具有法律约束力或者没有法律约束力，需要依据框架协议的具体内容来确定。一般股权并购框架协议内容包含：并购双方的陈述基本情况条款；表达收购意向，或者收购条件条款；交易安排时间表和流程条款；促进交易的要求条款如定金条款、违约金条款、入场尽调条款、保密条款，等等。

这些内容可以分成两类：一类是实体性条款，一类是程序性条款。实体性条款是指未来将成为正式合同的内容，甚至框架协议中包含了主合同全部条款。和实体性条款相伴随的是辅助性条款，主要对实体性条款的效力做进一步的说明，如约束力排除条款和合并条款等。程序性条款就是那些直接关乎缔约过程，但是不在未来正式合同中体现出来的内容。程序性条款包括了调整和规范谈判程序，约定尽职调查的执行或者信息交换的具体方式。

另外就是规定当事人在缔约中的通知、协助等相关义务，如保密义务的约定。

按照我国《合同法》的规定，合同是否确定和当事人是否有受拘束的意思是要约乃至合同成立的两个基本要件。具体到框架协议的法律效力分析上来看，实体性条款因为是针对未来的合同条款而定，一般已经具有确定性，因而其是否有约束力主要取决于当事人是否对此表达了明示或者默示的受约束的意思；而在判断程序性条款的效力时，因为当事人大多会表达接受这种条款约束的意思，通常遇到的问题是，这些条款是否具有足够的确定性。

通常认为，签订附属条件或者带有未尽事宜的合同，常常是当事人在信息不充分的条件下进行交易的要求，其核心作用在于为当事人从进行接触到最终订立合同之间的投资设定依据。从鼓励投资的角度来考虑，这种双方约束的确定性已经足够，因为当事人达成了进一步交易的意向，大体上明确了各自的职责，也明确了各自应当履行的职责的顺序。例如独占性条款，也称排他条款、锁定条款，与框架性协议中的大部分程序性条款一样，独占性条款具有充分的确定性，学理上普遍承认它的法律效力，即赋予他人独占地与自己进行协商的资格本身可以被看作一种投资。因为行为人为此放弃了潜在的与他人进行协商的机会。同样，独占的权利人通常也为获得独占资格付出对价，例如支付一定的定金，投入尽职调查的成本，等等。

对于此类的框架协议内容，跟双方的正式合同没有实质性区别，若法律不予以保护，除了发生有违公平的后果外，还会导致经济上没有效率的后果。所以对这类条款各国在司法实践中都予以认可和保护其法律效力。另外一个程序性条款，如诚信条款，又称信赖利益条款，相对于独占性条款，诚信条款对双方约束力的确定性颇受争议。诚信条款是当事人约定“勤勉尽责，尽最大努力协商协议”，这样约定边际很模糊，司法案例上通常也判定有效；但是诚信协商很容易被认定为无效，因为每一个合同当事人都有在不进行或不如实陈述的情况下追求最大利益的权利，而为了追求最大利益，他也必须有权在缔约的过程中以退出缔约协商为威胁，迫使对方让步。从这个层面上分析，这样的条款本身就没有较大约束力。更何况这样的条款是贯彻合同法始终的原则性条款。

最后说说违反程序性条款的约束力问题，我国司法实践中普遍认为，违反程序性条款构成信赖利益的损害赔偿，具有确定约束力。从我国《合同法》的相关规定来看，只要当事人能证明期待利益受到了损害，就可以要求赔偿。在信赖利益赔偿之外，当事人的另外一种救济就是约定违约金条款。虽然，框架性协议项下的损害，尤其是期待利益损害常常难以证明。由此看来，股权并购框架协议中的程序性条款是否具有法律约束力，要视具体情况而定，要分析双方约束在框架协议中是否有明确的意思表示，是否存在信赖利益。

再来看框架性协议中的实体性条款，如前所述，意向书中的实体性条款通常能满足确定性的要求。因此，当事人是否有明示或者默示的关于合同约束力的表示是判断框架性协议实体性内容效力的关键。这种“确定性”的判断涉及合同内容的多项细节，需要酌情而定。例如框架性协议中的实体性条款，经常因为“需要进一步协商”“具体事宜，后续双方正式约定”“具体由正式合同确定”“本框架性协议不产生任何一方权利或义务”等条款的约定而具有双方不希望受到框架性协议内容约束的意思表示。如果框架性协议已经具备基本条款，当事人没有明确利用上述排除约束力的条款，且一方已经履行了该框架性协议项下的部分义务，对方也予以接受的，通常认定框架性协议的实体条款具有法律效力。

综上所述，股权并购框架协议理论上说是不完全合同，不能简单认定它是否具有法律效力或者不具有法律效力，原则上实体性条款一般具有法律约束力，除非有双方约定的排除条款的情形，程序性条款则需要具体问题具体分析，核心是看双方对于约束力是否确定，甚至是否产生了信赖利益。

第五节
股权并购框架协议的内容

1. 交易主体。股权并购主体因并购模式不同有细微差别，一般包括股权转让方、受让方和标的公司，如前节所述，在此不赘述。

2. 声明条款。声明条款主要是明确股权并购框架协议的性质及作用。在实务中多使用诸如：本协议各方确认本协议为不具有法律约束力的框架性协议，任何一方退出或者违反本协议均无须承担任何责任，但是本协议另有约定的除外，如保密条款、排他条款、适用法律条款、管辖条款；尽管如此，本协议各方将本着诚信合作的原则，积极推进本协议所言的合作事项，力争早日缔结正式有法律效力的合同。

3. 标的公司。标的公司是指承受交易股权的公司，或者交易股权是标的公司发行的股份（股份公司）或是交易者对标的公司的出资（有限责任公司）。无论哪种股权并购模式都涉及标的公司，因此，标的公司是股权并购框架协议的必备内容。在受让股权并购、增资并购模式中，一般情况下标的公司仅为一个，但是在合并并购模式中的标的公司会是两个或两个以上。在实操中，股权并购框架协议一般会载明标的公司的名称、注册地址、注册资本、实收资本、法定代表人、经营范围、股权结构，等等。

4. 交易方式和交易标的。一般情况下，在签署股权并购框架协议时，各方会对并购的具体模式、交易具体模式、交易的标的达成初步的共识，这些关乎后续的并购工作安排。

5. 支付的方式和出资方式。无论股权并购模式是受让股权还是增资并购都会涉及股权对价的支付，支付方式和出资方式是交易双方关注的核心问题，一般会在框架协议中约定清楚。从并购方来说，如果有意安排非货币出资或者混合出资的模式，也有必要在交易之前予以明确，达成双方的基本共识。

6. 标的公司的对外长期投资和分子公司情况。标的公司对外长期投资是指标的公司在外拥有的权益性资产及相关业务并不为标的公司直接占有，但会在很大程度上影响并购目的和并购成本，也会影响到后续的资产剥离，因此，一般要求在股权并购框架协议里面予以明确。标的公司可能在公司之外设置分子公司，这些分子公司的资产也是标的公司的资产，业务也是标的公司的业务，甚至分子公司业务占公司业务比重很大，它们会对并购操作和并购成本有很大的影响，因此也需要在框架协议当中予以明确。

7. 拟协商剥离的资产或者重组的股权。标的公司的资产剥离是指在股权并购情况下，标的公司的某些资产、投资者权益或业务并购方想接受或者依法不能接受，需要在并购生效之前由标的公司将该等资产、投资者权益或者业务线以转让的方式处置。举个极端的例子，并购方看重了壳公司的价值，那么壳公司里面原有的资产、投资者权益、债务、业务、人员等都需要剥离干净。标的公司的重组是指为满足并购方的要求或者为保留标的公司无意出让的资产和业务，将标的公司分立，或者为了满足并购方的需求将几个标的公司合并，然后由并购方对分立或者合并后的标的公司实施股权并购。

8. 关于标的公司的信息披露。标的公司的信息披露是被并购方的重要责任，它负有全面、真实、准确地披露信息的责任。无论采取股权受让模式，还是采取增资并购模式、合并并购模式，都应当由标的公司的控股股东或实际控制人向并购方如实地进行标的公司的相关信息披露。信息披露是并购得以顺利进行的实质性保障和前置条件。被并购方披露的信息应当全面、真实、准确，包括但不限于财务信息的披露。

9. 标的公司的尽职调查。并购方对标的公司的尽职调查是股权并购中并购方一项重要的权利，是获取披露信息全面、真实、准确的必要手段。

并购方在框架协议中约定并购方对标的公司进行入场尽职调查的内容，目的在于明确尽职调查是并购方的权利，以便得到被并购方的理解和支持。从实操来看，并购方的尽职调查没有交易对方和标的公司的支持是不行的，尽职调查所获得的深层次、实质性的信息大多数都是在框架协议签署之后。尽职调查主要围绕出让方披露内容的真实性、全面性和与交易有关的披露内容以外的问题进行调查，是受让方了解标的公司、评估交易风险，以及定制风险规避措施的重要依据。因此，在框架协议之中约定关于并购方对标的公司进行尽职调查的权利以及标的公司的协助义务是非常必要的。

10. 股权交易基准日的约定。股东对公司享有的权益是一个持续变动的过程，因此，要想核定股东对公司的权益，必须确定一个计算权益的基准日。这个基准日也就是常说的交易基准日。在受让股权模式并购的情况下，这个基准日被称为股权转让基准日；在合并并购的模式下，这个基准日称为合并基准日；在增资并购的情况下，这个基准日称为增资计价基准日。在实务中，基准日一般要与评估基准日相一致，最好选在财务的月末或者年末结账日，而且最好安排在股权并购框架协议签署之后。

11. 关于对标的公司行为的限制约定。确定基准日的意义还在于标的公司在基准日之前派发的权利为股权出让方所有，在基准日之后派发的股利为股权受让方所有。同时，基准日对披露信息的截止日也有重要的意义，出让方对标的公司信息的披露应当截止到基准日，基准日后的标的公司依照约定进入一个监管期。在基准日之前，标的公司的经营成果为股权出让方依其持有的股份拥有，在基准日之后，标的公司的经营成果为并购方以并购比例拥有。因此，虽然标的公司尚未登记股权变更，交易各方亦未确定交易，但是为了保障并购方在标的公司的预期权益，为了防止控制公司的股东利用并购方尚不能实际管理公司的期间，损害并购方的利益，一般情况下，并购方会要求在其实际对标的公司享有管理权之前享有监管的权利。从实务看，股权并购框架协议会约定监管权的内容，比如，标的公司从基准日起至确定并购成败时的期间内，不得擅自处理自己的不动产、无形资产和主要业务，不得为管理人员或者员工提薪，不得对外赠予资产，订立重要合同应当知会并购方，重大决策应当通报并购方，重大诉讼应当通知并购方，等等。有的甚至向标的公司委派特别监督人员。从操作实务看，确有在并购基本确定之后，管理权转交之前，利用处理资产或者订立重大合同谋取个人利益，损害并购方利益的情况。因而监管是必要的。但是并购方在监管过程中应当注意方法和尺度，不要反客为主，不要越俎代庖，要把握好尺度，并且依据并购的进程调整监管的尺度。

12. 关于公司估值和股权对价的原则和方法。无论是哪种模式的并购，首先要确定公司估值，即公司值多少钱，在此基础上测算出股权的对价，这是整个谈判的核心议题，是贯穿整个并购的主线。从实操来看，签署并购框架协议的最初阶段，交易双方不可能对公司估值和股权对价达成一致。但是框架协议可以将各方初步商榷的估值方法、估值原则、公司基本估值区间等予以明确，比如是否需要进行评估，评估机构的选择；是采取相对估值法，还是采用现金流折算法；是采用双方竞买者竞价方法，还是采用评估机构的评估价，等等。在框架协议中将价格或对价的确认方法和原则都予以明确，有利于各方依据初步披露、调查掌握的信息资料预测交易的价格或者对价，有利于促进交易的最终达成。

13. 排他条款。排他条款的签署是指签署并购框架协议的各方在协议中约定在一定期限内，被并购方不得与并购方以外的第三方就本框架性协议所言的事项进行谈判、报价、签约。一般而言排他协议对并购方有利，对被并购方不利。从实务中看，有些情况下被并购方接受排他条款，有些情况下不接受该等条款，甚至在签署框架性协议之前就明确告知并购方只能以竞价方式进行并购，使排他条款不能设立。也有标的公司要求并购方承诺排他的义务，比如要求并购方在一定时间、空间内，不得与其他同类标的公司洽谈并购事宜。在并购框架协议中，排他条款是双方在谈判期间的权利和义务，所以对双方具有法律约束力。

14. 保密条款。为了保护各方利益一般都会在框架协议中约定，无论谈判进展如何，任何一方不得向外泄露本框架协议内容；接受披露的一方不得将所得的资料、文件、信息及尽职调查中取得的关于标的公司的各种商业保密信息披露给第三方，也不得在本框架协议所约定股权交易之外，利用该等商业保密信息；交易不成功，时并购方应当返还全部所得的资料和文件。为了使保密条款得以切实遵守，各方可以在并购框架协议中约定保密条款的法律效力，一方违约的，可以追责。

在某些并购案中可能会单独订立保密协议。关于保密期限的问题，一般可以考虑凡是法律规定的有明确保护期限的，比如专利、著作权保护期限依照法律规定；凡是没有保密期限的，按照商业秘密的三大要件要求确定期限，即凡是对秘密所有者有价值的、不为公众所知悉的、确定为商业秘密并加以保护的，则保护期限持续。关于保密责任人问题，可以考虑不仅包括接受披露和进行调查的并购方，还包括并购方委托的中介机构以及并购方和中介机构的员工，一切接触到保密信息的人，同时还要求并购方对中介机构及员工承担连带责任。

15. 不竞争条款。实质上是利益冲突防范条款，即在股权转让的情况下，并购方往往要求股权出让方承诺不竞争的义务，股权出让方需要明确在多长时间内，在多大的地域范围内不独立或者以任何其他方式从事或者投资与标的公司产品或业务相同的行业。在实操中，经常遇到这种情形，尤其是创始人（创始人往往是公司幕后的实际控制人，不使用显名股东的方式）、创始团队在转让股权套现之后，另起炉灶，按照之前同样的路数，重新整合团队、上下游资源，很快就能复制一套商业模式，复制一家同类型的公司，这样极其容易造成与并购方的不正当竞争，对并购方业务、团队、市场造成很大冲击。

16. 关于下一步的工作安排。签署框架性协议是收购的第一步，为了统筹整个并购步调，协调并购各方的工作，准时完成并购，各方最好在框架性协议中明确工作时间表和负责人，以及在各个关键时间节点应该交付的工作成果，有条不紊地推进并购进程。

17. 法律适用和管辖。虽然框架性协议的法律约束力没有正式协议强，但是正是这种不确定性导致发生的纠纷不在少数，例如因保密信息的泄露引发的诉讼，因不遵守排他条款的约束与其他公司洽谈签约引发的诉讼，因缔约过失引发的诉讼，等等。因此，框架性协议应当包括这些纠纷引发的法律适用和诉讼管辖的约定。

附：某公司股权并购方与股权出让方签署的股权并购框架协议

股权并购框架协议

甲方（转让方）：
身份证号：
住址：

乙方（受让方）：
法定代表人：
地址：

丙方：（担保方）
身份证号：
住址：

甲乙双方就甲方向乙方转让某某有限公司（以下简称“标的公司”）股权及合作事宜，双方经过友好协商，于2015年______月________日在深圳签署本协议。本协议条款如下：

一、甲乙双方声明

本协议为意向性协议，双方以此作为起草法律文件的基础。双方都将秉承坦诚合作、诚信务实的原则，积极推动本协议所述的股权交易等事宜，力争通过友好协商，尽快签署最终的协议。

标的公司为一家民营有限公司，甲方是标的公司的控股股东，标的公司全体股东授权 ____ 雷某某 ______ 代表甲方就向乙方转让股权事宜，进行谈判、信息披露、跟进协议签署等工作。

标的公司现有股东、承诺出资金额及持股比例情况如下表，下表中现有股东兰某某、吴某某、林某以下合并称为“原股东”。

股东	出资金额（万元）	股权比例（%）
兰某某	180	60
吴某某	60	20
林某	60	20

二、股权转让比例的初步约定

甲方将其合法持有的标的公司 51% 的股权转让给乙方，经双方友好协商，一致同意形成本协议。

三、股权转让基准日

乙方指定的会计师事务所出具的标的公司 _____ 年 _____ 月 _____ 日的审计报告作为股权转让基准日财务数据。

四、股权转让预约价格及支付方式

（1）标的公司整体估值 =（标的公司 2015 年 9 月至 2016 年 9 月第一年度承诺税后净利润人民币：X 万元）×Y

（2）股权转让对价预估值 =（标的公司 2015 年 9 月至 2016 年 9 月第一年度承诺税后净利润人民币：X 万元）×Y×51%

（3）支付方式及担保措施：乙方同意一次性支付股权并购价款，具体的支付条件和细节等约定将在《股权转让协议》或其后附的补充协议中详细确定。

五、经营目标、估值调整及补偿

1. 经营目标

甲方及标的公司承诺，将勤勉尽责地发展公司业务，靠公司自身发展（不包括并购等带来的利润，不包括与广东中汽租赁有限公司合作带来的利润），公司将实现如下经营目标：

（1）标的公司 2015 年 9 月至 2016 年 9 月第一年度实现税后净利润 × 万元人民币；

（2）由乙方指定的会计师事务所对标的公司的实际经营情况所出具的审计报告将作为确认实际经营情况是否达标的最终依据。

（3）上述经营目标将作为股权转让协议中对标的公司估值调整及对乙方补偿方案的直接法律依据。

2. 估值调整

双方初步约定估值调整方案如下：

（1）估值调整按照第五条第 1 款所述的经营目标税后净利润 × 万元人民币进行调整。

（2）将经营目标值划分为如下三个区间：0 元到 A 万元；A 万元到 B 万元；大于 B 万元。如果实际完成的经营目标处于 0 元到 A 万元之间，则对应标的公司调整后的估值倍数为 2 倍；如果实际完成的经营目标处于 A 万元到 B 万元之间，则对应标的公司调整后的估值倍数为 4 倍；如果实际完成的经营目标大于 B 万元，则对应标的公司调整后的估值倍数为 6 倍。

（3）标的公司调整后的估值 =（实际完成经营目标值）×（对应的估值倍数）

3. 补偿方案

双方初步约定若触发估值调整事宜，则乙方持有的51%股权不变，标的公司及原股东将对投资人进行补偿，补偿方案初步约定如下：

补偿金额 = 第四条之标的公司整体估值—标的公司调整后的估值

上述估值调整及补偿初步方案，将作为股权转让协议中对标的公司对赌的直接法律依据，具体的实施方案将以股权转让协议为准。

4. 补偿金额的担保

因标的公司未达到经营目标，而形成的上述第五条第3款之标的公司及原股东对乙方形成的补偿金额之债，由标的公司的原公司股东：甲方（转让后持有的股权比例：___）、林某（持有的股权比例：___）和吴某某（持有的股权比例：___）将其共同持有的共计标的公司49%的股权质押给乙方，同时由本协议丙方联合、无顺位、全额地对补偿金额之债承担无限连带责任。

六、后续增资

股权转让交易完成后，若乙方及其关联方对标的公司进行后续增资，为共同促进标的公司发展，原股东亦与乙方同步、同比例增资。

七、关于财务审计

为了尽早实现双方股权转让之目的，甲方应积极配合乙方指定的会计师事务所进行财务审计，向乙方委托的会计师事务所全面、真实、准确、及时地披露与此次股权交易相关的信息。

八、债权债务的承担

原股东对于本次股权转让及变更登记之前标的公司的债权债务承担完全责任。对于标的公司任何形式的债权，包括但不限于对外借贷、担保、税费等形成的债务及其他负担，均由原股东负责解决并承担终局责任，与乙方和股权变更后的标的公司无关联。

九、限制竞争

原股东及雷某某承诺自股权协议转让合同签署后，除非经乙方书面同意，不得直接或者间接投资、合伙、合作从事与标的公司同等经营范围的生产经营活动，如违反本约定将承担相应的违约责任。

十、排他条款

从本协议签订之日起3个月内，甲方及标的公司保证不与乙方之外的任何其他方商讨标的公司股权转让等事宜，如违反本约定将承担相应的违约责任。

十一、保密条款

甲方及标的公司应当对本协议的内容、因履行本协议或在本协议期间获得的或收到的对方的财务、技术、用户资料或其他标明保密的文件或信息的内容（以下简称“保密资料”）保守秘密，未经信息披露方事先书面同意，不得向本协议以外的任何第三方披露。

十二、生效、变更、终止

（1）本协议签章后生效。

（2）本协议未尽事宜，各方另行协商并签订补充协议。

（3）乙方对财务审计结果不满意或转让方提供的资料存在虚假、误导信息或存在重大疏漏，有权单方终止本协议或者对本协议约定内容进行调整。

十三、其他原则性约定

甲方及标的公司承诺在本协议签署之后至股权转让交割之前，不会以任何方式处置、转移其资产，标的公司不会签署利益疏导和风险转移等任何不利于乙方的合同，若签署重要合同须征得乙方的书面同意。

本协议的订立、效力、解释、执行、修改、终止及争议的解决，均适用中华人民共和国的法律。

本协议一式陆份，甲、乙、丙各方各持贰份，具有同等法律效力。

十四、工作推进时间表

为了尽快完成双方合作事项，拟定如下时间表：

____ 年 ____ 月 ____ 日签署本协议；

____ 年 ____ 月 ____ 日之前，完成财务审计；

____ 年 ____ 月 ____ 日之前，完成股权转让协议、担保协议等定稿；

____ 年 ____ 月 ____ 日之前，完成法律文本及盘点交割工作；

____ 年 ____ 月 ____ 日之前，完成工商变更等工作。

【以下为签章内容】

甲方（转让方）：

乙方（受让方）：

丙方（担保方）：

签署日期：

第六章

股权并购的尽职调查

从公司的并购实操流程来看，在交易双方达成股权并购框架协议之后，便应当进入尽职调查阶段。尽职调查是公司并购的一项重要工作，它是股权并购框架协议的重要工作内容，是正式合同谈判的重要依据，是双方达成契约的信任基石。从公司的并购实践来看，公司以股权并购方式进行投资的，都是围绕着标的公司的尽职调查展开。本章我们就来谈谈如何做尽职调查，包括尽职调查方法、尽职调查时间、尽职调查内容以及尽职调查的功能。

第一节

如何开展尽职调查

尽职调查是并购方在公司并购中享有的一项权利。那么并购方应当如何行使权利呢？首先，并购方不要将自己的调查权利与出让方的信息披露义务对立起来，实务中，在有关合同或协议中，以交易对方的尽责披露为主要信息来源，以并购方自己的调研为辅助信息来源。其次，有针对性地开展尽职调查，而不是全方位地调查。例如，针对标的公司的市场份额、核心技术、管理团队等重点进行调查。最后，针对交易对方披露资料中发现的问题或疑点进行调查。例如要求对方补充披露或者重新披露，或者派专人进行专项调查核实。

正确使用尽职调查可以促进交易对方的尽职披露，可以补充尽责披露的遗漏，可以使并购方掌握更多的关于标的公司的内部更深层次的信息、更贴近事实的信息。因此，并购方应当根据标的公司的情况、交易对方披露的情况，有针对性地行使自己的调查权。这不仅仅包括对真实情况的了解，也包括要求披露者有针对性地补充披露，有针对性地补充说明，有针对性地进行书面保证。实际上要求交易对方披露、接受并研读披露的资料，要求对方进行补充披露说明，对疑点进行调查都属于尽职调查的范围。

并购方对标的公司的尽职调查可以根据标的公司情况分为法律组、财务组、业务组等同时进行。这些小组调查需要分工协作，各自负责对应专业的板块，但是信息需要共享和核对，互相补充。实务中，对标的公司的调查应该有针对性，结合收购目的和潜在问题来开展。

第二节
尽职调查的方法

通常的尽职调查方法，从实务上看，先是并购方向标的公司出具一个尽职调查清单，标的公司据此提供对应的资料、账册、文书、表格、名册、证书等，使得并购方全面获取标的公司的相关信息。这些原始资料尤其是财务方面的文件和资料通常成为股权并购合同的附件。

实务中，标的公司如果无法提供原件则需要在复印件或撰写的文件上签章，证明资料的真实性和来源。大多数标的公司都会准备一个专门的尽职调查室，提供给并购方及中介机构进行尽职调查，资料会在收购团队进场之前按照尽职调查清单分门别类地准备在尽职调查室，以供研读和查询。在这种情况下，并购方为了规避交易风险，应当尽可能多地将其中的重要资料提升为正式股权并购合同的附件，以便起到固化信息的作用。

除此之外，并购方还会采用书面询问的方法，要求交易对方对重要问题进行书面答复并签章。收购中用的最多的就是访谈，并购方会在访谈之前准备好访谈清单，对创始人、高管、技术负责人、销售负责人等进行访谈，并做好访谈纪要，并签字确认，这样也可以起到固化重要信息的作用。无论收购双方以哪种方式进行尽职调查，前提和基础都是基于并购方拟定的尽职调查清单。提供信息的标的公司也应当依据尽职调查清单对资料进行分类整理，这样有利于尽职调查工作的高效进行，而且这种配合本身也体现了标的公司的管理水平，从而给并购方入场尽职调查形成良好的第一印象。

在标的公司为上市公司的情况下，并购方可以通过公开渠道获取标的公司的信息，这种尽职调查方法是最为简单直接的方法。

并购方可以组建自己的法律、财务、业务等团队进行尽职调查，也可以委托专业的会计师事务所、律师事务所等中介机构进行尽职调查。无论采用哪种方式进行尽职调查，都应当事先统筹做好尽职调查清单，如果聘请专业的中介机构，律师事务所会出具法律尽职调查清单，会计师事务所会出具财务尽职调查清单，公司业务部门会出具全面的公司尽职调查清单，这些清单都是由并购方和中介机构一起拟定，这样可以提前沟通好并购方的尽职调查重点，还能避免尽职调查内容的重复，方便入场合作更加顺畅。尽职调查清单内容也会依据尽职调查的情况持续补充和完善。入场尽职调查的方法包括现场查看、阅读资料、调查取证、拍照录像、召集会议、访谈笔录、研究分析等等。

在某些情况下，单纯依靠上述方法无法解决全部问题时，可能需要采取特殊方法进行调查。实务中，这些方法可能包括：以公告的方法要求权利人申报权利；以保证、承诺的方式要求权利；要求表见权利人确认真实权利人并承诺为资产办理过户；要求利益相关人做出确权声明；等等。

公司尽职调查工作是并购方初步确定收购标的公司之后的重要工作，调查工作在股权并购框架协议签署之后全面展开。并购方应当处理好尽职调查权利和被并购方信息披露义务之间的关系，将两者有机地结合起来，合理地享有要求被并购方尽职披露的权利，正确地行使自己尽职调查的权利，灵活、高效、有针对性地采取多种尽职调查方法，实现尽职调查的最终目的，保护好并购方的权益。

第三节
尽职调查的时间安排

从股权并购实务看，多数并购项目都是先签署保密协议和框架协议，再进行尽职调查，然后进行谈判，最后订立合同。但是也有先签署合同，然后进行尽职调查的。先进行尽职调查，然后谈判签署合同，应当符合对标的公司的认识规律，有助于防范并购风险，是常规的程序。因为这种工作顺序可以使并购方在谈判订立合同之前对交易标的有充分的认识，可以使并购方有机会根据尽职调查获得的信息，做出包括放弃交易、改变收购模式和交易路径、要求对标的公司进行重组等重大的决策。而订立了正式合同再入场调查，并购方会丧失很多调整的机会，因为股权并购过程中不可控因素太多。

确定尽职调查具体的时间安排，须依据标的公司的规模、分支机构、对外投资情况、历史沿革、业务和产品等情况而定。一般而言，公司规模大，产品门类多，业务复杂，对外投资多，分支机构多，历史沿革长则尽职调查时间也会长。标的公司本身情况决定了尽职调查的时间，同时并购方的目的和方案也决定了尽职调查时间，如果并购方仅针对标的公司部分业务进行收购，比如只收购简单的业务模块，或剥离部分业务来收购，那么尽职调查时间相对较短。

另外，被并购方的配合及专业程度也会影响尽职调查的时间。一般来说经历过尽职调查的公司，懂得如何与并购方沟通协调，对资料的归类和整理都很熟悉，甚至有专业的融资团队准备好尽职调查资料，那么相对地尽职调查时间会缩短很多。尽职调查现场一般应完成对资料的收集和核对，对创始人、高管、核心团队成员进行访谈，对业务生产条线进行实地考察等，这种现场尽职调查一般维持 1—2 周。大部分的尽职调查工作是非现场的分析、研讨和论证，比如对未决诉讼和处罚的论证，对业务订单真实性的论证，对关联方和关联交易的调查，对市场占有率的论证，等等，这些都非常耗时且时间是不可控的。不过，一般收购双方会在框架协中约定一个时间表，约定完成尽职调查的大概时间，实操中整个尽职调查时间会控制在 2—3 个月，包括了中介机构出具尽职调查报告的时间（中介出具报告所需时间长的要个把月，短的也需要 1—2 周，尤其是财务尽职调查报告）。

总之，尽职调查的时间安排取决于标的公司，取决于并购双方的合作情况，更取决于信息披露方能否全面、及时、准确、真实地披露相关信息。

第四节
尽职调查的主要内容

股权并购双方交易的标的是股东对标的公司的权益，因此，在股权并购中尽职调查的内容也应当围绕股东对标的公司权益及交易安全而展开。

一、关于标的公司的登记情况

在股权并购中，并购对象是标的公司，因此并购方有必要在尽职调查阶段对标的公司的登记情况彻查清楚。这时需要索取标的公司营业执照、公司章程、改制文件等复印件，掌握关于标的公司如下信息：

1. 标的公司的名称。主要核实公司身份，也为并购后更改公司名称做出安排。公司名称本身也是有价值的，在实操中，会综合评估并购方和标的公司的字号、品牌的价值，采用更具品牌价值的公司名称作为整合后的公司名称。也有些并购，双方会约定剥离公司字号进行收购，保留原有公司的字号，由被并购方原股东继续在原行业合理使用。

2. 标的公司的注册资本和实收资本。注册资本也称为登记资本，是公司全体股东承诺对公司出资的总额。实收资本是指公司全体股东已经向公司缴纳的出资总额。最低注册资本制度是指公司成立时股东缴纳的注册资本不低于法定最低限额。我国法定最低注册资本制度在《公司法》颁布前就已经确立。《民法通则》第四十一条要求取得法人资格的“全民所有制企业、集体所有制企业有符合国家规定的资金数额”。1993 年《公司法》第二十三条和第七十八条还规定了注册资本最低限额。2005 年《公司法》对最低法定注册资本金又大幅下调。2013 年《公司法》原则废除了有限责任公司最低注册资本金制度，还授权法律、行政法规以及国务院决定在必要的场合例外保留法定最低注册资本金制度。虽然新《公司法》废除了最低注册资本金制度，实行认缴制，将股权出资实行股东自治，但是注册资本金和实缴资本金却是一个公司股东实力的象征，首付注册资本金很少的公司，在实践中将受到市场和债权人的审视与选择，在收购中也是并购方尽职调查的重点。注册资本实缴制改为认缴制，也不等于股东认缴注册资本以后，可以永远不实缴资本。相反，股东在公司成立之后，必须按照公司章程约定的实缴时间、金额与方式等承诺，及时足额缴纳出资。倘若股东未能按照公司章程履行出资义务，就要对公司、其他原始股东及公司债权人承担民事责任。所以，在尽职调查中应该注意：公司注册资本金是否到位，实收资本是否为注册资本；有关验资报告是否齐全有效；公司股东出资的方式，特殊出资方式及估值情况；拟转让股权的股东是否有违约情况，是否按照公司章程的约定缴纳出资到位；拟转让股权的股东是否有抽逃、虚假出资等情形；等等。其中，要特别关注非货币出资的情况，看看作价是否公允，这个关系到公司资本是否充实，也关系到公司财产是否真实存在、股东权益是否虚构。

3. 标的公司股东及持股比例。根据《公司法》和《公司登记管理条例》的规定，有限责任公司的股东及出资比例、股份有限公司的发起人及持有的股份份额为公司登记事项的内容。据此，并购方应当在尽职调查中根据公司章程及备案资料查明标的公司股东或发起人及出资情况。标的公司股东或发起人及出资情况，不仅是证明被并购方的依据，股权并购交易的对方必须是标的公司的股东，被收购股东的出资额以及股权对价也是并购方参考的重要依据。标的公司股东的持股比例也对判明并购后并购方在标的公司中的地位，能否有效整合、控制标的公司等有着重要的意义。并购方能否取得标的公司的控制权，直接关系到并购方能否有效地进行公司整合，进而关系到并购后并购方能否取得并购效应。

4. 公司性质。公司性质是从公司所有制角度进行的区分。我国公司按所有制大致可分为全民所有制，国有控股或参股公司，集体公司，民营公司，外商投资公司，等等。公司的性质不同，并购所履行的程序也不同，比如并购国有公司必须报政府有关部门批准。

5. 公司类型。公司的类型按组织形式分为公司企业和非公司企业。对股权并购的标的公司来说，必须是公司类型的企业，当然纯粹转让股权的情况下，从理论上说也可以是有限合伙公司的有限合伙人。并购方在尽职调查的时候明确公司类型的意义包括：判明是否适合用股权并购的模式；根据标的公司的类型确定并购工作的对应的程序，比如募集设立的股份有限公司和上市公司的并购需要履行法定的特殊审批程序，例如上市公司的要约收购程序。

6. 标的公司的经营范围。公司登记的经营范围是指公司经核准的经营领域。虽然《合同法》承认超出公司经营范围的合同效力，但是公司必须将自己的主营业务限制在登记的经营范围之内。并购方在尽职调查阶段查明公司的经营范围及有关许可和批准文件有利于：判断标的公司以往经营活动是否存在违法并遭到处罚的风险；判断标的公司各项许可和批准文件是否在有效期内，以及并购方并购后能否续办；判断标的公司登记经营范围是否满足并购后经营的需要，如果需要变更或者增加，应当尽早与标的公司存续的股东进行商量，以便将其纳入标的公司公司章程的修改中。

7. 标的公司的法定代表人。法定代表人是公司登记事项之一，查明公司法定代表人，对并购谈判缔约过程具有重要意义。

从股权并购来看，这些资料和信息都可以从标的公司的工商档案中获得。

二、公司历史沿革

标的公司的历史沿革是指公司自成立以来发生的公司改制、重组、合并、分立、增资、减资、股东或发起人变化、重大收购或出售重大资产的情况。在我国由于大多数标的公司成立的时间不长，从实务来看，一般需要对标的公司的历史沿革做出全面的尽职调查。有关标的公司历史沿革的资料和信息可以从公司登记档案、公司文书档案、财务档案中获取。对标的公司历史沿革情况的了解有如下意义：

1. 明确标的公司资产的来源从而确定股东权益的可靠性。了解标的公司的历史沿革情况有利于判断标的公司的财产权是否有瑕疵。并购方应当特别注意标的公司在历史沿革中以非经营手段获取的各种资产、权益的合法性，同时也应当注意债务特别是欠税处理的合法性，必要的时候还要获得相关方的书面确认，了解其真实性。

2. 有利于判断账外债权人对标的公司追溯的潜在风险。依据《公司法》的规定，合并后的公司对合并之前公司的各种债务承担责任；分立后的各公司对分立前的公司债务承担连带责任，但债务人与债权人以书面形式做出特殊约定的除外。如果标的公司是通过合并或者分立而来的，且分立合并的时间距并购的时间短，并购方就应当特别注意标的公司财务账目以外的债权人对标的公司的追及。

3. 标的公司对员工的责任。收购过程也是员工并购和整合的过程，新旧员工的整合往往涉及经济补偿金问题。从并购实践来看，员工经济补偿有支付的，也有未支付的，有支付给员工本人的，也有存放在标的公司的，有约定员工在标的公司工作至退休不再支付的；还有将员工经济补偿金引入改制、并购资产作价，将支付义务转移至标的公司的……并购方应当在尽职调查阶段根据标的公司的历史沿革及相关文件，判明标的公司对员工的相关责任，并将这些责任引入并购谈判和作价之中或做出其他安排，做到既保护员工利益，也不至于对并购方造成不必要的损失。

三、出让方对股权处分权及股东借款情况

采用股权并购的模式，并购方需要在尽职调查阶段查明出让方对交易

股权是否有处分权。这主要来自两个方面：一是出让方是否为其股权设立他项权利。根据《担保法》和《物权法》的相关规定，股东可以用股权为自己或者其他人的债务向债权人设立质押，而股东的股权一旦设立质押，其对股权的处分权将受到限制。二是章程或有关股东之间的协议是否对股东转让股权设立了限制，例如反稀释条款、股东的一票否决权等特殊条款。并购方应当在尽职调查阶段查出这些股权处置的瑕疵或者限制，并设计解决方案。

有些情况下，标的公司的股东对标的公司可能有股东贷款，向股东的借款也是公司的债务，不过不同于一般债务。从实务中看股东对标的公司贷款大致有如下情况：全体股东按照持有的股份比例向标的公司提供股东借款；个别股东向标的公司提供借款；提供贷款收取利息；提供贷款不收取利息。另外，还有一些隐形负债或民间借贷，这些民间借贷有些利息很高，有些没有规范的借款合同，只有借条，有些有资金流水，有些没有对应的资金流水证据，这些都是不规范的借款行为。无论哪种情况，并购方都应当在尽职调查阶段调查清楚标的公司的股东借款和民间负债情况，与原股东协商如何处理这些负债。

四、标的公司的分公司和对外投资的情况

标的公司分公司是标的公司的组成部分，但是大多数分公司与本公司分处异地，因此，无论资产状况、经营状况，还是管理状况，标的公司并不能完全反映分公司的情况。从实务看，某些分公司的经营结果并不能完整地反映在本公司的财务账上，比如分公司各种费用不及时进账，本公司对分公司挂有大量的应收，等等。因此，尽职调查阶段了解标的公司设立有多少家分公司，这些分公司从事什么具体业务，其经营状况如何，是否有潜在的大量未处理费用，这不仅对核定标的公司的权益十分必要，而且

对并购后加强标的公司的管理也十分必要。

公司对外投资包括长期股权投资和短期股权投资、债权投资，后者在新会计准则中归类为金融工具。这两种对外投资都是公司并购披露调查的内容，不过长期股权投资更为重要。对于标的公司的对外长期股权投资，并购方在尽职调查阶段应当注意以下问题：

1. 被并购方所处的行业。被并购方是独立于标的公司的法人公司，对其所处的行业并购方需要考虑两点：一是所处的行业并购方是否可以进入，或者进入的批准程序。二是是否符合并购方的行业需求，如果不符合并购方发展规划中关于发展行业的要求，可能也需要考虑剥离的问题。

2. 被并购方的经营状况。被并购方的经营状况直接关系投资效益，它直接关系到并购方的收购决心和收购价格。因此，并购方在尽职调查阶段非常有必要查明标的公司的对外长期投资。标的公司对外的投资金额比较大的情况下，应进行充分的披露调查。并购方不能仅凭标的公司财务账反映的指标对其所投资的公司经营情况做出判断，应当实地审查验收后再做出判断。

3. 标的公司对其投资的公司是否有控制权。如果标的公司对其所投资的公司享有控制权，并购后的整合会比较容易；如果没有控制权，并购后的整合就会变得困难，甚至不但不能整合，反而是并购方的竞争对手。

4. 标的公司投资的公司所处的位置。如果标的公司投资的公司地处并购方确定的目标市场之内，且与标的公司生产的产品和从事的业务相同，并购方就应当接受标的公司所投资的公司，使并购达到一举两得的效果。反之，就应当谨慎对待。

除了长期性对外投资，标的公司的临时性投资也是标的公司的资产，在股权并购的情况下，一般不存在剥离的问题，但是并购方应当考量这些资产的价值。

五、标的公司资产和业务的范围

从并购实践看，在许多情况下标的公司同时持有不同用途的资产，经营不同的业务，而并购方则往往坚持并购单一用途的资产和业务。这是因为，接受标的公司不同用途的资产和业务不仅会使并购价格大幅上升，而且会加大并购风险，不符合并购方的扩张发展规划，有时会遭遇并购方决策机构的否决。所以，并购方在尽职调查阶段需要查明标的公司到底生产哪些产品，经营哪些业务，其中是否有不符合并购方投资规划的项目。对凡是不符合并购方需要的资产和业务，并购方都应当与交易对方进行商量，以便寻求各方都可以接受的并购方案。

六、标的公司资产的权属

标的公司的资产是公司权益的基础，它关乎股东在标的公司中的权益。因此，即使是在股权并购的情况下，并购方在尽职调查的阶段也应该将标的公司资产的权属问题作为重要的调查内容。

七、标的公司资产的质量

标的公司资产的质量直接影响到公司的总价值，资产的总价值又直接关系到股东对标的公司的权益，因为股东的权益等于资产总价减去负债总额。据此，并购方在判断标的公司股东权益额时，在谈判并购价格时，在测算并购后的追加投资时，都需要从标的公司资产的质量进行分析和了解。

八、知识产权的价值

从并购实践看，溢价主要体现在标的公司的知识产权上，这是因为：

①知识产权资产可能是标的公司竞争力和盈利能力的核心资产；②多数情况下知识产权资产在公司账面上不反映价值。为此，需要并购方在尽职调查阶段了解标的公司拥有哪些知识产权，这些知识产权的技术含量有多高，价值含量有多大，它们对标的公司的贡献有多大，它们在并购后能对标的公司的生产经营业绩作出多少贡献，从而对各项知识产权的价值做出公允的价值判断。

九、渠道及销售情况

并购方想要在并购后使标的公司持续地从事生产经营活动，就必须了解公司的产品供应渠道，了解产品的销售渠道和产品销售情况。这些不仅会影响到并购方的价值判断，也是并购方并购后标的公司经营方案的重要依据。并购方在尽职调查阶段应该掌握标的公司的如下渠道信息：①主要材料、配件、能源、运输等供应商是谁；②相关市场的供求关系如何；③合同条款如何设置的；④价格和定价机制如何；⑤供求关系变化及价格变动的预测。对标的公司产品销售情况并购方应当掌握如下信息：①产品的市场份额是多少；②主要竞争对手是谁；③主要竞争品牌是什么；④经销商的忠诚度如何；⑤产品销售业务流程如何；⑥产品档次及销售价格；⑦定价机制如何；⑧单位产品的边际贡献如何；⑨合同条款如何；⑩赊销和回款情况；⑪促销方式如何；⑫消费者的品牌忠诚度如何；⑬坏账准备金预提情况如何；⑭售后服务的情况及费用提取情况……

十、财务管理和经营指标

尽职调查阶段了解标的公司的财务管理及各项经营指标情况，至少能在并购作价和预测并购后公司经济效益方面起到重要的作用。从实务看，股权并购以标的公司的账务账面反映的所有者权益的数额为基础。但是，标的公司的账务账面的所有者权益，不仅仅取决于公司的资产和负债的对比关系，也受到标的公司财务决策、财务管理方面的影响。因此，仅看账面的数额是不够的，还需要考虑标的公司的账务管理情况，将两者结合起来进行判断。比如固定资产的折旧方法、存货的结转方法、包装物的摊销方法、坏账准备金的提取方法等，都会在很大程度上影响标的公司的所有者权益。因此，并购方在尽职调查阶段需要进行专业的财务尽职调查，了解标的公司财务管理情况，并据此对标的公司的财务账面价值做出论证和校验。

经营指标是公司经营结果在财务数据上的反映。了解这些经营指标可以帮助并购方对标的公司的经营成果、盈利能力、成长前景做出判断。在尽职调查阶段并购方应当获取标的公司有关财务报表，掌握其中的相关信息，并根据相关信息做出判断。这些财务报表和相关资料包括：①标的公司最近3—5年的审计报告；②标的公司最近三年的资产负债表、利润表、现金流量表，等等。

十一、标的公司闲置和待报废的资产情况

闲置资产是指尚有使用价值但处于未加利用状态的资产。待报废资产是指实际已经没有使用价值在公司财务上未做核销的资产。从并购实践看，许多标的公司，特别是一些管理不够规范的公司，大量存在这两类资产。并购方应当在尽职调查阶段掌握标的公司这两种资产的情况，包括：①产生的原因；②预计处理收益和损失；③对并购价格和并购后预期收益的影响等。

十二、标的公司主要债权债务情况

股权并购的情况下，不因股权并购改变标的公司的债权和债务。因此，

尽职调查的时候了解标的公司主要的债权债务，不仅对并购后标的公司现金流入流出情况可做出预测，而且可以从中发现标的公司以往经营的痕迹。对标的公司主要债权需要了解的内容包括：①债务人是谁；②债的具体金额是多少；③是否收取利息，利率是多少；④有无担保，何种担保方式；⑤期限如何；⑥是否为正常经营业务以外的债权等。对标的公司主要债务了解的内容包括：①债权人是谁；②债的具体金额是多少；③是否支付利息；④有无担保，何种担保方式；⑤期限如何；⑥债务产生的来源或者用途是什么；等等。

十三、标的公司资产抵押及为他人担保的情况

如果标的公司为自己的债务以自己的资产提供抵押，只要利率在合理的区间就属于正常的范畴。但是如果标的公司为第三人提供了担保，包括为第三人提供保证和用标的公司的资产为第三人设立抵押，这将成为关键问题。因为标的公司为第三人提供担保，就会置公司的财产于风险之中，也会给并购方带来风险。如果标的公司已经为第三人提供了担保，并购方在尽职调查阶段就应当查明如下情况：①债务人是谁；②债务的数额是多少；③债务的期限如何；④债务人的偿债能力如何；⑤担保方式如何；⑥主合同和担保合同的条款。并购方应当根据这些信息评估自己的风险，根据实际情况制定风险防范措施。

十四、标的公司的关联交易情况

关联交易是关联方之间发生的交易。关联交易的风险在于可能发生税务的调整，特别是利用关联交易转移利润或费用，这样的风险很大。从实务中看，在尽职调查的过程中，并购方可以将标的公司的关联交易分成三类：

第一类是偶然发生的单笔关联交易，这类关联交易一般对并购方不造成什么风险。第二类是长期的、持续性的关联交易，比如标的公司原料采购供应来自母公司，或者长期占用股东的资源，等等。对于这类关联交易并购方应当予以重视，一是看是否构成税务上的风险，二是看是否构成并购后并购方经营和管理上的风险。第三类是标的公司与其管理公司之间出于转移利润或者费用而进行的关联交易，这类关联交易一旦被税务机关发现和认定将构成重大风险。并购方应当依据尽职调查掌握的情况，制定并购投资风险防范措施。

十五、欠税情况

欠税是标的公司的负债，但是这不是一般的负债，因为欠缴税款的罚金和滞纳金很高，从而会构成并购方的特殊风险。因此，在尽职调查阶段需要并购方对标的公司的欠税问题及有关涉税活动给予特别的关注。

十六、到基准日的负债明细表

标的公司的负债是构成股东对标的公司权益的一项重要因素，从财务理论上说，资产总额减去负债就等于股东对公司的权益。因此，并购方在尽职调查阶段要制作标的公司至基准日的负债明细表，作为确定标的公司股东账面权益的重要依据。负债明细表不仅仅是确定标的公司股东财务账面权益的重要数据，而且也是并购后确定标的公司或然债务，并购方依约定向交易对方主张赔偿权利的重要依据。所以从股权并购的实践看，交易双方都会要求制作标的公司至并购基准日的负债明细表，并将其作为并购主合同的附件，以明晰债务。因为，基准日本身就是明确收购双方债务的“分水岭”，基准日之前发生的债务包括公司或然负债，并购方不负有赔偿义务，由被并购方承担，反之，则应当由并购方承担。

十七、标的公司员工的情况

在股权并购的情况下，标的公司的员工与标的公司的劳动合同以及劳动关系不变，持续有效。因此，并购方应当在尽职调查阶段了解标的公司的用工情况，这不仅对了解标的公司的劳动成本、人力资源管理现状、员工构成情况、用工形式非常必要，而且对并购后的人力资源管理、员工培训、人力资源的整合都有非常重要的作用，同时也对规避标的公司在用工方面存在风险有重要的意义。

十八、标的公司已经生效的尚未履行或尚未履行完毕的合同

在股权并购的情况下，标的公司已经订立的合同均为持续有效，并购后的标的公司依法应当继续履行。因此，并购方应当在尽职调查阶段了解这些合同的条款和已经履行的程度。特别是要防止被并购方在订立并购意向协议之后订立对标的公司利益有损的合同。同时也要考虑这些合同是否为并购后标的公司经营活动所必需的。

十九、未决诉讼和争议

未决的诉讼和争议不能在标的公司的财务账面上反映。但是无论标的公司在这些诉讼和争议中作为原告或者被告，处理的结果都会对股东在标的公司的权益产生影响，并且数额巨大的诉讼或者争议会对标的公司产生较大的影响。并购方应在尽职调查阶段了解这些诉讼的情况，并对其可能对标的公司的影响做出冷静的判断，必要时也可以作为预计负债处理。

二十、股东出资、转让股权以及股东会决议是否有未尽事宜和争议

主要是指标的公司股东在出资、增资、减资、股份转让事项上有无未尽事宜和争议，因为标的公司在这方面的未尽事宜和争议可能影响并购程序的进行或对并购方产生不利的结果。股东会是公司最高决策机构，但是如果有股东认为股东会的决议违反法律、行政法规、公司章程的，可以提请人民法院予以撤销。据此，并购方在尽职调查阶段应当了解标的公司在上述重大事项方面是否有瑕疵，是否对新入股的股东有不公平待遇，并采取相应的措施，例如废除一些不平等条款，诸如常见的创始股东的“一票否决权”等。

二十一、章程对公司重要权力及机构的约定

公司章程是公司的“宪章”，它是公司权力机构、监督机构、管理机构产生和分配的法律依据。它包括了董事会、监事会的组成和产生，是委派还是选举，法定代表人、总经理、财务总监及其他高级管理人员的产生办法等。并购方在尽职调查阶段掌握上述信息，尤其是公司权力机构和管理机构的约定，对于拟定新公司章程或修订公司章程，对于评估并购后并购方对公司的控制权以及对公司的整合难易程度都十分必要。

二十二、公司章程对并购程序的规定

大部分公司章程对于股权变更相关的增资、股转等重大事项都做出了明文规定，并购方在尽职调查阶段应当掌握相关信息，以便使自己对标的公司的并购行为符合标的公司章程的规定，这涉及并购的合法性、合规性

以及是否侵犯其他股东权益的问题。另外，并购方应当根据标的公司所处的行业和公司特点，根据国家有关法律、行业法规、行政及部门规章规定，拟定合法有效的并购程序，例如涉及国有公司股权的收购并购程序与民企的收购程序相比就有特别的规定。

第五节
尽职调查的主要功能

有时，并购方安排了尽职调查，但是更多是走流程，尽职调查的信息利用率不高，或者没有利用好尽职调查在后期并购中的作用。下面来谈谈尽职调查的主要功能，让大家足够重视尽职调查，以免尽职调查成为一种过场和程序化工作。

一、并购决策的功能

在并购意向协议签署之前，并购方可能通过其他渠道对被并购方有所了解，但是总体来看，并购方获取的信息比较分散、不能量化、不够精准、不够全面、不及时，不足以支持并购方对标的公司做出准确的判断，因而，为了规避并购风险，签订的协议只是框架性协议，不具备法律约束力，不能指导和规范整个并购过程。在签订框架性协议之后，并购双方进入尽职调查阶段，在这个阶段，并购方将掌握标的公司大量、系统、全面、及时、精准的信息，并在此基础上对标的公司形成新的认识。根据尽职调查阶段对标的公司的新的认识，并购方可以终止谈判不进行交易，可以继续进一步了解公司，也可以继续谈判进行交易，这是尽职调查工作最重要的一项功能。因此，尽职调查工作具有支持并购投资决策的功能，并购方应当在尽职调查的基础上对并购做出决策，以此为基础，以此为依据，避免纯粹的经验判断，进行理性的投资决策。

二、谈判价格的功能

股权并购的核心是并购价格，并购价格是双方争议的焦点问题之一，也是双方谈判的重要问题之一。并购方在一般情况下不应当脱离尽职调查去报价和谈判价格，而应当在充分占有标的公司各种信息的基础上再进行报价或者进行有关价格谈判，只有这样并购方的报价或者关于价格的谈判才能有依据。做股权买卖关键在于定价，价格谈不成交易也难达成。

三、尽职调查是并购风险控制手段

从并购实践来看，任何并购都是有风险的，关键在于能否识别风险、规避风险，而尽职调查能发现风险，并且依据风险制定避险措施，只要措施得当风险都是可以提前规避的，或者减少风险发生的概率和损失。并购方必须根据尽职调查信息找出可能发生风险的根源，并在此基础上制定有效的防范措施，因此尽职调查是并购风控手段之一。

四、制订整合方案的功能

没有整合就没有并购所追求的整体效应。但是整合不能是盲目的、没有依据的整合，整合不仅要从并购方实际情况出发，还要从标的公司的实际情况出发。并购方应当根据披露调查掌握的信息调整、确定自己对标的公司的整合方案，整合的内容包括了股权、组织架构、人员、财务、制度流程等多方面的整合，这些也恰恰是尽职调查的重要工作及调查的基本思路和框架。

五、制定运营管理策略的功能

股权并购后标的公司将制定运营管理政策。比如如何对标的公司进行投资改造，产品升级换代，市场品牌置换等。这些都需要通过调查标的公司的相关运营管理信息方能做出并购后的运营策略。尽职调查不是走过场，而是为了获得全面、真实、有效的信息，从而为并购目的服务。

第七章

股权并购谈判

第一节
股权并购谈判的要点和难点

股权并购的谈判是一个复杂、漫长的博弈过程，也是一项系统性工程，掌握了谈判的要点和难点，知道如何处理，将对谈判起到至关重要的作用。下面从股权并购的三种模式分别谈谈对应的要点和难点。

一、股权受让的谈判要点和难点

股权受让并购模式是并购方通过向标的公司股东购买股权的方式对标的公司进行并购，在股权并购的三种操作模式中，股权受让是最为常见的模式。掌握了股权受让模式的具体操作要领，其他模式也迎刃而解。

1. 计价基准日。在股权受让的模式下，出让方对标的公司享有的权益也成为股权，那么，确定股权的价值就显得尤为重要。股权价值的理论数值等于标的公司资产总值减去负债总值，即为股东权益。标的公司作为不断经营的实体，其资产负债的构成也不断变化，要想确定股东权益数值，就必须确定一个日期，标的公司各种财务信息就以该日为准，这个日期在股权并购中称为股权计价基准日，财务上亦是如此。因此，在采取股权受让模式下，交易双方需先明确计价基准日，以此为准收集财务数据。

从实践来看，计价基准日的叫法不尽相同，但是实质相同，目的都是为了划清界限。从股权并购规则来看，计价基准日之前的标的公司的经营结果归出让方所有，拟作价转让给受让方，如果转让成功，则计价基准日之后的经营结果都归属受让方。

为了交易顺畅，双方应当考虑接近谈判的日期作为计价基准日，这样做是为了减轻繁重的财务稽核工作。另外，最好选择财务报表日，这样不用标的公司为交易另外制作资产负债表。从股转的实践看，确定计价基准日除对确定股东财产权的权益有意义之外，还对确定标的公司监管期间的股权收益和或然负债有意义。

2. 监管期间。如上所述，计价基准日类似于前文所述基准日，它是权责的“分水岭”，该日之前的经营结果归出让方，基准日之后的经营结果归受让方。而从计价基准日到股权受让方对公司进行接管将有一段很长的时间，这个期间是出让方管理受让方的标的公司。而这个期间受让方未能对外登记为标的公司的股东，但实质上，已经作价购买了标的公司，出让方对标的公司做出的一切行为后果都将归属受让方。从交易规则来看，这个期间出让方不能将标的公司交由受让方来管理，受让方又不能行使股东权利。为了应对这种局面，交易双方需要就该监管期间和相关事项进行谈判，以维护双方的正当权益。从实践来看，在双方进入谈判期间，的确有在监管期间股权转让方损害受让方利益的行为发生，由于双方未对此期间和相关事项做出约定，造成损害股权受让方利益的事情出现。

监管期间具体是指哪个时间段，如何起算？一般是从计价基准日开始，到标的公司管理权移交给股权受让方、对标的公司正式行使股东权利时为止。

关于受让方对标的公司的监管事项，根据股转比例和公司是否为上市公司等不同情况而有所不同：

- 不得处理基准日财务报表上标明的未分配利润。对未分配利润的处理包括分配、转增资本、派发股份等方式。未分配利润是股东财产权的重要组成部分，在核定标的公司股东财产值时，已经将其作为出让方的财产权利作价转让给受让方，如果再分配或者转增注册资本，等于出让方把卖给受让方的股东权利又间接夺回部分。

- 不得用公积金转增注册资本。公积金包括盈余公积和资本公积，都是股东权利的组成部分，都可以转增公司注册资本。在股权转让计价基准日之后，受让方登记为标的公司股东之前，标的公司公积金转增注册资本，与上述分配利润效果一样，也等于出让方将出让的股东权利在计价之后又拿回去一部分。

- 不得增加原有管理层的赔偿金额。从并购实践来看，并购后一般都会改组公司管理层。如果公司与管理层签署协议或者修改协议，增加公司辞退管理层的赔偿金，则增加了并购方整合公司的成本。

- 不得签署损害受让方或者公司利益的合同。在股权并购谈判期间，公司还在持续经营，出让方还在利用公司平台从事经济活动，签订相关合同。如果受让方对公司行使正式管理权之前，公司签订了有损自身利益的合同，特别是签订了对出让方有利的利益输送合同，都将使受让方和标的公司利益受损。

- 勤勉尽职义务。即要求出让方对公司资产、品牌、渠道等勤勉尽职地管理的义务。股权转让计价基准日之后，影响股权转让价格的各种财务数据都已经采集，出让方是否还会像以前一样尽职尽责地管理标的公司，对出让方的影响不大，对受让方来说却影响很大。因此，为了尽量避免出让方做“甩手掌柜”“无为管理”标的公司，应当在谈判期间约定出让方的勤勉尽职义务。

- 受让方对标的公司监管的方法因个案的不同而不同。受让方可以选择派驻人到标的公司实施现场监管，也可以在谈判之初的备忘录中及正式的合同中以出让方承诺的方式明确权责，还可以规定标的公司行使民事权利的时候，增加受让方同意的风控程序，采用出让方和受让方 AB 角的管理模式。

3. 标的公司资产（业务）的剥离。如果并购是为了从事其他行业，或者因为法律限制的原因，那么大部分股权并购会对标的公司的资产或者业务进行剥离。之所以在这种情况下需要对公司的资产或者业务进行剥离，是因为在股权并购的情况下，并购方是借助于公司的平台实现投资的，不将不相关的产品和业务剥离出去，就不符合并购方、法律或者公司自身的要求或者规定。凡是需要对标的公司进行剥离的，剥离事项必将成为交易双方谈判的重要内容。

4. 受让的股权比例。股转比例关系到并购方在标的公司的表决权，进而决定并购方对标的公司的控制权，从而关系到并购方在并购后能否实现对标的公司的整合，也是股权并购的核心，因此，必然成为谈判重点。

大部分股权并购的并购方都希望能够实现对标的公司的控制，否则属于一般的财务投资，而非公司并购行为。从实践来看，也有例外：一是并购方对标的公司以及标的市场的了解有局限，为了控制并购风险，并购方不会一步到位收购股权。这种情况下，并购方会在谈判过程中确定其对标的公司股权的首先购买权，甚至约定分批购买股权的期限或者时间安排表。二是公司的全部股东同意将公司的全部股权都转让给并购方，并购方出于对公司或然负债获偿权的考虑，要求股权转让方暂时持有标的公司部分股权，并以该股权作为赔偿责任的担保，这也是一种风控措施。

5. 优先购买权的处理。由于有限责任公司是资合和人合双重属性的公司，大多数有限责任公司的章程都规定股东向股东以外的人转让股权，在同等条件下，公司的其他股东享有优先购买权。有些公司个别股东之间还会签署优先购买权协议。从《公司法》、民法、公司章程对优先购买权的规定来看，优先购买权对全体股东有效，特别协议仅对签署双方有效。

6. 股权价格。股权转让价格是谈判的焦点，但是如果标的公司为上市公司，那么股票二级市场的交易价格将成为重要的参考。从实战经验来看，由于多数公司并购交易的股权是公司的控股股权，因此交易价格往往高于股票市值。交易双方应当在谈判中对股权转让的价格协商一致，并且约定在股权转让协议中。

7. 股权定价方法。股权价格都有定价的模型和方法，股权定价方法有很多种，也是谈判阶段双方需要协商一致、约定清楚的。实践中，一般有如下方法：

- 现金流贴现法。即将并购后标的公司一段时间内的现金流按照一定的折现率（如银行贷款利率、预期收益率）折算为现值，以此为参考。
- 收益贴现法。收益贴现法是指并购后的标的公司一定期间内的收益按照设定的折现率（如银行贷款利率、预期收益率）折现，以此为参考。
- 市账率法。是指将标的公司基准日财务报表上的股东权益额乘以一定系数求得的公司参考价值。
- 市盈率法。是指将标的公司并购后年度收益率乘以市盈率（该项倍数一般是参考同行、同类可比上市公司的市盈率数值）求得的标的公司价值。

实践中，还有很多股价估值方法可以使用，或者依据行业、公司特点、业务发展情况，综合利用各种股权定价方法来定价，无论哪种方法，都是谈判中的核心，不同的估值方法将对公司估值产生不同的影响。一般出让方、并购方会提出各自不同的估值方法，双方会在不同估值方法和股权价值之间选择一个平衡，选择一个区间值，在该区间内进行谈判，这样有利于顺利推进交易达成。

8. 股转款的支付方式。价款支付方式关系到并购过程的风险控制，谈判中应该谨慎对待。实践中，股转款一般分次支付，并且与股权转移的关键风控环节挂钩：一般在签订协议后支付一小部分；在股权转让的工商变更完成后再支付一部分；在标的公司管理权移交完成后再支付剩下的部分。也有并购方会滞留一部分价款作为标的公司或然负债出让方赔偿责任的保证金。

9. 或然负债的赔偿责任。由于在股权并购方式下虽然标的公司的股东发生变更，但是标的公司作为一个独立的公司法人是持续经营的，对外权利义务关系并不因此改变，因此，在并购之前的潜在或有的负债、损失经常发生，仍然由并购后的公司承担。所以，设立标的公司遭受或然负债股权出让方的赔偿责任成为受让方的风控手段之一，也是谈判的难点问题。

公司的或然负债是基准日之前发生的，在股转之后由公司承担的未列在负债明细表中的负债。或者虽然列于公司的负债明细表，但公司的负债大于明细表中列明的负债。基准日成为划分或然负债责任的界限，操作实务中，关于公司或然负债的赔偿责任一般遵循如下原则：

- 豁免额度。为了体现交易的诚意，双方会约定豁免债务的额度，在一定额度以内，股权出让方不承担责任。
- 或然负债赔偿的上限。实操中，多数约定股权出让方赔偿责任的上限，且以股权转让价格为赔偿上限。
- 责任期限。为了交易关系的稳定，约定只有在一定期限内的或然负债，才由出让方承担。这种约定与民法中的诉讼时效有关，实操中，一般约定从基准日起到公司管理权交接后的 26 个月，26 个月是 2 年诉讼时效外加 2 个月的保险期间。但是有两种除外情形，一是因公司为他人提供担保而产生的或然负债，因为这种负债发生的期间由主债务的期间决定；二是因公司偷税、漏税等产生的负债，约定的责任期限不能对抗上位法的规定。
- 赔偿额的计算方法。或然负债的赔偿额度，是以标的公司遭受损失乘以出让方股权比例来承担的。但是因为出让方出让股权本身的瑕疵，导致转让行为的无效，造成公司损失的，出让方则应当全额赔偿，不按照股权比例赔偿。

∘ 抗辩权和协助义务。股权出让方也同等地享有对或然负债的债权人的抗辩权，抗辩权只能以公司的名义行使，所以公司也附随协助的义务。

∘ 赔偿期限。双方应该约定在公司实际支付或者确定标的公司有支付义务后的多长时间内股权出让方向受让方履行赔偿义务。这一点很有必要在谈判中约定清楚，是实操中很容易被遗漏的细节。

∘ 对或然债务赔偿义务的担保。债虽然约定清楚，但是如何保障债的履行是谈判中的难点。实操中会约定相应的担保，受让方才能保障获得对应的赔偿。一般担保有几种方式：一是以部分股权转让价款作为保证金，如前面章节所述；二是以出让方部分公司股权作为质押；三是请第三人提供保证或者股权出让方承担连带责任。

10. 应对股权并购的风险措施。股权并购相对于资产并购的优点是节税，缺点是风险较大。如何防范风险，除了尽职调查以外，还要在合同中约定赔偿机制，比如上述讨论的公司或然负债出让方赔偿问题，但是实务中不但要考虑关于赔偿的约定，还要考虑如何能获得这些赔偿。下面是应对并购风险，保障赔偿权利的两种方法：

∘ 滞留部分股权转让价款并作为出让方赔偿受让方的保证金。滞留部分股权转让价款并作为赔偿责任的保证金，这样可以在出让方赔偿责任明确后及时获得赔偿。滞留的时间可以双方约定，可以是1—2年，如果发生出让方赔偿受让方的情形，可以直接从中扣除。滞留的股权比例，一般考虑10%—20%。

∘ 安排出让方保留部分股权并将其质押给受让方。比如质押转让股权的20%，约定将可分配的利润也一并质押。实践中，质押股权的模式比滞留转让价款的模式更容易获得出让方的支持，双方还会在保留部分股权质押的同时，为了保障整个交易的稳定，签订一份期权合同，约定在未来的一个时间出让方向受让方以一定的价格转让该等质押的股权，通过时间和价格将交易锁定。

11. 关于受让方的其他权利问题。股东权利还包括除财产权以外的其他权利，如决策权、选举权、知情权、诉讼权等。股权转让是一并转让上述权利。因此，就会产生一系列问题，如：如何将财产权以外的权利进行转让；受让方如何与公司存续的股东一起修改保障上述权利的公司章程。尤其是公司章程的顺利修改，是受让方获得公司法上股东完整权利的“宪法性”保障，也是根本依据。实践中，受让方会要求出让方在修改公司章程过程中，协助处理好其他股东关系。

12. 关于股东借款的处理方法。实务中，公司存在很多股东向标的公司借款、往来款的情况，需要在股权并购中处理好。股东对公司的借款一般有两类：一类是全体股东按照持股比例向公司借款；另一类是公司的个别股东通常是大股东跟公司之间的借款。对股东借款的问题需要在尽职调查阶段全面了解，在谈判阶段要协商一致处理。比如可以约定股转完成后一定期限内，由受让方督促安排债务人还款，或者在股转的同时约定债权转让给受让方。

13. 管理权的移交。大多数的股转协议仅约定到股权的工商变更、股转转让价款支付完毕，而没有为受让方完全接收标的公司股权，包括公司管理权限等做出约定，这对受让方非常不利，主要原因在于管理权需要公示才能产生效力，管理权的转让需要有“仪式感”才能让公司管理层、员工有认同感。

二、增资并购的谈判要点和难点

增资并购实际是受让方通过对标的公司存续股东的合资实现的并购，

因此，增资并购谈判的内容主要为合资谈判内容。增资并购与股权受让模式的并购不一样，但是前述的股权转让的谈判要点和难点也同样适用于增资并购，如尽职调查、基准日、监管期间、或然债务、管理权的移交，等等。下面主要谈谈在前述基础上，增资并购模式的谈判要点和难点。

1. 增资方的持股比例。增资方对标的公司的持股比例一定会成为增资并购谈判的重要内容，因为增资方的目的不仅仅是为标的公司解决资金问题，更重要的是通过增资实现对标的公司的控制权，否则就是普通的财务投资。所以增资后增资方所占标的公司的股权比例是谈判的重点。

2. 增资方与原始股东的入股价格对比。原始股东的入股价格和新增股东的入股价格对比，是谈判的难点。不论标的公司经营管理的情况如何，入股前后价格一定有差异的。好比上市公司的股份交易价格，公司价值是浮动的，前后入股的股东持有“筹码”的价格也不尽相同，二级市场价格具有参考性,但是非上市公司的增资价格没有参考标准,因此是谈判的焦点。

3. 如何处理标的公司的注册资本。上述谈的都是标的公司股东作价大于注册资本，增资方的投资不能完全归注册资本，这样会影响约定的持股比例。实操中，会将增资方保持约定持股比例的部分投资计入注册资本，超过的部分投资款计入资本公积。

4. 出资期限和方式。针对增资方的出资时间和出资方式，在增资并购的情况下，由于部分股东的出资已经到位，且标的公司的经营需要现金，大多数谈判中，会要求增资方一次性出资到位，或者在较短的时间内出资到位,跟公司设立时出资的要求不一样。出资方式也会因此要求以现金为主，以非货币增资的方式很少见，除非特殊的情况，要求以土地使用权、专利技术等特殊资源入股。

5. 公司章程的修改。在增资并购的情况下，需要对标的公司的章程进行修改，修改的内容不仅包括公司股东人数、注册资本额，还包括公司董事会成员、监事会成员、总经理以及其他高级管理人员的产生和其他内容。

对标的公司章程的修改关系到增资方对标的公司的控制权以及能否顺利实现对标的公司的整合，因此，这个内容必然成为双方谈判的焦点问题。

6. 增资并购中的或然负债问题。在增资并购的情况下，增资方也可能遭遇因标的公司或然负债而引发的损失。比如标的公司隐瞒了债务，增资方对标的公司权益的评估就会相应地虚增，从而增资方对标的公司的增资出资额也会相应地虚高，进而给增资方带来损失。但是该项损失谁来赔偿是一个复杂的难点问题，需要双方在谈判中约定清楚，原则上也是以增资并购的基准日为分水岭，由标的公司原股东对该项或然负债负责，原股东之间按股权比例承担。

三、合并并购的谈判要点和难点

合并收购是资本与资本的合作，比增资并购要复杂。实践来看，合并并购谈判的焦点问题就是并购后，参加合并的股东们在合并后的公司中应当占有多少股权比例，以及参加合并的股东权益的作价。这个问题实际要看参与合并的股东投入合并后公司的权益是多少。参加合并的各方可以通过找差价的方法协调股权比例，使得参加合并的各公司股东权益的作价不影响关于合并后公司股东持股比例的约定。但是不管各方对合并后各股东的持股比例如何约定，谈判的核心问题仍然是参加合并的各公司的权益额确定问题，或者说是参加合并的各公司股东的股权作价问题。解决了这个问题，各股东在合并后的公司中持有的股份比例就确定了。

因此，在合并并购谈判过程中，并购方应当依据尽职调查获得的信息，与标的公司股东商定参加合并的各公司的持股比例，对应的股权价格，将其明确在合并协议中即可。合并并购作为股权并购的一种操作模式，前述的受让股权并购讨论的内容也同样适用，但是在实操中要掌握其核心正确使用，下面就合并并购特点对有关问题补充讨论如下：

1. 关于尽职调查。在股权受让并购模式下，原则上只需要受让方对标的公司进行调查，标的公司股东向受让方进行披露即可，但是在合并并购的情况下，不管你是受让方还是标的公司，只要是参加合并的，就需要向其他方进行信息披露，并接受他方的尽职调查。

2. 关于监管期间。在股权受让的模式下，只有标的公司需要有监管期间的安排。并且受让方只享有监管的权利，不接受标的公司的监管。在合并并购的模式下，只要是参与合并的公司都需要有监管期间的安排，都接受对方的监督，都享有监督他人的权利。

3. 关于基准日。在合并并购的模式下，由于参加合并的各公司股东互为各方持有的股价作价，因此，关于计价基准日的概念适用于参加合并的各公司，而且参加合并的各公司必须使用一个计价基准日，如果要评估也应当使用一个评估基准日。

4. 关于或然负债。在股权受让并购的模式下，只有关于股权出让方因标的公司遭受或然负债对受让方的赔偿问题，但是在合并并购的模式下，参加合并的每一方既是购买方，同时也是出让方，因此，参加合并的各公司股东都可能因本公司的或然负债向其他方履行赔偿义务，也都有因参加合并的其他公司的或然负债要求其他方履行赔偿义务的权利。

5. 关于注册资本。注册资本是股东对公司的出资额，在公司设立后其意义仅在核定股东责任的限额和根据资本充足原则在公司有亏损的情况下股东不得分配利润。因此，在公司合并时对参加合并的各公司注册资本的处埋原则应当是，未经过法定程序的只能简单相加。这样做的理由是在于保持各公司注册资本不因公司合并而改变，保持股东责任数额不因公司的合并而改变。另外，需要注意的是，在合并并购的情况下，参加合并的各公司应当将资产移交给存续公司或者新设立的公司，但是这是被合并公司向合并公司出资，不受《公司法》关于公司出资方式的规定限制。

6. 关于合并区域的问题。参与合并的公司有地域差异，分为同地合并和异地合并。同地合并是指参加合并的各公司处于一个工商和税务的辖区内，这种合并后的公司可以用一个公司平台进行运营管理，不需要设立合并后公司的分支机构。现实中，公司大多数合并并购发生在不同工商、税务辖区的公司之间，即异地合并。在异地合并的情况下，如果不设立分公司，就无法解决无照经营的问题。实操中，一般最好在合并协议签订后首先设立分公司，等合并实施后将合并资产移交给分公司运营，从而保证被解散公司生产经营的持续性。

第二节 股权并购谈判技巧

股权并购谈判是一种技术也是一种艺术，它贯穿整个并购阶段，不同的并购阶段有不同的谈判策略和技巧，实操中，一般分为三个阶段：并购准备阶段、并购执行阶段、并购整合阶段。

一、并购准备阶段

这个阶段需要做好充分准备，做到知己知彼，百战不殆。并购方需要对标的公司进行深入的分析和讨论，在跟标的公司抛出并购意向的时候，尽量不要表现强势的收购意图，避免使用过激的词汇，例如“收了你”“并了你”等，尽量表达委婉的合作和了解意图。另外，寻找标的公司和表达并购意向可以通过熟悉的中介、朋友等资源，要注意保密，不要声张，要低调处理。如果是国企、央企这种类型的公司并购，则需要通过更上一级的政府单位或者协会来表达并购意图。当然，如果是外资公司的并购，相对直接一点儿，以市场化的谈判方法即可。并购意图表达清晰之后，接下来就是如何打动对方，实现并购合作的问题了，这个时候应该动之以情、晓之以理、诱之以利、施之以威。动之以情，意思是说并购方公司要用一种真诚、诚恳的态度和热情，表达自己与标的公司的合作意向，没有任何以大欺小、以强欺弱的成分，更没有欺骗、忽悠的意思，这是最基本的一点，也是很重要的一点。晓之以理，就是说要给标的公司讲解并购合作的各种道理与好处，客观地分析并购整合的趋势与必然性，通过摆事实、讲道理，让标的公司信服，这个理念引导的过程非常重要。诱之以利，是说通过前面的讲道理以后，紧接着通过为标的公司展示各种并购以后的实际利益来进一步说服标的公司，必要的时候可以通过提高并购交易的收购溢价和附加条件来"引诱"标的公司。施之以威，是在经过前面三步不太奏效的情况下，无奈而采取的一种必要的方法，就是在各种软说服不起作用的时候采用一种"威胁"的硬措施。比如可以告诉标的公司，如果不合作，我们就选择与其他的公司合作，而且会采取一些打压竞争的方法给标的公司造成经营压力，迫使其就范合作。当然这一招儿有些阴损，除非不得已，轻易不要这样做，但是我们要知道并购本身就是残酷无情的。

二、并购执行阶段

在这个阶段需要谋定而后动，综合巧妙地运用各种谈判技巧。在完成与标的公司的接触、说服工作后，并购沟通谈判的重点就转为交易框架、价格、条款等方面，在这个阶段，要注意运用以下方法技巧：

1. 做好谈判准备工作。一般在正式谈判之前，股权并购方是对标的公司完成了详尽的尽职调查的，在谈判的准备期就要把调查中的各种必要的有利于并购方的事实依据列出来并一一形成谈判方案策略，务必确保在谈判前明确谈判的重点与底线，先谈什么、后谈什么，对方有可能会对哪些问题提出反对等各种细节要尽可能地成竹于胸。

2. 综合运用各种谈判技巧。各种沟通谈判的技巧往往都是相通的，一些通用的沟通谈判技巧并购方要学会，多钻研各种商务沟通谈判的技巧以及应对技巧，对并购谈判将会产生不小的影响。比如常见的谈判策略有：多听少说，注意倾听，谋定后动，巧妙地应用开放式的提问方式、尽量少用绝对的词语来回答问题，留给双方一定空间，学会以退为进，必要的时候进行妥协，等等。

3. 谈股权对价，不要开门见山。价格是谈出来的，是渐进的、博弈的结果，也是附条件的结果，因此核心的问题要逐步谈，一开始亮剑，很容易伤到双方。要明白价格不是单纯的价格，价格的背后还有许多的附加条款，比如支付方式、兑现期限、税收安排、董事会安排、后期的整合安排等，所以在并购谈判的一开始不要太着急谈具体的价钱，先慢慢地求同存异，谈一些双方比较容易达成一致的条款，等到对标的公司的谈判策略有了一定了解以后，再涉及比较敏感、复杂的谈判部分。

4. 搁置争议，推进谈判进程。很多时候谈判会因为中途一些争议点进入白热化，影响整个交易的进程，例如对定价模型的争议，对支付方式和支付时间点的争议，对或然债务担保方式的争议，对并购后管理权的争议，对经营业绩对赌条款的争议，等等。诸多的争议点摆在谈判的执行阶段，双方很容易就一个谈判点深挖、衍生很多问题出来，这样不利于推进整个股权并购项目的谈判进展。因此这个时候需要一种平衡的智慧，搁置争议点，待其他条件谈判成熟了，再回过来处理争议点，使得整合谈判不进入僵局，跳出执着的单点思维，把控整合并购谈判的节奏，占有谈判的主动权。

5. 保守商业秘密。保守谈判过程中涉及的商业秘密，这是基本的职业操守，但是商业秘密也是股权并购谈判中需要知悉的核心信息。因此，在并购的沟通与谈判中，一方面要引导对方露出自己的底牌与商业秘密，利于自己处于主动地位；另一方面也要注意保护自己公司的重要商业秘密不外泄，以免被对方抓住把柄，使得自己处于被动的局面。

6.耐心和耐力。并购谈判是脑力、心力和体力的较量和考验，需要“心、脑、体”合一。并购谈判是一件耗时费力的事情，尤其是当并购谈判陷入僵局的时候，这时候更需要具备一定的耐心和坚忍力，不要轻易放弃，也不要盲目冲动、头脑发热，缺乏耐心急躁地处理并购交易往往会给后续的整合带来无穷后患，只有在耐力的角逐中，才能逐步释放和发现双方最真实的一面，发现对方的底牌。

三、并购整合阶段

这个阶段要本着勤勉、公平、公正的原则谈判。经过前面的沟通谈判，并购协议的签署预示着并购交易告了一个段落，接下来是更为重要的整合阶段。在这个阶段，沟通与谈判，尤其是真诚、巧妙的沟通更是发挥着巨大作用。在并购之后的整合阶段，首要的一项工作就是双方公司的文化、财务、人力等方面的整合。这时候双方已经是“一家人”了，如何在财权、人权、精神上达到统一，需要充分的沟通技巧，而且需要勤勉、真诚、公平、公正地对待被并购的公司，因为这将直接影响并购后的公司效能，影响整个并购的成功与否。因此要针对特别重要的创始人、高管、部门采取特定的方案，留住关键人员与部门，保持并购整合后业务的稳定性；要公平、公正地对待被并购公司的人员，注意营造良好的开放、尊重、友善的氛围，并注意把沟通策略与双方公司的文化整合很好地衔接起来，让沟通发挥更大的整合作用，等等。

第八章

股权并购交易结构设计

第一节
交易结构设计的概述

股权并购交易结构设计是指为了完成股权并购，并购双方在交易过程、交易形式、交易内容方面的具体安排，主要涉及交易的法律要求、交易主体、支付方式、融资方式、税收和会计处理等要素的具体安排。环境的不确定性，以及并购各方资源的独特性，综合决定了每个并购项目交易结构设计的复杂性和独特性。交易结构是股权并购的"顶层设计"，因为并购交易的股权操作、资产划转、项目融资、财务统筹、会计调整、税务安排等关系并购能否顺利完成，关系到能否实现预期的整合效应，是整个交易的至关重要的内容。

交易结构设计应当遵循几个原则：一是风险、成本与复杂程度之间的平衡原则，安排复杂的交易结构是为了降低交易风险，但是过于复杂的交易结构，本身却可能带来新的交易成本，因此，需要在结构的复杂程度、交易风险与交易成本之间取得平衡。二是要尽量做到各方权利、义务、风险平衡，一般来说，对一方便利的，对另外一方却不便利，这种便利常常集中体现在税收和风险的承担方面。因此需要各方权利、义务、风险平衡。三是尽可能满足交易双方的意愿，在交易双方之间取得平衡并降低交易成本和交易风险，最终实现交易顺利达成。四是实现交易目的，在某种法律框架下确定未来交易双方在被收购的公司中的地位、权利、责任。五是一个好的交易结构，应当能满足各方目的，平衡利益和风险，简单而透明，遵守双方的法律环境，提供灵活的退出方式。

交易结构设计应当关注以下几个问题：

第一，交易各方的需求和关注点。交易结构设计的本质是为了更好地满足交易各方的需求，解决各方关注的问题。例如，支付方式方面，卖方如果偏好现金，则在交易结构中尽可能多地安排现金；买方认为标的未来经营不确定性较大，风险较高，则在交易结构设计时考虑分步购买；交易各方对交易价格及标的资产未来的盈利能力存在较大分歧，则在交易结构设计时可安排对赌条款；买方担心交易完成后标的公司的核心人员离职，则可在交易结构设计时加入核心人员离职比率，以及补偿性条款、竞业禁止条款等。

第二，交易结构的合法合规性、可操作性。符合法律法规要求是进行交易结构设计的前提条件，尤其是进行上市公司股权并购时，遵守的法律法规更多，例如在进行上市公司并购重组交易结构设计时，需要考虑《公司法》《证券法》《上市公司重大资产重组管理办法》《上市公司收购管理办法》等法律法规的限制。若交易结构不具备合法性，则再好的交易结构设计也将通不过监管机构的审批。此外还要考虑方案的可操作性，例如股权并购中还涉及资产剥离和人员安置时，就应当考虑资产剥离的难易程度、人员安置的可操作性等潜在风险，尤其是涉及工会问题，应该妥善处理。

第三，交易结构涉及税负筹划问题。从税务等角度来看，股权并购对买方而言不便利在于它承担了收购后的风险（或有负债的风险），同时，如果采用权益法进行收购后的会计处理，它将无法获得税收上的好处。股权并购对卖方的便利在于只需就日后股权出售时产生的利得缴纳所得税。相对于股权并购来说，资产并购就可能面临多种税负，除所得税、印花税外，可能还需要缴纳金额较大的增值税、土地增值税、契税等。但股权并购一般只涉及所得税、印花税等。

第四，风险因素和防控。就股权并购交易而言，涉及各种风险，包括并购风险、运营风险、法律风险、市场风险、财务风险、管理风险、退出风险，等等，这一系列的风险防范和控制都需要在交易结构设计开始就评估好，不同的结构面临的风险大小、发生风险的概率，风险的可控程度都不尽相同。

第五，成本和收益问题，不同的交易结构成本和收益不尽相同，收购成本也是决定未来盈亏的关键因素。

综上所述，交易结构设计的最终目的是提高交易成功的可能性，规避法律障碍，锁定交易风险，排除交易竞争对手，建立融资平台，降低并购成本，合理进行避税，提高投资回报，为后续的管理创造条件，为股权转让提供便利通道。

第二节
交易结构设计体系

交易中的一些元素的设计，诸如承诺和保证、支付形式、交易风险套期保值、会计选择、价格机制、融资安排、交易形式和税收、日期和时机选择、控制权和公司治理等，使得股权并购成为一套体系，而这些元素就成为重要的连接点。

交易结构设计也是一个综合、复杂的过程体系，有效的交易结构设计是一个交流、沟通、学习的过程。一开始股权并购方会提出并购交易方案，与卖方进行反复会见、演示、磋商、讨论，逐步向交易结果靠近，靠近的过程本身就是结构反复调整、评估和修改的过程，交易设计就是一个反馈的循环论证不断达成双方目的的过程。

交易结构设计也是一个复杂的框架体系，它包含着买卖双方的理想和目的，如价值的创造、良好的报告结果、最小化盈余稀释、最小化投票权稀释、财务的灵活性、证券价格风险保值、改善竞争地位、目标和定制的管理层激励、管理的提升和影响，等等；同时交易结构设计和安排本身就是由一系列的交易条款来实现的，包括支付金额、支付形式、固定支付、或有支付、附和支付、混合支付、承诺、交易套期保值、时机和截止日、会计选择、税务筹划、融资、控制权与治理、社会条款与福利、风险管理等；交易设计最后还涉及一系列的评估分析，包括估值分析、协同效应、或有资产和负债、盈余稀释分析、投票权稀释分析、资本市场环境分析、产品市场环境分析、投资者资料分析、管理层薪酬分析、风险头寸分析、财务压力测试，等等。

第三节
交易路径

交易路径设计，一般采用善意方式接触标的公司实际控制人、大股东或者董事会，提出股权并购的要求，并与其谈判和解决双方存在的分歧和问题。如果不同意并购，涉及上市公司股权并购的情况，将可能引发要约收购、公开市场收购。特殊的情况下，也有并购方通过竞价的方式，比较激进地接近标的公司的实际控制人、大股东或者董事会，通过拍卖、竞价的模式完成股权并购。

债务重组也是实现收购的一种特殊路径。债务重组的方法很多，一般通过债转股收购、承债式收购、抵押式收购、破产重组收购、法院判决收购，等等。资产重组也是实现收购的特殊路径，通过资产重组达成收购目的，通过收购进一步完成资产重组。还有分阶段控制，逐步实现收购的路径，例如由出资人购买标的公司的资产，并作为租赁方把资产出租给并购方，并购方作为承租人负责经营，并以租赁费用形式偿还租金，通过租赁曲线实现收购。

多种交易路径的选择，主要根据交易双方的具体情况来定，不同的路径时间、成本和风险都是不一样的，设计路径之前需要进行充分的评估和权衡。

第四节
交易组织结构

交易组织结构的选择主要由税务、风险头寸、控制权、持续性、支付形式等因素决定。一般包括如下几种组织结构：收购整个标的公司、收购标的公司全部股份、收购标的公司部分股份、三角兼并即借壳上市、杠杆收购。下面进行逐一介绍。

一、收购整个标的公司

收购整个标的公司的组织结构比较简单，通行的做法是通过股票、债券、现金等模式收购标的公司的股份。如股票收购模式是并购方通过增发股份收购标的公司股东所有股份，并购方从而获得标的公司 100% 股份。

现金收购模式是并购方以现金的方式收购所有股东持有的标的公司的股份，标的公司被吸收合并而注销。

典型的案例是 ×× 证券吸收合并 GG 证券（预案案例分析），×× 证券首先换股吸收合并 GG 证券，参与换股的 GG 证券所有股东按其所持有的 GG 证券股权比例取得一定数量的 XX 证券所增 A 股股票，×× 证券每股价格以首次董事会决议公告日前 20 个交易日公司股票的交易均价即 11.33 元每股为换股价，GG 证券每股价格则依据评估机构出具的评估结果，评估为 112.8 亿元，对应每股价格为 4.3 元，双方协商确定，在此评估价格基础上参与换股的 GG 证券股东安排一定比例的风险溢价，但每股作价不能超过 5 元，即最终交易价不超过 131.15 亿元，据此，×× 证券股票发行量为 9.95 亿—11.58 亿股，占发行后比例的 30%—33.3%。也就是 GG 证券原股东合计持有 XX 证券不超过 33.3%，XX 证券 100% 完成对 GG 证券的收购，GG 证券被吸收合并后注销。当然本案例不完全是换股并购，还有部分异议股东，即持有 GG 证券部分股权的小股东对换股操作有异议的，具有现金对价选择权，即收购整个 GG 证券的预案综合运用了上述两种模式。①

二、收购标的公司全部股份

这种模式就是并购方用现金收购标的公司全部的股份，标的公司股东

① 参见上市公司公告：《西南证券股份有限公司吸收合并国都证券有限责任公司报告书（草案）》，最后该预案终止。

100% 出让股权后，并购方成为标的公司新股东，标的公司继续存续。

另外一种模式就是并购方以股份支付标的公司股份对价，标的公司股东获得并购方的股份，成为并购方的股东，实现反向并购。

这两种操作模式比较简单，最后被收购的标的公司都继续存在，但是实操中，一般是两种模式结合运用，即现金加上股份的模式进行并购。例如主板上市公司鼎立股份收购丰越环保 100% 股权，需要支付的对价合计 18 亿元，其中 85% 的对价以股份的方式支付，合计发行了 150,887,573 股，15% 的对价以现金支付，合计支付 27,000 万元，现金全部来自募集配套资金。①

三、收购标的公司部分股份

这种模式是买方先收购部分卖方的股份，具有控制力的股份比例，一般超过 50%，然后买方再新设壳公司，通过壳公司和超过 50% 的控制权吸收合并卖方公司，随后注销卖方公司，买方由部分控股变为 100% 控股。

双汇国际控股有限公司（双汇）收购史密斯菲尔德公司（SFD）的案例中部分交易结构安排就体现了这种模式。双汇先是全面收购 SFD 发行在外的股份，对 SFD 的现有债务进行重组，获得控股权。然后，双汇设立全资子公司 Sun Merger Sub，以该公司作为此次并购的壳公司。进而 Sun Merger Sub 按 34 美元 / 股的价格向 SFD 发起全面要约收购，收购完成后，SFD 退市并成为 Sun Merger Sub 的全资子公司。最后，SFD 吸收合并子公司，反向三角并购，SFD 成为双汇的全资子公司，Sun Merger Sub 则注销，至此，双汇完全控制了这家美国大型肉类加工公司。

---

① 参见上市公司公告信息。

四、三角兼并

三角兼并也就是借壳模式，一般买方为非上市公司，卖方为上市公司，双方达成协议，买方通过卖方的壳上市，卖方设立壳公司，通过壳公司股份收购买方股东的股份，壳公司完成与买方的吸收合并。

下面来举个典型的三角兼并即借壳上市的案例——长江证券借壳S石炼化。买方长江证券先造了“净壳”，再由壳公司吸收合并证券公司，最终实现证券公司整体上市的路径。

长江证券借壳S石炼化第一步是：S石炼化向第一大股东——中国石化出售全部资产，同时回购并注销中国石化所持公司的非流通股。

第二步是：S石炼化以新增股份吸收合并长江证券。新增股份价格为每股7.15元，长江证券整体作价103.0172亿元。据此，S石炼化向长江证券全体股东支付14.408亿股，占合并后公司股本的86.03%，由长江证券股东按照其各自的股权比例分享。吸收合并后公司总股本增加到16.748亿股。

第三步是：长江证券的原股东向S石炼化流通股股东执行对价安排。定向回购中国石化持有的非流通股股份后，中国石化不再是公司的股东，不承担本次股权分置改革中向流通股股东的送股对价及后续安排。而由公司被吸收方（长江证券）的全体股东按其持股比例将共计2808万股送给流通股股东。股改及吸收合并完成后，S石炼化将修改章程、变更经营范围、迁址武汉及更名为“长江证券股份有限公司”。

该交易结构方案分为三步走：S石炼化出售全部资产负债，腾出净壳；新增股份吸收合并长江证券；长江证券向S石炼化流通股股东支付对价；最终实现长江证券借壳上市的目的。[①]

---

① 参见上市公司公告信息。

五、杠杆收购

杠杆收购的发起人寻找“以小博大”的机会，锁定“价值洼地”的标的公司，然后杠杆收购发起人设立用于杠杆运作的壳公司，通过壳公司进行杠杆融资，壳公司再用现金收购标的公司的控股权，然后杠杆收购壳公司与卖方公司合并，卖方上市壳公司存续，杠杆收购壳公司注销，壳公司的资产负债都转入卖方上市公司，卖方公司里的少数股东以债券、现金等方式交换后公司注销。杠杆收购人中通常包含卖方公司的高管，通常都运用特殊壳公司来进行杠杆融资，收购价值被低估的公司的股权。

下面来举一个设立特殊目的公司实现杠杆收购的案例——私募投资基金太平洋联合（PAG）杠杆收购好孩子集团。2006 年 1 月，PAG 以 1.225 亿美元的总价值购得原来由中国香港第一上海、日本软银集团（SB）和美国国际集团（AIG）持有的 67.4% 的好孩子集团股份，PAG 集团成为好孩子集团的绝对控股股东。PAG 事先对好孩子做了估值，当时的市场价值在 20 亿元人民币以上，折算成 PAG 67.5% 的持股比例，该部分股权的市场价值超过 1.7 亿美元，而双方协商的收购价格为 1.225 亿美元，即说明好孩子是“价值洼地”。为了实现既定的 400% 的高额投资回报率，PAG 确定用自有资金支付的金额不超过 1200 万美元。PAG 设计了一个颇为漂亮的杠杆，通过资产证券化及间接融资等手段，在确定收购意向后，PAG 先通过好孩子管理层组成的集团（PUD）筹集收购价 10% 的资金，然后以好孩子公司的资产为抵押，向银行借入过渡性贷款，相当于整个收购价 50% 的资金，并向 PAG 的股东们推销约为收购价 40% 的债券。PAG 借助外资银行贷款完成了此次杠杆收购交易，交易所需部分资金来自中国台北富邦商业银行的贷款，贷款金额为 5500 万美元。

整个收购过程，都通过 PAG 全资建立的一家离岸公司 G-Baby 的平台进行，G-Baby 以每股 4.49 美元价格共计支付 1.225 亿美元，收购了中国香港第一上海、AIG、软银中国三家股东所持有的所有G-Baby股份，占总股份的67.5%。还有约3%的股份已由PUD以每股2.66美元购入。PUD购入这些股份后，持股比例升至32.5%。G-Baby用换股和支付一定现金的方式收购了PUD持有的所有G-Baby股份，形成PUD和PAG共同持有G-Baby股份的局面。最后，G-Baby（开曼）成为G-Baby的全资子公司。好孩子的实际股东，也变为PAG和PUD两家，其中PAG持股67.5%，PUD持股32.5%。①

第五节
融资与支付结构

一、融资结构

并购融资决策的目的是寻求最优资本结构，即通过组合不同风险、期限、成本、对公司控制权不同要求的融资工具来实现。在进行相关融资工具组合时，并购融资决策还需要结合对公司经营状况的预测，估计公司内部现金流状况，设计合理的债务归还计划。大体来说需要从以下几个方面来考虑：

1. 交易需要借入的资金数额测算，测算的公式为：被收购公司买价 = 交易结束时必须再融资的已有债务 + 被收购公司所需的一切营运资本 + 实现收购的管理成本 + 收购后由于诉讼调整而可能需要的费用 - 被收购公司的现金或现金等价物 - 出售被收购公司的部分资产而取得的收入。测算

① 内容参考网络公开文章：《杠杠收购案例PAG收购好孩子集团》《如何用1200万买到价值1.2亿的公司》等。

交易需要的资金即购买公司股权或者资产的对价是融资结构设计和选择的起点和依据。

2. 并购融资工具的选择。公司融资方式主要分为三类，分别是债务融资、权益类融资、混合融资。债务融资又分为两类，一类是优先债，一类是次级债。权益类融资按照受偿的优先级别同样分两类，一类是优选股，一类是普通股。混合融资则是综合了股权和债权融资的模式，如可转换债券、可转换优先股认股权证、证券化信贷等融资。

3. 融资成本和融资风险的考量。上述融资工具的融资成本和融资风险是不同的，债权融资比股权融资的受偿风险要低，但融资成本比股权融资低，预期收益比股权融资低。债权融资里从属债务又比优先债务受偿风险高，但是预期收益高，融资成本高。优先股融资比普通股融资成本低，受偿风险低，但是预期收益也相应低。在做融资工具选择的时候，需要综合平衡不同工具的融资成本、预期收益和受偿风险等因素。

4. 并购融资选择评估七要素。并购融资需要综合考虑支付形式的组合、返还到期时间、收益基础、币种选择、创新条款、控制权、发行方式等七大要素。一是支付方式的选择，包括股票、债务、现金，考虑这三种方式如何组合。二是返还借款的速度，这个由目标现金流和并购方的现金使用方案决定。三是收益基础问题，需要考虑风险敞口（暴露于债务和股票市场波动的头寸）是否在可接受范围内，交易价值如何随资本市场的波动而变化。因此，设计方案上需要进行套期保值操作。四是涉及外币的情况下，需要考虑币种的安排，考虑汇率头寸承受的汇率波动风险是否在可接受范围内。五是创新条款方面的问题，如定制证券是否物有所值，设计方案上可否考虑债、混合证券、期权、认股权证等创新手段。六是控制权问题，如交易中各方拥有何种程度的控制权？如何代表控制权？如何执行？财务结构设计创建了什么样的财务压力及合作激励？……七是发行方式上的问题，如目标现金流将流向何方？交易中的证券通过何种渠道发行？对策上应当考虑财务顾问的排名、名声、核心竞争力和佣金水平等因素。

5. 评估并购融资方案的几点要素。一个并购融资方案选择是否科学，是否适合项目本身，需要从灵活性、风险、收益、控制权、时机选择等方面去评估。举个例子，发行债券和用部分现金收购标的公司的股权的A方案，和发行股票换取标的公司的股权的B方案进行比较，看看哪个方案更优。从灵活性上看，A方案流动性低，使用部分现金，未使用财务杠杆，B方案保持了较高的流动性。从风险来看，用负债模式融资收购，会使得账面负债/资产比率提高，同时EBIT/利息比率降低，因此A方案风险比B方案风险低。从收益的角度评估，用负债和现金收购的方案会使EPS、DCF值都提高，方案A劣于方案B。从控制权来看，A方案的债务约束变得更紧，但是没有稀释投票权，B方案相反，债务约束不那么紧，但发生了投票权稀释。从时机选择来看，B方案在市盈率高的时候选择换股操作，未来风险较低，未来的融资模式具有更多可能性和选择性，对未来股票市场环境的依存度相对较低，A方案则相反。另外，使用B方案可能会被市场解读为股价被高估，管理层更为保守的融资策略信号，A方案则可能被市场解读为股价被低估的乐观信号。

二、支付结构安排

按照支付方式划分可以分为即时支付、附加期权支付、附带经营条件的或有支付方式、估值调整等方式。即时支付，顾名思义，就是不附带其他条件的，按照约定的时间进行交割。而附加期权支付方式则是当买方对标的公司未来盈利看好，但近期业务把握不准时，采取附加期权的形式，用以降低交易风险。一般采用购买部分股权加期权、购买含股权债券的交易形式。附加期权支付方式的交易特点一是买方可能为期权支付较高的价格；二是若届时不执行期权，买方可能只是普通参股股东，而达不到控股目的；三是若届时不行使“换股”权利，可继续持有债券，享受定期定额利息。附带经营条件的或有支付方式是买方先支付一个较低的前端价格，若公司经营达到约定的盈利状态，买方将另外支付约定的金额；其中一种特殊的方式为利润分享方式，即买方先支付一个较低的前端价格，并购后按照约定的方式，以未来实现的利润作为偿还。估值调整的支付方式常常通过对赌实现，是投资方和公司出于对公司未来前景的不确定性为确保各自的利益而订立的系列金融条款，这种方式与前述支付方式的最大的区别在于这种方式不仅仅是维护投资者利益，而是共同维护投资者和公司管理层利益，估值调整的最大目标是，努力实现公司盈利水平最大化，达成对赌双向激励。常见的对赌金额计算公式有：次年赠送股份总额 =[（当年承诺的净利润 – 当年实际净利润）/ 当年承诺的净利润]× 本次认购股份总数。常见的对赌条款类型包括财务绩效、非财务绩效、赎回补偿、股票发行、管理层去向等条款设置。

按照交易支付手段划分，一般包括现金、债券、股票、资产、债务承担、混合支付、无支付等七大类，常见的是现金、股票、债券模式，按照不同支付手段选择不同比例，进行结构化支付。1988 年，美国的大规模并购交易中约有 60% 使用纯现金支付手段，纯股票支付的并购只占 2%；1998 年，美国类似并购交易中完全使用现金作为支付手段的只占 17%，而纯股票支付的并购则占了约 50%。20 世纪 90 年代美国约有 70% 的并购交易包含了股票融资支付。大量研究表明，不同的支付方式对股东利益的影响大不相同。

并购方在选择支付手段时，主要考虑以下因素：

第一，并购方举债能力和手持现金的多寡。举债能力较强或手持现金较多的公司比其他公司更有可能采用现金支付方式进行收购。

第二，公司控制。股票融资有可能导致大股东丧失对公司的控制权，因此被大股东控制的收购公司一般不太倾向于采用股票支付的并购方式。股权高度分散或高度集中的公司因无丧失控制权的担忧，比其他公司更有可能采用股票支付方式进行收购。

第三，并购方股价水平。公司的股票价值被市场高估，会更倾向于采用股票支付的并购方式；反之，会更倾向于现金收购。

第四，标的公司对支付方式的偏好。收购者不能忽视标的公司或其股东对支付方式的偏好和要求。一般来说，敌意收购只能通过现金支付的方式进行。

第五，规模收购。大规模收购因资金需求量大，较多采用股票支付或现金与股票混合的支付方式。

第六，融资成本和税收因素。当资金回报率高于利息率时，负债经营比用自有资金经营更为合算。通过债务融资进行的收购因增加财务杠杆，可以抵扣一部分税务负担。

第七，法律规范。收购支付还会受到当地法律制度与政策的影响与制约。

第八，信息不对称程度。当并购方对标的公司缺乏足够了解时，套式换股可缓解信息不对称的负面影响，对并购方有一定保护作用。

第九章

股权并购签约、审批与交割

第一节

股权并购系列法律文件签署

股权并购除了前述早期的备忘录、核心的股权并购协议以外，由于并购涉及的内容广、过程复杂，还涉及一系列文件签署，来保障交易的顺利进行，这些协议被称为附属的文件，由于个案情况不尽相同，股权并购附属的一系列文件也不尽相同,但是大致包括: 股转计价基准日各种资产明细、股转计价基准日各种负债明细、各种财务报表和审计报表、股权并购计价基准日公司员工明细、未决诉讼明细、关于对公司进行剥离的协议、或然负债赔偿责任和出让方违约赔偿责任担保协议、交易双方关于账外负债的确认协议、期权协议、关于股东借款的处理协议等一系列与交易相关的协议。

一、股转计价基准日各种资产明细

这些资产明细一般包括：固定资产明细表、土地使用权明细表、知识产权资产明细表、存货资产明细表、债权资产明细表、在建工程资产明细表、长期投资资产明细表等资产明细表。

资产是股东权益的载体，资产是股权并购的基础；资产也是公司管理的重要对象，作为标的公司应该向新的管理者提交清楚的标的公司资产清单；标的公司的资产是股权并购交易双方协商股权价格或者股东权益的一项重要依据；虽然资产负债表能反映标的公司的资产金额，但是只是价值形态的反映，不能从实物形态进行反映，所以不能完全满足交易的需要。因此，应当将标的公司股转计价基准日各种资产明细作为股权并购协议的配套文件。

二、股转计价基准日各种负债明细

这些负债明细一般包括：长期负债明细表、短期银行贷款明细表、应付账款明细表、预收账款明细表、应付工资福利明细表、应付股利明细表、应交税金明细表等其他负债明细表。

在股权并购的情况下，标的公司的负债是影响股东权益的重要项目，从财务公式上看，资产减负债就等于股东权益。因此，标的公式负债明细表必须成为股权并购一系列协议中的重要文件。

三、标的公司各种财务报表和审计报告

各种财务报表和审计报告也是交易双方赖以交易的重要文件，它能提供更全面的财务信息，所以大多数股权并购协议签署的同时，将附带签署此类文件。

四、股权并购计价基准日标的公司员工明细表

一般需要列明员工的姓名、性别、年龄、本公司工作年限、岗位、职务、标准工资等内容。员工明细表有利于受让方接管公司后对员工实施管理，尤其是一些金融、IT公司的核心员工，是公司的无形资产，因此员工明细表应当作为股权并购协议签署的附随文件。

五、未决诉讼明细表

未决诉讼是指诉讼未果或尚未执行完毕的诉讼案件和仲裁案件。将这类案件登记入表对受让方接管公司后有效处理案件，以及对在出让方和受让方之间确定相关责任都有帮助。

六、关于对公司进行剥离的协议

在一些情况下需要对标的公司进行股权剥离或者资产剥离，并购方才能对标的公司进行收购。除法律限制必须剥离的外，对标的公司进行剥离可以在股权并购前商定，签署附随条件生效的剥离协议，该条件即以股权并购协议的生效为生效要件，对标的公司交割后再依据已经生效的协议进行剥离。

七、交易双方关于公司账外负债的确认协议

在有些情况下，在股权并购计价基准日之前引起标的公司负债的原因已经发生，但是负债的数额尚不能准确地计量，因此标的公司无法在账务上登记该项负债。对此，凡是标的公司已经披露的，股权交易双方均应协商确定债务的数额，并签署相关协议，作为股权并购的一系列文件中的重

要一项，通常是股权并购协议主协议的附随协议。

八、或然负债赔偿责任和出让方违约赔偿责任担保协议

在以自然人为赔偿责任人或者赔偿责任人的责任能力较弱的情况下，受偿人一方最好要求对方提供赔偿责任担保，以便有效地防范风险。设立担保需要担保人与债权人订立担保协议，有关担保协议应当作为股权并购主协议的附属文件。从实务来看，这些担保协议大多包括：第三人保证、财产抵押、股权质押，特别是用出让方在标的公司剩余股权的质押，从转让价款中预留保证金等方式。

九、期权协议

在有些情况下，标的公司的股东不愿意一次性将股权全部转让，而愿意先出让一部分，以后再出让一部分；另一种情况下，并购方为了防范风险，有意让出让方先保留一部分股权，作为标的公司或然负债的担保。这两种情况都需要订立期权协议，即预先约定的在固定期限内以固定价格转让固定比例的股权的协议。并购方收购标的公司的目的是占有标的公司股权，之所以要求出让方保留部分股权，是为了规避交易风险，以此设立股权质押。所以并购方在并购的时候会与对方订立股权质押协议，同时会与其订立期权协议，以便在该项股权完成担保使命后将其收购。这也是并购所签署的一系列文件中的重要一项。

十、关于股东借款的处理协议

股东借款是指股东借给标的公司的资金。在股权出让方对标的公司有

股东借款的情况下，以及在并购方对标的公司增资而原股东对标的公司有贷款的情况下，都需要由各方就股东借款签署协议。

十一、其他与交易有关的一系列文件

其他文件如各方出具的授权书、标的公司其他股东放弃优先购买权的声明，等等。

具体的并购项目不同，标的不同、风控模式不同，签署的一系列保障性文件也不尽相同，实务中，应当尽可能多地将具有法律效力的文件签署、梳理好，保障整个交易顺利进行。

第二节
并购交易方案的审批

一、股权并购的内部审批

股权并购在公司内部而言实质上是一种对外投资，对外投资按照决策的范围不同由不同的决策机构进行审批，即股权并购在公司内部形成一套内部审批机制。股权并购最高的审批机构为股东大会，股东大会依据公司章程的约定，对公司的对外投资的权限限额以外的并购计划、战略并购等重大投资事项进行决策；董事会是仅次于股东大会的股权并购的审批机构，董事会批准除了股东大会权限范围之外的其他并购计划，审批公司并购预算，审批公司并购方案，授权总裁及其他相关部门、人员的并购相关权限；总裁则依据董事会决议或者授权，组织执行并购方案。在执行层面，总裁则授权批准财务部、合规风控部、投融资部等相关部门及人员在其部门、岗位职责范围内执行并购具体工作。这是比较简单的、小型公司的审批机制，有些规模比较大的公司还在董事会下设战略委员会、投资决策委员会、风险控制委员会、财务和审计委员会，等等，为董事会提供股权并购的专业决策建议，尤其是投资决策委员会主要承担董事会授权的与投融资相关的重要事宜。就具体并购项目审批而言，一般是投融资部并购项目经理编制立项报告，通过投融资部的立项会审批，然后进行并购商业调查，将初步的并购商业调查报告提交给初审会审查，初审会一般汇集财务部、法务部、投融资部等各部门（或者由各部门负责人组成项目风控委员会）意见，决定是否对标的项目启动正式尽职调查，尽职调查之后，将形成的报告提交给风控委员会再次审议，然后再投资决策委员会/董事会审议通过，进而启动正式的股权并购。

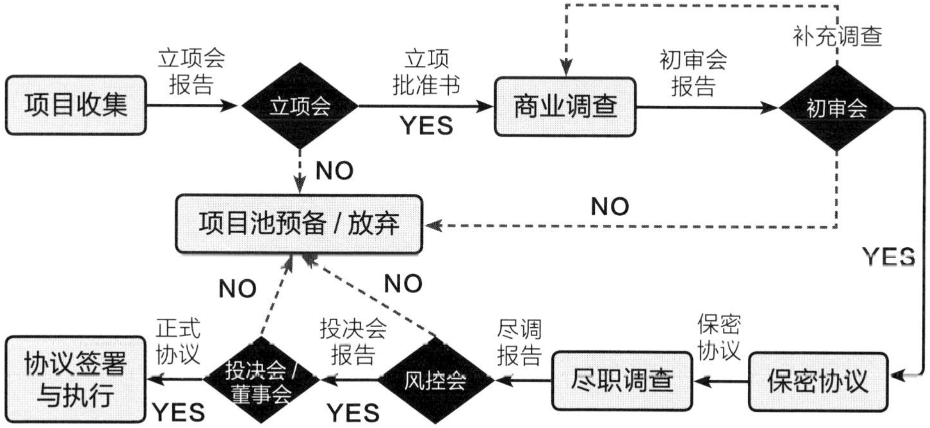

图9-1 《并购内部决策流程图》为作者依据经验自绘

二、股权并购的政府审查

股权并购方案在公司内部有一套并购审批流程，如果涉及上市公司、外资并购、跨国并购、国企收购等股权并购，还将需要通过证券监管审查、国家安全审查、外资审查、国资审查、反垄断审查等一系列审查。

1. 国家安全审查。如果股权并购涉及外资并购，那么将涉及外资并购国家安全审查。外资并购犹如一把双刃剑，一方面外资并购为我国经济发展提供了资金、技术和先进的管理经验，促进了我国经济的发展；另一方面又可能产生或者加强市场支配地位，容易产生行业垄断并可能对国家安全构成威胁，因此要对外资并购进行国家安全审查。

我国对外资并购的国家安全审查的主要法律法规及规范性文件包括：《国务院办公厅关于建立外国投资者并购境内企业安全审查制度的通知》（以下简称《安全审查制度》）、《商务部实施外国投资者并购境内企业安全审查制度的规定》（以下简称《外资并购规定》）、《商务部关于实施外国投资者并购境内企业安全审查制度的办事指南》。

审查的主要对象，根据《安全审查制度》第一条，国家安全审查一般仅适用于军工、农业、能源等特定行业的外资并购。与《外资并购规定》中的外资并购定义相比，《安全审查制度》完全排除了外国投资者购买外商投资公司外方股权的情形。

审查主要部门，根据《安全审查制度》，外国投资者并购境内企业安全审查部际联席会议（以下简称“联席会议”）具体承担并购安全审查工作。

安全审查制度的主要流程总结如下：

（1）申报前商谈（非必经程序）。在提交申请文件前，申请人可就其并购境内公司的程序性问题，经行政服务中心向商务部外资司（以下简称“外资司”）递交预约商谈申请表（可从商务部网站下载获取）预约商谈时间，以提前沟通有关情况。

（2）提出申请。从商务部网站下载申请表并填写，连同申请文件经行政服务中心转外资司。

（3）受理。外资司核查申请文件是否完备且符合法定要求，书面通知申请人受理申请，或者要其补充材料。自受理申请之日起的15个工作日内，申请人不得实施并购交易，地方商务主管部门不得申请并购交易。

（4）判断。属于安全审查范围的，自受理申请之日起15个工作日内，外资司书面告知申请人。自受理申请之日起15个工作日后，外资司未书面告知申请人的，申请人可依法继续办理与并购交易相关的手续。

（5）商务部提请联席会议审查。属于安全审查范围的，外资司在书面告知申请人后的5个工作日内提请联席会议进行审查。

（6）联席会议一般性审查。联席会议收到商务部提请安全审查的并购交易申请后，在5个工作日内，书面征求有关部门的意见。有关部门在收到书面征求意见函后，应在20个工作日内提出书面意见。如有关部门均认为并购交易不影响国家安全，则不再进行特别审查，由联席会议在收到全部书面意见后5个工作日内提出审查意见，并书面通知商务部。

（7）联席会议特别审查。如有部门认为并购交易可能对国家安全造成影响，联席会议应在收到书面意见后5个工作日内启动特别审查程序，并自启动特别审查程序之日起60个工作日内完成特别审查，或报请国务院决定。审查意见由联席会议书面通知商务部。

（8）审查结果。商务部收到联席会议书面审查意见后，5个工作日内将审查意见书面通知申请人（或当事人），以及负责并购交易审批的地方商务主管部门。

由此可见，对于属于安全审查范围的申请，国家安全审查自受理之日起历时约55个工作日或115个工作日。

2. 产业准入审查。涉及外资并购的股权并购，在我国还受到产业准入的审查。我国对外资并购的产业准入审查的主要法律法规及规范性文件包括《指导外商投资方向规定》《外商投资产业指导目录》《关于外国投资者并购境内企业的规定》《外国投资者并购境内企业审批办事指南》等。

审查对象包括：根据《外资并购规定》，外资并购包括外国投资者直接对境内非外商投资企业进行股权并购，或是对境内企业（含外商投资企业）进行资产并购，而且外国投资者购买境内外商投资企业股东的股权或认购境内外商投资企业增资、外商投资者通过其在中国设立的外商投资企业合并或收购境内企业也应该适用或者参照《外资并购规定》。对于外国投资者先设立外商投资企业并出资，再通过该外商投资企业购买境内企业的资产，现行立法尚未明确是否仅涉及整体 / 主业资产的购买才适用《外资并购规定》而需要审批部门批准。实践中，各地审批部门的看法可能不尽相同，建议进行交易前先征询审批主管部门的意见。

从审查部门和审查程序来看，外资股权并购，至少需获得并购标的公司所在地的省级商务主管部门的审批。一般情况下，具有相应审批权限的审批部门应自收到规定报送的全部文件之日起 30 日内依法决定批准或不批准。实际操作中，外国投资者应依据属地管辖原则向标的公司所在地的区级商务部门报送申请文件，通过其初审后再向市级商务主管部门、省级商务主管部门、商务部（视具体情况）逐级申报。

3. 反垄断审查。涉及外资并购的股权并购，在我国还将受到反垄断的审查。我国反垄断的法律体系相对健全，主要包括：

（1）《反垄断法》；

（2）《国务院关于经营者集中申报标准的规定》（以下简称《申报标准规定》）；

（3）《金融业经营者集中申报营业额计算办法》；

（4）《经营者集中审查办法》；

（5）《经营者集中申报办法》（以下简称《报办法》）；

（6）《商务部关于实施经营者集中资产或者业务剥离的暂行规定》；

（7）《商务部关于评估经营者集中竞争影响的暂行规定》；

（8）《外国投资者并购境内企业反垄断申报指南》；

（9）《商务部反垄断局关于经营者集中申报的指导意见》；

（10）《商务部关于经营者集中申报文件资料的指导意见》；

（11）《商务部反垄断委员会关于相关市场界定的指南》；

（12）《经营者集中反垄断审查办事指南》。

审查对象方面，《反垄断法》并未定义“外资并购”，首次提出“经营者集中”的概念，包括《外资并购规定》中的外资股权并购和资产并购的情形，还包括企业合并以及通过合同或其他方式取得对其他企业的控制权或者对其施加决定性影响的情形。但是，《反垄断法》及其配套规定并未明确“控制权”或者“决定性影响”的定义，在实际操作中经营者集中的参与者可通过与商务部进行申报前商谈来征询其意见，以确定拟进行的交易是否构成《反垄断法》项下的经营者集中。

通常情况下，经营者集中达到在《申报标准规定》第三条中列明的申报标准的，应当事先向国务院反垄断执法机构申报，未申报的不得实施集中。此外，即使经营者集中未达到该申报标准，在按照规定程序收集的事实和证据表明经营者集中具有或者可能具有排除、限制竞争效果的情况下，商务部有权依法进行反垄断调查。然而，“排除、限制竞争效果”的定义目前尚未有明确规定。

与《外资并购规定》仅适用于发生在境内的外资并购交易不同，《反垄断法》第二条明确规定了其域外效力，即使境外并购交易不涉及境内企业的股权变更，在达到申报标准的情形下，境外交易方也应当事先向商务部申报，否则不得实施并购。

审查部门方面，《申报办法》明确规定，商务部是经营者集中反垄断审查执法机构，承担受理和审查经营者集中申报的具体执法工作。实际操作中，申报人应提交申请文件至商务部行政事务服务中心（以下简称“行政服务中心”），经其转至商务部反垄断局（国务院反垄断委员会办公室）。

反垄断申报和审查的主要流程总结如下：

（1）申报前商谈（非必经程序）。申报人可在正式申报前就是否需要申报、界定相关市场等重要事项与商务部反垄断局进行非正式接洽。商谈请求以书面传真方式提出。

（2）提出申报。对外公布并购方案之前提出反垄断申报（境外并购的应当在对外公布并购方案之前或者报所在国主管机构的同时提出申报），获取行政服务中心出具的《商务部行政事务服务中心申办事项受理单》。

（3）立案。经反垄断局核查，申报文件、资料完备的，反垄断局书面通知申报人立案；申报文件、资料不完备的，反垄断局书面通知申报人在规定的期限内补交文件、资料。申报人逾期未补交文件、资料的，视为未申报。

（4）初步审查。反垄断局应自立案之日起 30 日内完成初步审查，做出是否实施进一步审查的决定。反垄断局做出不实施进一步审查的决定的，经营者可以实施集中。

（5）进一步审查。对需要实施进一步审查的，反垄断局应自决定之日起 90 日内完成审查，做出是否禁止经营者集中的决定。因法定情形需要延长进一步审查的期限的，延长的时间最长不超过 60 日。

（6）审查结果。禁止经营者集中的决定或者对经营者集中附加限制性条件的决定向社会公布。同意集中的决定由反垄断局书面通知申报人。

由此可见，商务部应当在立案之日起 180 日内完成反垄断审查并做出决定，逾期未做出决定的，经营者可以实施集中。但是，法律法规并未对反垄断局就申报提出到同意立案之间的时限做出明确规定，因此，建议申报人事先寻求有经验的律师协助准备符合反垄断局要求的申报文件、资料，以期尽快立案。

4. 证券监管部门审查。如果股权并购涉及上市公司的，那么包括要约收购义务豁免，上市公司发行股份购买资产核准，上市公司合并、分立审批，上市公司重大资产购买、出售、置换（构成借壳上市的）等一系列行为都将由中国证监会上市公司监管部对上述上市公司并购重组行政许可申请进行审核。例如涉及上市公司要约收购义务豁免行政许可事项，审核流程如图 9–2 所示。

资料来源：作者自行绘制

图9–2　要约收购义务豁免审核流程图

而涉及上市公司发行股份购买资产核准，上市公司合并、分立审批，上市公司重大资产购买、出售、置换（构成借壳上市的）等行为审批行政许可事项，审核流程如图 9–3 所示。

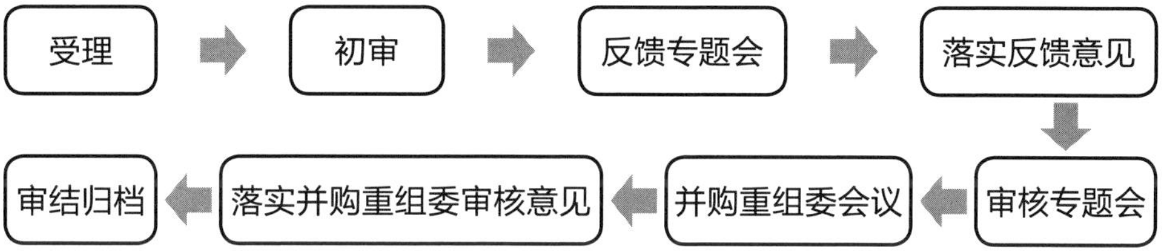

资料来源：作者自行绘制

图9–3　其他行政许可事项审核流程图

受理即中国证监会受理部门依规对申请材料进行形式审查；初审是受理后由上市公司监管部并购监管处室进行预审；反馈专题会主要通过集体决策的模式讨论初审的主要问题、拟反馈意见等重要事项；申请人向受理部门提交反馈回复意见，落实反馈意见；审核专题会主要讨论重大资产重组申请审核反馈意见的落实情况，讨论决定重大资产重组方案是否提交并购重组委审议；并购重组委依规对并购重组申请进行表决；对于并购重组委会议的表决结果及书面审核意见，上市公司监管部向申请人及其聘请的财务顾问进行书面反馈；最后，上市公司监管部履行核准或者不予核准并购重组行政许可并归档。

5. 国资审核。股权并购如果涉及国有股的话，为了防范国有资产流失，国务院、国务院国资委、财政部从 1991 年到现在制定了包括《企业国有资产监督管理暂行条例》《企业国有产权转让管理暂行办法》《企业国有资产评估管理暂行办法》《关于企业国有产权转让有关事项的通知》等一系列的法律法规，国有股权并购也面临相对比较严苛、多层次的监管审批。

第一，在审批机关上，国有控股公司、国有参股公司的国有股权转让，由其所属的国有资产监督管理机关决定是否批准。转让企业国有产权致使国家不再拥有控股地位的，应当报其所属国有资产监督管理机构的同级人民政府批准。所出资企业决定其子企业的国有产权转让。其中，重要子企业的重大国有产权转让事项，应当报同级国有资产监督管理机构会签财政部门后批准。涉及政府社会公共管理审批事项的，需预先报经政府有关部门审批。如果引起国有公司丧失控股地位或者公司的合并与分离，必须由其所属国有资产监督管理机构决定，其中，重要的国有独资公司合并、分立应该报同级政府批准。国有独资公司的重大资产处置，应该报其所属的国有资产监督管理机构批准。国家股转让数额较大，涉及绝对控股权及相对控股权变动的，须经国家国有资产监督管理机构及有关部门审批。向境外转让国有股权的（包括配股权转让）报国家国有资产监督管理机构和商务部审批。

第二，在国有股权的认定上，1944 年国家国有资产管理局、国家体改委颁布了《股份有限公司国有股权管理暂行办法》的法规，针对国有股权的管理做了界定。将国有股划分为国家股和国有法人股。股权认定职能划分为地方股东单位由省级财政部门审核批准；国务院有关部门或中央管理企业由财政部审核批准，但发行外资股（B 股、H 股等），国有股变现筹资，以及地方股东单位的国家股权、发起人国有法人股权发生转让、划转、质押担保等变动的有关国有股权管理事宜，须报财政部审核批准。

第三，是国有股权评估的备案，这是为了防止国有资产评估结果有失公允。国有资产评估核准和备案是多变的，有的是国资委，有的是财政厅，还有一些是国资局。虽然现在财政部把权限交给国资委，但实质上在一些审批事项上，财政部还没有放权，对一些特别现象，一些国有上市的特别事项财政部门还是要插手介入其中。关于核准和备案，目前来讲，除非一些比较重要的资产重组、并购事件需要核准，大部分资产评估进行备案程序即可。

第四，是国有资产变动审批的一般权限，依据《企业国有资本与财务管理暂行办法》的规定：母公司国有资本变动的，中央管理企业报请国务院批准，地方管理企业报请地市级以上（含地市级）人民政府批准；子公司国有资本变动的，属于集团内部结构调整的，由母公司审批，涉及集团外部的，由母公司报主管财政机关审批；子公司以下企业国有资本变动的，由母公司审批。

第五，是国有股权转让审批特别规定，依据《财政部关于股份有限公司国有股权管理工作有关问题的通知》（财管字 [2000]200 号），其中规定：上市公司国家股权、发起人国有法人股权发生直接或间接转让的，由省级财政（国资）部门审核后报财政部审批；其他国家股权的转让由省级财政（国资）部门审批。对于国有股权来说，财政部和省级财政（国资）部门出具的关于国有股权管理的批复文件是有关部门批准成立股份公司、发行审核的必备文件和证券交易所进行股权登记的依据。

第六，是依据国务院发布的《企业国有资产监督管理暂行条例》中关于国有资产监督管理机构的相关规定，国有资产变动和国有股权转让的审批将逐渐转移到各级国有资产监督管理机构。目前，上市公司国有股转让的审批权限已经转移到国务院国资委。重要的国有独资企业、国有独资公司的重大事项，将由具有管辖权的国有资产监督管理机构审核后，报本级人民政府批准。

下面以ZZZ收购NNN为例，说明股权并购过程中涉及的监管审查问题。2013年2月26日，中国ZZZ有限公司（以下简称“ZZZ”）宣布，完成收购加拿大NNN公司的交易，交易总对价约为151亿美元，这是迄今为止中国公司完成的最大一笔海外收购。本次ZZZ收购中并购外部审查就包括了我们上述的几大重要审查关。

首先是国家安全审查，对于国家安全审查问题，ZZZ在2005年拟收购美国著名油气公司UUU时便在这一环节中未能顺利通过，从而导致了当年失败的结局。而ZZZ收购UUU一案更是成为美国出台《2007年外国投资与国家安全法》这一法律的主要因素之一。回看美国政府的国家安全审查制度，香港和记黄埔放弃收购美国环球电讯、ZZZ放弃收购UUU等案例均发生在美国开展国家安全审查后，虽然没有明确证据证明放弃收购与国家安全审查有最直接关系，但政治因素存在于政府对大型收购的考量中是毋庸置疑的问题。所以，在本次收购NNN交易时，由于NNN大型油气公司的企业性质，又涉及能源资产，其在美国墨西哥湾拥有大型的油井，美国的国家安全审查的应对之策是ZZZ在收购协议签署后应当思考的重要问题。本次ZZZ收购NNN交易中，由于涉及美国的NNN业务仅占其总业务量的很小一部分，因此美国严格的国家经济安全审查在本交易中所起到的影响作用也是有限的。

其次是反垄断审查，本宗交易还涉及英国，在英国政府审查问题上主要的核心在于反垄断审查。英国政府审查外国投资的主要依据是英国2002年《企业法案》等竞争法案以及欧盟的相关外资并购控制法律。根据英国法律，只有三种情形容易在审查中被干预：其一是某项交易一旦被认定为涉及公众利益，那么该项交易即使不完全构成垄断，也会遭到干预和阻止；二是外资的收购行为涉及国家安全；三是外资收购对象涉及英国媒体。以上三种情形下，虽然是由英国的反垄断机构进行审查，但审查的内容也不完全是属于反垄断领域的，而是更偏向国家安全审查方面多一些。对于ZZZ 收购 NNN 而言，显然并不属于这三类，因此，对于英国政府的反垄断机构审查的这些事项，本次交易要通过应当并非难事。而欧盟的反垄断审查更符合“反垄断”的称谓，欧盟反托拉斯法中就有关于反垄断审查的强制性规定。Aerospatiale-Alenia Havilland 案与 SEPMSK 案都是未能通过欧盟的反垄断审查而予以禁止的收购案例。前者是欧洲公司收购北美公司，被禁止的原因是集中行为不能与共同市场相调和，后者则是因为欧盟委员会根据企业集中规制规则予以禁止。ZZZ 收购 NNN 交易尽管属于欧盟理事会“集中”的范畴，但 NNN 在英国的业务显然并不能够达到“不能与欧盟产业调和”的程度，因此，欧盟的反垄断审查对于在欧盟规模较小的企业而言较易通过。尽管英国的反垄断审查比较严格，但 NNN 是一家加拿大企业，和美国的情形类似，NNN 在英国的资产也仅在于北海而已，且仅占 NNN 总业务的很小一部分。

作为国有企业，ZZZ 大手笔的对外投资也需要经过我国政府相关部门的国资审查。这其中，由于涉及自然资源开发及大额用汇，ZZZ 收购 NNN 的交易应当由发改委进行初步审核，并报国务院做最终审批；并且，中国企业境外并购项目需要向商务部和外管局提交《境外并购事项前期报告表》等材料；在境外收购企业的注册登记文件也需要向商务部申办核准手续；此外，买受方还需要在外管局办理境外投资外汇登记手续，等等。当然，由于 ZZZ 是国有企业，其主管部门和国资委的审批同样也是必不可少的。看起来国资审查不少，但 ZZZ 对通过我国的烦冗审批环节较为自信，在完成收购前，ZZZ 还向 NNN 承诺，如果由于中国监管审批的原因导致本交易没有完成，ZZZ 将支付 NNN 4.25 亿美元的中止费用。纵然从合同法及商事惯例来看，该承诺是由 ZZZ 做出的有效承诺，但其也构成一项迫使政府监管部门应当要通过审查的因素。因此，在国有企业进行对外收购的时候，是否可以对外签订相应的国内审查承诺是相关政府部门所应当考虑的问题，特别是承诺中所约定的赔偿金额又如此之大。

所以完成一项收购不仅涉及内部复杂的程序，外部审批程序，尤其是涉外资、涉国资、涉上市公司收购审查关少不了，这也是做并购策略时需要重点考虑和设计的问题，妥善处理可能出现的状况，才能够在节约成本与效率的基础上顺利达成收购目标。

第三节
股权并购的交割

一、交割的主要内容

交割是股权移交的标志，即转让的股权经交割后，转让方不再是公司的股东，而受让方成为标的公司的股东，享有股东的所有权利并承担相应的义务，交割的内容是标的公司的收益权和管理权。交割收益权是以股权转让协议签署、外部行政审批为标志，而管理权的交割还涉及一系列的登记、交接、接管事宜。

首先，股权转让后要依法完成工商变更登记，才产生股权交割的对外登记公示效力。一般在股转合同签订、标的公司内部章程修改案生效后就应当抓紧时间进行股权变更登记以及其他登记事项的变更工作。这些工作包括标的公司股权变更登记，标的公司其他登记事项的变更登记，并购方向标的公司派驻的管理团队人选的准备，以及按照约定应当完成的资产剥离。

一项股权并购的完成，不仅仅涉及股权的变更，公司名称、公司注册资本、公司经营范围、公司地址、公司董监高人员等都有可能因为并购的发生，需要依据《公司法》《公司登记管理条例》等相关规定进行变更。工商变更成为股权并购交割的一个标志事件，也是交割的必备工作。

其次，是公司管理权的交接。标的公司管理权的移交应当按照股权转让合同的约定进行，可以在股权转让合同生效后标的公司工商变更登记之前完成，也可以在标的公司工商变更登记之后进行。管理权移交主要针对并购方对标的公司享有绝对控制权或独资控制的并购情形，其内容包括：

1. 告知标的公司管理层和员工：通过标的公司邮件、会议等渠道，告知管理层和员工关于标的公司被并购后的管理权的交接事宜，避免并购后在管理上仍然存在原股东势力的"影子"管理权的影响，方便并购后的公司文化、人力资源重组。

2. 营业执照和政府许可证件的移交：双方将标的公司营业执照、税务登记证、公司代码证、进出口许可证，以及政府颁布的生产许可证、资质证书、特种经营许可证进行查验和移交。

3. 对银行账户、存款进行查验和移交；对标的公司各银行账户及存款进行查核和交割。

4. 印鉴移交或更换：双方需对标的公司的账目、档案等进行移交，双方共同将标的公司的原印章销毁或移交工商管理部门，同时启用由受让方安排刻制的标的公司的新印章，更换银行、税务专用章。

5. 决策机构权力移交：标的公司原股东会、董事会、监事会和总经理等享有决策权、管理权、人事权以及其他一切权力的机构停止决策。此前做出的但未能执行的或者尚未执行完毕的决议、决定、批示、安排等，需经由受让方加入后重新成立、选举、委派的股东会、董事会、监事会和总经理以及其他高管人员确认后方可执行或者继续执行。

6. 董事、监事、高级管理人员权力的交接：标的公司经营管理权交由受让方的管理班子，标的公司的原董事长、董事、监事主席、监事、总经理、副总经理、财务负责人和其他高级管理人员向标的公司递交从交割约定之日起辞去其在标的公司担任职务的辞职函，并保证不向标的公司提出索赔。

再次，是股权转让价款的交割。股权转让价款的结算应当按照合同约定进行，但是在股权变更登记完成且出让方将标的公司管理权交接给并购方后，并购方应当按照合同约定将股转款结算完毕。

最后，是重要的合同资料文件交接。在并购过程中形成的一系列合同、债权债务处理的文件资料，并购团队需要和管理团队进行交接和整理归档。

二、交割的主要风险和防范

股权并购的交割除了财产权交割，主要是股权转让协议的风险评估和防范（前面章节已述），还包括并购方对公司决策权、管理权的风险评估和防范。并购方在标的公司不仅仅要取得财产权益，还要取得对标的公司的管理权，才是全面的股权交割，此类风险主要有如下几个方面：

1. 股权出让方依据公司章程对标的公司不具有管理权。股东对公司行使管理权主要依靠是公司章程，如果公司章程没有赋予控股股东独立行使管理权，股东就不能行使。实务中就遇到过这样的案例，公司创始人股东就在章程中规定其对公司重大事务管理权的“一票否决权”，妨碍了公司的运营和发展，对并购交割形成了重大障碍，需要及时清理该项条款。

2. 在并购时没有与标的公司存续股东就管理权问题达成一致。在股转的情况下，原股东退出标的公司，受让方对公司的管理权受制于存续股东。增资和合并并购的情况下，受让方加入标的公司，对标的公司的管理权受制于其他股东。从实务来看，如果受让方在并购时只注意股权并购谈判的相关事项，忽略了与标的公司其他股东管理权的谈判，则可能处于相对被动的局面。

3. 小股东利用与员工的关系、影响力控制公司。这种情况主要发生在小股东是“钉子户”的情形，并购方是外来者。这样的情况下，小股东与标的公司员工渊源很深，各种裙带关系，甚至员工也是小股东。如果小股东凝聚成团，抱团取暖，那么并购后管理权交割也是有风险的。

4. 在股权并购流程中没有设定标的公司管理权交接的程序。在股权并购中设置标的公司管理权移交是全部流程中的重要一环，但是既没有在法律文件中规定，也没有在实务中实施。这就会使并购方有对公司的管理权交接不顺畅的风险。只有在法律文件中明确约定管理权的交接程序，并在实操中严格履行交接程序，才能为并购方的管理权交接奠定法律基础和程序保障。

5. 公司文化冲突。公司文化是公司内部行为和对外行为的潜在规则，不同公司有着不同的文化。从并购实务看，文化冲突是并购方对标的公司行使管理权，并购后公司整合的难点。如何用新的文化代替旧的文化，是并购方对标的公司行使管理权必须解决的问题。在公司并购后新老公司文化冲突方面，国企、外资要更加具有对抗性，难度更大。

为了规避股权并购中的上述交割风险，可以从以下几个方面进行防范：

（1）在收购流程中设置对标的公司的管理权移交程序。在一般的并购中，并购方都会对公司享有较大的管理权甚至绝对的管理权。因此，并购方可以在并购谈判中与公司的存续股东或者其他股东就公司的管理权移交问题达成一致。从实务中看，管理权的移交需要一定的仪式感，例如员工大会、管理干部大会、更换公章、宣布更换法定代表人、宣布过渡期、委派财务人员、委派总经理，等等。

（2）在并购谈判中重视与存续股东或者其他股东的谈判，修改好标的公司章程。并购方对标的公司行使管理权的依据是修改后的公司章程，因此，并购方想要实现对标的公司管理权就必须在并购谈判的时候，与存续股东或其他股东就如何修改标的公司的公司章程进行谈判。只有把标的公司的章程修改好，只有在标的公司章程中设立并购方对标的公司的管理权，并购方才能谈得上对标的公司行使管理权。

（3）将标的公司的决策权、管理权的移交与支付并购款项的进程关联起来。并购方对公司享有的管理权虽然需要与公司存续股东或者其他股东进行谈判，但是它也是原股东对并购方的一种义务。如果并购方不能对公司行使管理权，并购方就可能放弃收购。所以，并购方在实务中可以考虑在并购协议中将自己对并购价款的支付与自己对标的公司的管理权钩稽在一起，以此对出让方进行制约，为管理权的交割提供保障。

（4）接管团队的组建。从并购实务来看，并购方都会组织接管班子，在管理权移交时进驻标的公司，代表并购方对标的公司行使管理权。如果并购方组织的领导班子很强，有丰富的经验，并购方对标的公司的管理权行使将比较顺畅，相反，如果接管班子不专业、经验不丰富、不强势、不懂得沟通协调，那么将会被标的公司的老员工、老团队、“老油条”设置很多障碍，使得管理权的行使不顺畅，管理低效。

（5）并购方要有一套完善的规章制度。并购方对公司的管理权，除决策方面的内容以外，日常工作的管理不能依靠“人治”，还需要制度去约束。如果并购方有完整的规章制度，并购后并购方就可以将这些制度移植到标的公司，并对标的公司员工进行培训、宣导、考核，标的公司的员工经考核合格上岗。通过一套制度的规范和运行，将有效行使管理权。

（6）做好骨干团队的管理工作。并购方要及时顺畅地对管理权进行交割，需要对公司核心和骨干团队如技术、财务、业务团队的骨干力量进行思想教育工作。抓好骨干力量的思想管理，才能下指令有呼应，毕竟管理权最终还是人心的归属。

第十章

股权并购后期的整合管理

股权并购整合是指并购方获得标的公司的股权、经营控制权后进行的战略、管理体系、人力、财务资源、组织结构、组织文化等资源要素的系统性安排,不断提升公司核心能力,从而使并购后的公司按一定的并购目标、方针和战略组织运营。并购整合的基本含义应该包括三个方面:

第一,公司并购整合的最终目的是创造和增加公司价值,而创造价值是通过对公司能力的保护、积累、转移和扩散来实现的,因此公司并购后整合强调的是能力基础上的融合;第二,促使异质公司文化下的资源转化为同质公司文化下的资源,加强公司管理者对资源的控制和协调;第三,公司并购后整合不仅涉及被并购公司的有形资源,更重要的是无形资源,尤其是对知识、文化的整合。要使并购获得成功,并购整合应该实现三个方面的适应性:财务适应性、经营适应性和组织适应性。

这三个适应性是并购整合的核心问题,也是并购管理的重要任务。并购后的整合则主要包括公司文化整合、经营战略整合、组织结构整合、财务整合、人力资源整合。

第一节
经营战略整合管理

公司并购后，战略整合是其他整合的根本前提，衡量并购成败的关键因素之一就是看并购是否使公司的战略意图得以实现，换而言之，并购是否服务于公司的长期发展战略。只有符合公司的长期发展战略，旨在提升核心竞争力、强化竞争优势的公司并购行为，才能为公司创造持续效益，才能为股东和利益相关者创造更大的价值。同时，并购是一项涉及公司所有权和控制权转移的系统工程，也是决定控制权增效的关键，因此，并购活动一般都与并购双方的战略安排或战略调整高度相关。

并购过程中的经营战略整合，就是对并购公司和被并购公司的优势战略环节进行整合，目的是提高公司整体的盈利能力和核心竞争力。核心竞争力既可以在主营业务领域获得，也可以通过并购取得。实际上，通过并购吸收与自己存在战略互补关系的公司，是快速获得核心竞争力的一个有效方式。但是，与“内生”的核心竞争力相比，“外源”的核心竞争力只是潜在的，还不能算作真正的公司竞争力，尚需经过“排异反应”、适应期，才能扎根、内化为现实的核心能力。战略整合不仅要获得新的核心能力，还要解决新能力和原核心能力的兼容问题。既要保持并进一步强化核心能力，同时又要通过并购在新的经营领域获取新的竞争优势，赋予核心能力以新的要素和新的活力，是公司在并购过程中需要同时考虑的战略性问题。

以 2008 年 6 月招商银行并购香港永隆银行，成功进行经营战略整合为例。该等跨国银行之间的跨境并购主要着眼于业务战略优势互补和业务协同效应的发挥，通过国际化并购来完善服务手段和金融功能，形成新的技术、产品和市场优势，对客户网络资源、产品优势、管理经验都是战略上的互补和协同。招商银行的零售和中小公司银行、网上银行、信用卡等业务优势，可以与永隆银行广泛的分销渠道、产品专长以及本地市场经验形成互补，为招商银行开拓香港市场，并以香港为基础拓展海外市场提供了战略基础。目前，招商银行和永隆银行已经实现了三大结合：一是境内外业务的结合，两行客户境内外同时发展；二是本外币结合，为公司应对汇率波动提供服务；三是投行业务与商业银行业务结合，永隆银行在香港是综合化的经营，招商银行可以通过该行开展多项相关业务。并购后永隆银行成为香港 12 家上市公司的 IPO 收款银行，这些公司都是招行的投行业务的优质客户。两行整合最大的战略成效是构建了一个全新的跨境金融服务综合平台，开拓了一个巨大的跨境市场，加快了综合化经营战略步伐。[①]

第二节
公司文化整合管理

据统计，全球过去二十几年中有 65% 的公司并购以失败告终，其中 85% 的高管承认管理风格和公司文化差异是造成并购失败的主要原因。并购实践中，一个具有强大、深厚文化底蕴的公司并购另外一个强大文化背景的公司，或者以弱并强的文化整合难度就很大。当两个公司并购后，原来各公司的经营理念、待人接物的方法、习惯风气和员工情结都存在一定的冲突，这是规章制度和操作规程所不能解决的问题，管理层要密切关注员工对两个公司文化的理解以及它们之间的融合，尤其是在两种文化集权程度、开放性、规范性等方面差异较大的情况下，应在文化管理方面投入足够的资源，防止出现

① 内容参考网络公开文章：《招商银行收购永隆银行》等。

过高的并购成本。任何新组织的公司必须认识到，其人员具有不同的公司文化背景，要想把文化冲突影响降至最低限度，就需要通过互相渗透式的融合，最终形成“你中有我”“我中有你”的公司文化主题，而不是简单地将一种文化替代另一种文化，或者使几种文化简单并存，互补融合、互相冲突。公司并购中文化整合应当遵循的是实事求是、取长补短、促进经营的原则。

以 2012 年 3 月 12 日优酷成功并购土豆为例。两家公司存在较大的文化差异，不同的环境、公司管理方式和组织形式形成了不同的文化。文化差异对于公司行为的影响是一个微妙和复杂的过程，优酷和土豆在合并过程中，不可避免地会遇到文化差异，很容易产生冲突。因此，团队文化整合问题对于合并后的优酷土豆显得极为重要。并购后的优酷土豆视频保留了两个独立的视频平台，仅对平台内的相关视频业务进行了整合，这种做法也是为了解决文化冲突。优酷的公司文化核心是“世界都在看”，一直倡导“一人一口”“速度定成败”等理念，以“世界都在看”为口号，坚持打造“大气、主流、励志、实现梦想”的品牌形象。优酷这个品牌现已成为中国互联网领域最具影响力、最受用户喜爱的视频媒体品牌。而土豆的公司文化是“每个人都是生活的导演”，这就是土豆公司文化的核心所在，土豆崇尚个性、自娱自乐，而且乐得让所有人都看到。多年来，土豆通过打造“青春、时尚、个性、不甘平凡”的品牌性格，让用户在土豆视频网这个平台上能够充分发挥创造力和用户互动性。为了解决文化上的不统一，并购后的优酷土豆视频，在公司文化整合方面可以采用渗透式文化整合模式。优酷土豆并购后公司文化口号可整合为“合作第一”“一人一口”“创新”。“合作第一”“一人一口”一直是优酷的公司文化核心，倡导合作精神、实现利益最大化。而“创新”是土豆公司文化的一大亮点，有了“创新”，视频网站才能随着社会、广大用户的需求不断前进和完善。[①]

① 内容参考网络公开文章：《优酷并购土豆案例研究》等。

第三节
组织和制度整合管理

公司并购中的组织与制度整合，对公司并购的最终成功有很大的影响，其目标是在公司并购后形成有序统一的组织结构及管理制度体系，以尽快实现公司的稳定经营。公司组织机构的调整目标是形成一个开放性与自律性有机统一的组织系统，使整合后公司的生产要素能充分发挥作用，资源得到更加有效充分的利用，以适应外部环境的变化。在对组织的调整中，公司必须遵循统一指挥的原则、权利对等的原则、弹性原则、专业化原则、分工协作有机结合的原则、系统化原则等原则进行处理。整合管理制度是为了实现管理规范化，使公司建立起实施整套规则的管理结构和使决策能合理地实现预期结果的工作体制。除了使管理规范化，还要重视科学管理方法的采用和重组。对于那些组织完善、业绩优良、财务状况良好的公司，并购方可不改变其管理制度，以便保持制度的稳定性和连续性。

做好组织结构整合首先要做好组织结构设计。并购后组织制度调整的内容包括了公司内部各机构部门的增减、权责的增减，分布搭配的调整；机构部门横向联系、纵向沟通等所需的一系列调整和配套制度。公司要善于借助战略整合的契机完整组织制度上的革新。例如青岛海尔在并购中十分重视组织机构的创新和提高，将标的公司有效地纳入海尔总体经营的组织制度框架之下，减少了非协作的低效，有效地完成了组织结构整合的艰巨任务。其次是做好分权管理。由于行业、地点的不同，并购公司会赋予标的公司相对较强的独立性，使之实行分权管理，这在跨行业混合重组中较为普遍。当然，在确定分权程度时，要结合公司战略，例如为了协调公司内部，实现内部扩展，就要求集权化；为了提高公司发展速度，扩张公司规模，则要求更大程度分权。

最后是管理制度的整合，管理制度是组织结构的一部分，所以，公司进行组织结构整合时需要进行管理制度的整合。为了有利于沟通，更有效地控制被重组公司，在过渡与整合阶段，并购方一般将自己的良好制度移植到被并购公司中去，以此改变其内部的管理效能。例如台湾地区的统一公司收购美国 Wyndham 饼干公司的目的之一，就是希望将该公司优良的配销制度引入统一公司。执行管理制度的整合内容涉及公司经营的方方面面，比较重要的有工资制度、财务会计制度、营销、人事、产研制度，等等。要强调的是，并购后的公司内部财务制度必须一致，因为财务管理制度的统一是实现双方公司一体化经营的最重要的标志。

第四节
人力资源整合管理

人力资源整合的目的是要通过各种手段做到让双方员工接受这次并购，并能互相了解、互相理解，接受各自的差异，达成对未来共同的期望，以实现并购最终的共同目标。通常，并购完成后，要充分调动各类人员的内在潜力，使人尽其才、各施所能。这一系列的措施包括：为被并购方选派精兵强将，以及有管理才能、通晓业务的得力主管团队。积极制定稳定人才的政策，充分考虑到员工的利益，尤其是要减轻被并购方员工的心理压力，防止人才流失。加强与被并购方员工的沟通和疏导，消除戒备心理、不满情绪，及时通过制度、宣导、会议、谈话等模式澄清员工普遍关注的工资待遇、福利等各方面的切身利益问题。关注核心员工大量流失问题，如果该等人才流失，并购成效会大打折扣，尤其是人才密集型的产业。留住关键人员是并购后人力资源整合的重中之重。关键岗位的人才是公司的战略资产，是公司未来成功的关键。公司应采取切实可行的措施，稳定留住这些重要人才。在留住优秀员工的同时，裁减冗员，也是并购后公司进行人员重组的关键一环，尽管这可能会遇到重重阻碍。裁员既要讲究原则，更要讲究智慧，既要积极坚决，也要谨慎妥当，不能不分青红皂白武断地下令各单位裁员到一定比例、简单粗暴地处理。公司应该重新设置组织结构，必要的时候可向专业的人力资源咨询公司进行咨询，在其帮助下制订方案，定岗、定薪、定编制、定机构，经过科学的测算，有步骤地实施。公司还应该有针对性地开展人力资源培训，给予员工接受指导与改进管理的机会，注重评价员工的适应性和工作动力，确保整合后人力资源既具有相对连续性和稳定性，又具有竞争力。

仍然以优酷并购土豆为例。优酷土豆此次合并被戏称是“闪婚”，最难接受这一“闪婚”的恐怕就是土豆的员工了。首先，由于两家有较多的重复业务，合并必然会导致一些岗位人员过剩，造成人员调动或裁减。尤其内部整合完成后，裁员会成为一种必然，加上在公司并购中，被并购方往往感觉处在弱势，被并购方员工心理非常敏感，从而易产生抵触情绪。另外，搜狐、腾讯等其他巨头可能会趁乱“挖墙脚”，挖走大量优秀人才，增强自身竞争力，来阻碍优酷土豆形成一家独大的局面。因此，在人力资源整合方面并购方进行了高度的重视，在员工利益方面，凡是涉及员工的考核指标、岗位薪酬、福利待遇、费用指标等方面的财务整合内容，需要进行广泛的调查研究和细致的宣传说服工作，以取得大部分员工的接受和支持。在整合方案方面，制订了系统的人力资源整合计划，在实施计划之前必须对并购中的公司进行全面深入的了解。对两家公司的员工提供同等条件的待遇，进行同等的对待，让员工有归属感。人力资源整合是一个相当复杂的过程，必须要由一支专业的经验丰富的队伍负责人力资源整合计划的实施，因此优酷方面还专门成立了人力资源整合队伍，队伍的成员既有来自公司内部的，也有外部咨询顾问。在系统化人力资源管理方面，还抓住了“五人”调整的系统法则，在人力资源整合的过程中，从系统的角度将人力资源整合分为五个环节：选人、留人、裁人、育人、用人。尽可能地以留住人才为主，裁员为辅，避免竞争对手趁乱挖墙脚，造成人才流失。在员工心理疏导、沟通方面，应加强沟通交流，实现心理互动。在整个整合过程中，土豆的员工迫切想知道合并最新进展，想了解新公司未来的发展设想。因此及时建立一条顺畅的沟通渠道，实现信息的传递和反馈显得尤为重要，这样能促进员工之间的交流。一系列的人力资源整合措施，使得优酷留住了优秀人才，避免了人才流失。①

第五节
财务整合管理

财务整合是指并购方对被并购方的财务制度体系、会计核算体系统一管理和监控，使被并购公司按照并购方的财务制度运营，最终达到对被并购公司经营、投资、融资等财务活动实施有效管理和收益最大化。财务整合是公司扩张的需要，是发挥公司并购后财务协同效应的基础，是并购方对被并购方实施后效控制的根本途径，更是实现并购战略目的的重要保障。通过财务整合，公司得以建立健全高效的财务制度体系，实现一体化管理，从而使各种信息与数据得到最大限度的共享和高效利用。

在财务整合的过程中，尽管不同的并购公司有不同的做法，但是一般原则都是一致的。这些原则可以概括为“一个中心、三个到位和七项整合”，即以公司价值最大化为中心；对被并购公司经营活动的财务管理到位，对被

① 内容参考网络公开文章：《优酷土豆“闪婚”内幕》《优酷土豆合并案例浅析》等。

并购公司投资活动的财务管理到位，对被并购公司融资活动的财务管理到位；实行财务管理目标导向的整合、财务管理制度体系的整合、会计核算体系的整合、存量资产的整合、业绩评估考核体系的整合、现金流转内部控制的整合和被并购公司权责明晰的整合。

下面以 2013 年 6 月中国蒙牛乳业有限公司（以下简称“蒙牛乳业”）收购雅士利国际控股有限公司，并进行了成功的财务整合为例进行说明。

一是，并购后确定了清晰的财务目标，避免了同业竞争。乳制品行业并购的主要目的是进行全产业的生产，抢占市场份额、提升竞争力，从而实现公司价值最大化，这也是财务目标。由于并购双方对市场和对象的交叉性，且雅士利公司一直拥有较为成功和十分丰富的婴幼儿奶粉管理经验，因此，蒙牛乳业并购雅士利公司之后，仍然保留其运营的平台，在整合过程中，将公司在乳制品行业的知识和战略上的合作伙伴分享给雅士利，致力将其推向奶粉行业的国际舞台。

二是，财务管理制度体系的整合。蒙牛乳业对雅士利是一次强强联手的横向并购，因此财务整合过程中需要分析被并购方财务管理制度的核心优势，将其先进科学管理体制与自身的优势进行整合，创造一个完善的财务管理体系。蒙牛乳业收购完成之后，双方对公司的财务管理机制进行变革和完善，制度流程管理方面启用了 SAP、EMP 会员管理系统之间的互相协助。

三是，会计核算体系进行了整合。为了保证会计信息处理的有效性、财务数据的可比性、会计科目的规范统一，必须加强会计核算的管理，确保会计核算体系的高效性。2013 年 6 月完成并购后，通过对双方财务政策、财务科目、财务流程等方面的研究，发现并购双方做法基本保持一致，对待不同方面则是采取了借鉴的措施。《集团内部产品结算管理办法》和《集团内部产品交易管理办法》规定了双方的会计核算程序，完善内部交易和结算的方法，针对公司在进货、入库、生产、销售整个产业流程中，可能存在内部交易如何定价，采取什么样的方法进行结算做出了规定。

四是，整合并优化存量资产和存量负债。并购后财务整合的后期，随着战略目标、人力资源以及财务组织机构的整合完成，逐渐进入了协同阶段。而这一阶段的重点是对于存量资产和负债的整合。在存货方面，提出并执行存货分类管理制度，分别对现有的库存物资重新分类，根据原材料、半产品、产成品的数量和用途，就不同类别的存货实行不同的管理方法，制定不同的管理决策表。①

有效的财务整合，需要进行风险管控，一般并购前，并购方会对被并购方资产、权益展开全面的调查，也会对被并购方进行评估，为公司并购支付的代价制定一个范围区间。但是鉴于会计信息接收的不及时性或者调查得不够全面，且这些信息如果在财务整合过程中泄露，不仅会影响公司战略的制定，严重的还会影响公司的可持续发展。有效的财务整合，需要进行业绩考核。财务整合流程的完成并不意味着并购后的财务整合工作已经完成了。公司还需要对财务整合的效果做出分析。结合财务指标和服务质量、人力资源等指标的分析，可以判断并购双方有没有在财务上发挥规模经济效应和财务上的协同效应，在评价的过程中发现问题并寻找相应的解决方案，提高财务整合的效率。有效的财务整合，并不是简单地委派专人接收被并购公司，更不是两个公司在资产和负债上的组合，而是一个复杂的以资本为核心，对公司的战略目标、人力资源、公司文化、组织结构等各方面进行的综合整合，只有做到这些才能达到预期的效果。

① 内容参考网络公开文章：《蒙牛并购雅士利案例分析》等。

第四篇

股权并购风险管控

04

第十一章

股权并购风险以及防范

股权并购是一项系统性、复杂性、综合性、风险性都非常高的工作。可以说，任何并购都有风险，风险都可以防范，问题在于能否及时发现风险，是否制定了恰当的风险防范措施，是否能落实这些措施。下面将介绍股权并购中经常遇到的一些风险，并依据实践经验给出防范意见和建议。

第一节
标的市场和标的公司选择风险及防范

标的市场由行业和地域组成，任何投资并购都应当从选择标的市场开始，没有好的标的市场就不会有并购的成功。标的公司是并购方的并购对象，虽然并购后可以对标的公司进行改造，但是标的公司选择的好坏，也直接影响到并购的成败。从公司并购实践来看,标的市场和标的公司的选择失误,是根本性的失败,是难以弥补的失败。

为了防范并购方在选择标的市场和标的公司上犯错,并购方的决策者应该注意以下问题:

1. 制订发展规划。许多公司在选择标的市场和标的公司上出现重大失误,主要是因为它们没有本公司的发展规划,尤其是战略规划。没有规划,选择标的市场和标的公司就没有方向和依据,就增大了收购的盲目性和随意性,就容易在选择标的市场上和选择标的公司上犯错误。

2. 做好调查工作。从实践来看,导致并购方在选择标的市场和标的公司上犯错的还有一个原因,就是不重视对标的市场和标的公司进行调查,持有先入为主的主观看法,未经过充分的调查研究,随性决策,拍脑袋决定。并购方的领导层应当切记不可先入为主,武断决策。应当在调查研究的基础上,进行科学决策,避免造成对标的市场和标的公司的选择失误。

3. 充分采信调研结果。决定进行调查流程的目的在于结果,而非将其流程化、形式化。调查研究的内容和客观结果是领导层做出决策的重要依据和论证。

第二节
标的公司股东权利瑕疵及防范

股权并购交易的内涵是股东对公司的权益,应当以股东拥有完整的权利为前提。如果股东的权利存在瑕疵,势必影响股权并购和并购方的利益,有的也会引发诉讼,甚至导致合同无效。

一、股东权利瑕疵的主要表现

1. 国企改制员工持股，股份分配以及以后股权变更不规范引起的股东权利瑕疵。在实务中，经常遇到公司从国企改制过来，这些公司的最初股东就是公司的员工，后来几经变更股份日益集中。在这类公司中，对股份的处理经常会遇到诸如：转股手续不健全，补办工商变更登记手续，使得股权出让方的权利受到质疑的风险；改制时配给管理干部的股份，被强制再分配，引发矛盾甚至诉讼的风险；职工配股后离开公司，见到收购题材，股价高涨，向法院起诉，以非自愿退股为由，要求恢复股东地位；在分配职工持股份额时，规则不统一，导致员工对持股比例有意见；改制时应当由员工个人出资的部分统一安排从公司借款，但员工借款未及时归还，等等。这些情况都是国企改制过程中经常遇到的，收购前这些公司表面上看起来规范和安宁，一旦收购发生，如果收购价格较高，各种矛盾就会暴露，很容易引发集体性事件或者诉讼。闹事者和起诉者的诉求大多数是恢复自己的股东地位，而这对并购方来说是无法接受的，因为并购方已经获得股权，对价已经支付。如果股权本身存在上述瑕疵，对并购方而言风险是显而易见的。

2. 有限责任公司利润增资股权分配的瑕疵，标的公司股东之间的矛盾和争议殃及并购方股权的并购。公司以税后利润转增资本没有问题，但是利润转增注册资本，公司新增资本应当按照出资比例在股东之间分配。有的却将利润转增的注册资本，当作奖金处理，由董事长或总经理拍脑袋决定。这种严重的不公平、不告知，导致股东不知道自己的股份是多少。在这种情况下，当并购发生时，很容易爆发股权争议风险。

3. 集资和募集股份不分，当并购方对公司进行股权并购时，股东人数和持股份额难以确定。在公司并购的实践中，曾遇到个别公司集资与募股不分，公司发的文件说是向员工集资，但是员工缴纳款项后公司发给的却是股权证书，还定期派发利息，当并购发生时，股权有溢价，此时纠纷就爆发了。员工持有的到底是股权还是债权，股份比例到底是多少，这样的争议将严重影响并购方的并购，也使标的公司出现严重的危机。

上述几种情况是常见的股东权利瑕疵，股东权利瑕疵是一种对并购方危害最严重的风险。这种风险的直接表现就是股权转让协议可能认定为无效或者部分无效，而并购方的股权转让价款已经支付给了无权或者权利有瑕疵的出让方，并购方不仅面临金钱损失的风险，而且面临着将已经买得的股权退还给真正的股东的风险。

二、防范股东权利瑕疵的措施

并购方可以采取如下方法来防范该等瑕疵带来的并购风险：

1. 充分的尽职调查。从公司并购的实践经验来看，并购方遭受标的公司股东的权利瑕疵风险，大多数是因为在尽职调查阶段流于形式，不够严谨、细致，使得本应该发现的问题未能发现，隐藏隐患。因此，全面、准确、细致的尽职调查是防范风险的不二法宝。

2. 在订立股转合同之前进行公告，限期对股权有争议者进行申报。在许多情况下，股权出让方为了掩盖自己的权利瑕疵，不愿意将并购方对公司进行并购的消息及并购的价格对外披露。但是并购方必须依据需要，促使标的公司对外进行披露，使得凡是对股权存在异议的人及时主张权利，使矛盾、风险暴露在并购合同签署之前。

3. 对自然人为股权出让方的，约定股权出让人之间承担连带责任，并力争由第三方为其提供赔偿责任担保。从公司并购的实践来看，出让方股权有瑕疵的，自然人居多，法人相对较少。因此，为了在股权瑕疵风险发生之后，并购方能够获得赔偿，并购方最好要求股权出让人之间对赔偿承担连带责任，或者要求第三方提供担保。

4. 适当延迟付款，对并购方防范风险更有力。从并购实践来看，因股权瑕疵所致的并购方风险大多数是在并购款支付之后爆发，因为这个时候股转价格都已经公开，争议者不是上访就是诉讼，如果并购方能在合同中约定一定比例的股转款在股转之后一定期限内支付，将对防范该等并购风险起到很大帮助。

5. 安排股转出让方分次出让股权，以剩余股权为赔偿责任担保。并购方为防范并购风险，在出让方拟出让全部股权，或者并购方拟购买全部股权的情况下，可以安排以此定价，分批转让，用剩余的股权为出让方的赔偿责任担保。从实务来看，这种操作是比较好的防范措施，一旦并购方遭受损失，赔偿责任人会主动履行赔偿义务。

第三节
股东财产权益瑕疵及防范措施

股权并购当事人交易的就是股东对公司享有的权益。股东对公司享有的权益包括财产权、决策权益、人事权益等。下面介绍一下股东对公司财产权益的瑕疵可能给投资者带来的风险。

一、股东财产权益瑕疵

1. 评估虚增权益。公司并购中所说的权益以标的公司财产账上的股东权益为基础，但并不与之相等。这是因为公司财务账上的权益以资产的购建成本和折旧、摊销、核销、备抵为基础计得，并不能完全反映资产的现值。

比如公司自建品牌资产的价值在公司账务上可能没有反映；而公司应当核销的报废资产，未做核销仍登记在公司的账务账面上。这些都会使公司财务账上的股东权益数额背离股东对公司拥有的实际权益额。本来评估应当是一种对资产价值量的科学估算，应当最能正确揭示资产的价值和股东的权益，但是实务中，确有事与愿违的。投资公司应当防范被并购方借助评估虚增标的公司股东权益，从而抬高股权并购价格。

2. 应当报废的资产未报废虚增股东权益。报废资产是指在账务上仍登记有价值，但是实际上已经没有使用价值的资产。在公司日常经营过程中，即使公司对资产的管理和使用做得非常好，也难免发生报废资产的问题。公司报废资产可能是固定资产，也可能是存货资产。公司资产一经失去了使用价值，就应当履行资产报废程序，核销报废资产在财务账上的登记净值，相应地减少财务账上登记的股东权益。但是实务中，确有许多公司资产早已经失去使用价值，而并购方未能在尽职调查中发现这些问题，并在谈判股权转让价格时重新估算标的公司的这部分股东权益，就会遭受风险。

3. 应当提取减值准备的未提取虚增股东权益。报废的资产应当核销其财务上的登记的价值，对减值的资产就应当提取减值准备。在公司资产中，除提取完折旧和摊销完价值的资产外，在公司账务上都登记有价值额。公司账面上的资产价值是依据购建成本和财务准则累计而来的，但是市场上该种资产的价值却是不断变化的，当同种资产的市场价格已经明显低于公司财务账上登记的价值，公司就应当将其差额提取为资产减值准备。可见提取资产减值准备能够更加准确地反映公司资产的价值现状，进而能够更加准确地反映公司股东权益的现状。如果在公司应当提取减值准备的情况下，不提取，就会虚增公司的股东权益。如果并购方不能在尽职调查时发现这些问题，并在谈判股权转让价格时重新估算标的公司的该项股东权益，就会造成相应的风险。

4. 应当提取坏账准备的未能提取虚增股东权益。坏账损失经常发生，因此，公司应当依据应收账款的发生额提取坏账准备金。提取坏账准备金的目的是冲抵坏账损失可能对公司收益产生的影响，结果是在确定公司股东权益时，预先考虑了坏账损失造成的影响。当然，在提取坏账准备后，收回债权的，应调回坏账准备恢复权益。如果标的公司不提取坏账准备金，就等于在确定股东权益时没有考虑坏账损失可能造成的影响，将坏账损失转嫁给了并购方。

5. 对并购后改造投入的估计不足虚估了并购后的收益。从公司并购实践来看，许多并购完成后，需要并购方投入大量资金对标的公司进行设备改造。因此，影响并购方并购后的收益率，不仅有并购投资，还有并购后投入的技术改造资金和其他资金。但是从实务看，在许多并购项目中实际投入的资金都大于并购前预估的数额，从而使得并购后收益率不如并购前预期的好，造成了投资风险。造成这种风险的原因，主要是尽职调查阶段对标的公司的资产，特别是固定资产查验不细，估值过高。

二、防范标的公司股东权益瑕疵的措施

并购方可以采取如下措施防范标的公司股东权益瑕疵带来的并购风险：

1. 对标的公司进行充分的尽职调查。并购方要防范标的公司虚增股东权益，从而抬高股权交易价格，就必须对标的公司的固定资产、存货资产、债权资产以及其他资产进行充分详尽的尽职调查，从而发现标的公司在资产管理上、在财务会计管理上、在谨慎性原则的适用上存在哪些问题。只有发现标的公司存在哪些问题，才能依据实际情况和会计准则拟对标的公司股东权益做出调整，才能根据真实的标的公司股东权益报价、议价。

2. 独立聘请会计师事务所对标的公司进行审计。实务来看，想确定标的公司股东财产权益，必须要对标的公司的财务会计账目进行全面的稽核。稽核可以由并购方自己的专员进行，也可以由并购方聘请的会计师事务所

进行。只有将对资产的现状的调查和对标的公司的财务账目的稽核结合起来，才能防范标的公司虚增股东权益给并购方带来风险。

3. 谨慎报价。标的公司虚增股东权益的目的就是虚增股权转让价格，因此，并购方在并购过程中，对报价一定要谨慎，报价、议价一定要在上述调查的基础之上进行，认真地评估报价的合理性。

第四节
标的公司固定交易风险及防范措施

固定交易是指标的公司不能因并购而终止的交易。从实务看，这类交易有的是标的公司生产经营的客观需要；有的是人为的设计，明知会损及标的公司的利益而故意为之，下面说的是第二种固定交易。

一、固定交易及并购方并购风险的主要表现形式

定价较高的关联交易导致并购方成本高、收益低。例如标的公司原有的销售渠道、水电煤气、配套器件、专用设备、技术、商标品牌等供应方是兄弟公司、母公司，存在关联交易且定价较高、效率低下，如果并购后标的公司不得不继续接受高价格的资源，这对并购方来说就是很大的风险。

二、防范标的公司固定交易的措施

首先，变固定交易为非固定交易，对非必需的固定交易在并购谈判中

解除其合同。有些固定交易合同是通过长期合同固定下来的，比如标的公司的产品专供原兄弟公司，就可能是通过长期合同固定下来的。对于此类合同，并购方在并购谈判中可以根据客观需要将其解除，或者缩短期限，或者另行签署，总之，使得该等不公平、非市场定价的利益输送的关联交易终止。遇到不能终止的情形，需要对定价等核心条款进行谈判，争取一个合理的定价。

其次，前置条件设置，即将解除固定交易作为并购的前提条件。有些固定交易一直悬而未决，例如标的公司为公司职工、其他公司供水供电，属于减轻社会负担，属于政府职责的范畴。对这种情况，并购方应当将其作为并购前提条件来谈，这类固定交易应该由政府埋单，如果并购方态度不坚决，拖延不决，不趁机请政府拿出一笔资金来解决这些问题，并购后就更加难以达成，从而造成并购方的并购风险。

第五节
标的公司合同与公章风险及防范措施

对并购方而言，股权并购前标的公司没有履行或者没有履行完毕的合同，并购后仍应当继续履行，因此，标的公司的合同和公章风险对并购方来说是一种高危的风险。

一、标的公司合同及公章造成并购方风险的主要表现

1. 在并购谈判接近尾声时，标的公司订立高价采购类合同或者订立不

应当订立的采购类合同。从并购实践来看，存在标的公司的一些管理人员，在并购谈判基本完成的时候，匆忙与老客户订立价格高于平时价格、市场价格的合同，进行利益输送的情况。这样会给收购后的标的公司造成库存积压，财务费用增高，公司效率低下等风险。

2. 在并购谈判接近尾声时，标的公司订立低价产品销售合同或者出售公司的无形资产和重要权益。这也是并购方需要防范的标的公司管理层出于私利可能采取的有损公司利益的行为。标的公司原管理层通过低价倾销产品，跟客户之间进行利益输送，这类合同却要在并购后由标的公司去履行，由并购后的标的公司去埋单。

3. 标的公司合同违约责任风险。从公司并购实践来看，的确可能发生在并购后公司承担并购前订立合同的违约责任的风险。

这类合同主要包括：①并购前订立的，即使不发生并购也不能履行的；②并购前已经履行完毕，但因履行不符合约定，合同对方在并购后追究标的公司违约责任的；③在并购前订立的，因并购不需要再履行的。这类合同的共同点是，由并购后的公司承担违约责任，所以是并购方的一种并购风险。

4. 并购前标的公司为他人提供担保的合同给并购方带来的风险。从股权并购实践来看，并购方以自己的财产为自己的债务提供担保的，不会给并购方带来什么风险，因为担保之债因股转进而继承。但是，如果是标的公司为他人提供了担保，对并购方而言风险就大了，因为，如果他人不能如期履行债务，标的公司就需要履行担保人的代偿义务。从实践来看，标的公司为他人提供担保的方式主要是保证和抵押，其中以保证的风险性最大。因为实践中，有的公司到底为谁提供了保证担保，提供了多久的担保、金额多少、保证范围多大、什么样的保证的形式，都无从统计，风险很大。所以标的公司往往不会披露，加上保证担保并无登记公示，所以并购方也无从查证，这样就更加大了并购方的并购风险。

5. 并购后未更换公章导致法律文件的责任无法确定带来的风险。从公司股权并购实践来看，有的标的公司在并购时变更了自己的公司名称，并于公司管理权移交时更换了公司各种公章。但是也有的公司在并购后不变更自己的公司名称，因此也不更换公章。在没有更换公章的情况下，尽管公司的管理层发生了变更，但是由于公司没有换公章，单凭法律文件的日期很难认定法律文件是并购前公司的管理层所为，还是并购后标的公司的管理层所为。

因此，并购方容易遭受标的公司个别管理者在法律文件时间上做手脚，从而引发并购方的并购风险。比如将并购前的对外保证合同的时间写成并购之后，使并购方难于向股权出让方追责。更有甚者，将公章盖于空白合同之上，这种情况后果更加恶劣。实务中，为了防范这种并购风险，建议公司管理权移交之后，启用新的公章。

二、防范标的公司合同、公章风险的措施

1. 尽早确定监管期。如前文所述，监管期是指并购方在股权并购中，在与交易对方基本达成并购协议之后，为了防止标的公司个别管理人员或者个别股东借公司并购的时机，谋取私利而损害并购方利益进行的对标的公司临时性的监管。对标的公司监管主要是对其订立合同、处分资产、调整员工薪资待遇等方面进行监管。为了对其进行监管，并购方会根据约定向标的公司派驻专门人员，专门人员对公司的某些行为享有知情权和要求协商的权利，以此来保障标的公司的权益，防范可能存在的风险。

2. 对各种合同进行全面深入的尽职调查。因合同造成的并购风险主要是并购前公司订立的尚未履行或者尚未履行完毕的合同。这些合同都应当包括在并购方尽职调查的工作范围之内，只要尽职调查充分详尽，就能发现其中可能存在的风险，发现了风险才能采取对应的措施。

3. 以公告的方法要求权利人限期内申报权利。从并购实践来看，标的公司对他人负有的义务，即使再周密详尽的尽职调查，也很难达到穷尽的程度，公告不失为一种补救措施。特别是对了公司对外保证这种隐蔽的合同风险，公告要求权利人期限内申报权利更是一种独特的好方法。

4. 更换公章。公章是代表法人单位意思表示的物件。在公司内部公章包括行政公章、合同公章、财务专用章以及各种业务专用章和法定代表人章。在这些公章中，行政公章可以全面代表公司的表示意思。根据《合同法》的有关规定，即使没有法定代表人的签字，加盖公章合同依然生效。合同专用章，顾名思义专门用于订立合同的章；财务专用章，可以用于某些财务事项和确定债务。为了防范相同公章无法确定盖章日期，从而不能确定责任人，并购方应当在公司管理权移交时更换公章。即使公司名称没有更改，也有更换公章的必要。

第六节
标的公司劳动用工风险和防范措施

劳动用工风险是指有关原公司的劳动用工方面的问题可能给并购方带来的风险。劳动合同关系不同于一般的合同关系，它包含了人身关系，是一种复杂的合同关系，需要慎重对待。

一、标的公司劳动用工风险的表现

1. 国企改制职工未得到经济补偿。根据有关政策，国有公司改制应当给予职工相应的经济补偿，并且不同时期、不同地域的标准不一样。从公司并购实践来看，改制早的公司多数没有向员工支付经济补偿，改制晚的公司多数支付了补偿。如果标的公司是从国企改制来的，且员工在国企改制中没有得到经济补偿，员工可能会在并购过程中借机提出来。

2. 并购前公司员工工伤未能一次性补偿到位。公司对员工工伤的处理方法可以是一次性补偿，可以是整个劳动合同期间给予补偿。如果员工在并购前因工负伤，并且公司未采取一次性的补偿，并购方就可能面临风险。从并购实践来看，此类工伤在并购后员工多数不上班或者无法正常上班，但是公司不能解除劳动合同，不仅工资、奖金照发，而且工资也不能降。标的公司对并购前员工工伤没有一次性补偿到位，将构成并购后标的公司的额外的负担。

3. 解除劳动合同补偿金按照并购前工龄累计计算。用人单位与劳动者解除劳动合同，依法应当依据劳动者的工作年限向其支付经济补偿金。在有些情况下，虽然并购方刚刚并购公司，但裁决一个员工却要支付十几年的经济补偿金，这对并购方来说就是一项额外的负担。

4. 实际用工未依法与劳动者订立劳动合同。实践中，有的标的公司未能与劳动者订立合同，尤其是一些偏远城市的劳动密集型用工企业，而事实上劳动关系已经存续了几年。根据相关法律，对此情况，并购方可能面临为劳动者补发工资和与劳动者签订无固定期限的劳动合同的风险。

5. 标的公司拖欠员工各种社会保险。员工社会保险在大多数省份是“五险一金”，这些是公司对劳动者应尽的义务，或者说是劳动者依法享有的权利。在公司并购中会遇到一些标的公司不是欠缴就是部分缴纳。这可能构成并购方的并购风险，有的是被政府主管部门发现追缴并加罚，有的是引发劳动仲裁或者诉讼。

6. 标的公司冗员风险。在股权并购的情况下，标的公司在并购前订立的劳动合同，在并购后继续有效。因此，如果公司在并购前存在冗员，就会增加并购方并购后的劳动成本。如果并购方要对标的公司进行裁员，又会产生一大笔费用，激发矛盾和引发潜在的劳动仲裁或者诉讼。

7. 拖欠员工加班费和工资。从实务看，拖欠员工工资和加班费的公司很多，如果并购方不能在并购时及时处理，就会使并购后的标的公司为并购前承担相关费用。

8. 预退、停薪留职、调职的风险。国企改制过来的公司存在很多预退、停薪留职的员工，会对并购后的并购方产生支付工资和社保的负担。并购后核心技术岗位、管理岗位的员工跳槽离职，尤其是往同行调职，造成并购后标的公司技术力量和管理水平降低，也将引发风险。

9. 商业秘密流失风险。商业秘密是公司的无形资产，但是这种无形资产的保护很难，大部分为核心的员工所掌握，一旦在并购过程中，没有做好核心岗位员工的安置工作，容易引发他们带走商业秘密或者其他知识产权的风险。

二、防范标的公司劳动用工风险的措施

1. 重视尽职调查。潜藏的劳动用工风险，很难通过财务查账发现，用工的风险跟人的因素息息相关。因此通过详尽的尽职调查，走访员工、公示告知、访谈调研才能发现问题，所以，充分的、详尽的、与员工交心的尽职调查是防范劳动用工的最好方法。

2. 问题在并购之前处理好。并购方在标的公司劳动用工方面的风险，主要是公司对员工的欠债，如“五险一金”、加班费、工资、经济补偿，等等。这些欠款并购方可以在并购之前要求公司处置好。

3. 不能清还的做预提处理。在有的情况下，公司一时无力偿还对员工的欠账，或欠账的数额尚不能清理或不到支付的期限，面对这种局面，并购方可以要求公司在并购作价前做预提处理。如果公司做了相关费用的预

提，并购后的公司就不会再为并购前的公司行为埋单，从而避免了并购方的损失。

4. 潜在风险纳入或然负债赔偿范围。并购方可以在并购谈判中要求被并购方对已经披露以外的潜在风险做出保证，并将这类保证纳入并购合同条款，同时将违反保证给并购方造成的损失纳入或然负债的赔偿范围。

5. 延长并购款付款期限。从公司并购经验看，多数劳动用工方面的风险发生在公司并购完成后的一年内。如果在并购方遭受损失时，还留有未完成支付的并购款，则并购方的损失可以冲抵。

第七节
标的公司税务方面的风险

股权并购后的标的公司民事义务依法继承，行政义务也依法继承。因此，如果公司在并购前因纳税方面存在问题，就有可能在并购后遭受追究，从而引发并购方的股权并购风险。

一、标的公司税务方面的风险表现

1. 偷税风险。从并购实践来看，标的公司偷税的并不多见，主要是税收征管方面的法律规定对偷税的处罚很严厉。从后果上看，并购方应当谨慎对待标的公司并购前是否存在偷税情节，以免承担相应的行政责任甚至是刑事责任。

2. 欠税滞纳金。在一些国企改制而来的公司，大量长期拖欠税款的现象是存在的。对这种欠税现象，并购方千万不能贪图小利，以免并购后造成重大的税负和处罚责任。收购中最好要求标的公司在并购之前偿还这些税款，免除后患。

3. 被追补税款。主要是指标的公司进口免税设备在监管期间转让被追补税款的情形。根据有关规定，外商投资公司、技术先进公司等会享受进口设备免税待遇，但是这些设备是不得转让的，一旦被发现转让将被追缴免交的税款。在股权并购的情况下，并购方可能会遇到标的公司在并购前将免税的进口设备转让，在并购后被追缴税款的风险。

二、防范标的公司税务风险的措施

1. 充分的纳税尽职调查。股权并购中，对标的公司一定期限的纳税审计是尽职调查的一项重要内容。并购方可以委托会计师事务所进行专项纳税审计。如果在审计中发现标的公司在执行税法履行纳税义务方面存在问题，应当纠正或者采取必要的防范措施。

2. 对于情况复杂的，可以要求税务机关进行稽核并出具完税确认书。如果标的公司是民营性质的公司，而且存续时间很长，并购方就有必要要求公司采取这样的措施来证明自己是依法纳税的公司。

3. 从因果论出发，把税负的不确定性纳入或然负债范畴。即把因为公司在并购之前的过错而产生的税负，而在并购后由并购方承担的各种纳税义务，纳入公司或然负债的赔偿范围。这算是实践中的“兜底”做法了，即使并购方做到了上述的防范措施，百密总有一疏，也有税收风险不能周延的情况，纳入或然负债约定承担的责任主体，不失为一个好办法。

第八节
标的公司对外投资和分公司风险及防范措施

对外投资是公司因履行对外投资义务而对子公司享有的权益性资产以及带有投资性质的债权性资产的总和。分公司是公司在注册地以外成立的非法人经营机构。从公司股权并购的实践来看，标的公司对外投资和分公司都可以构成并购方的并购风险。

一、标的公司对外投资和分公司风险的表现

1. 将对外投资登记为应收账款，不做权益核算，形成公司的潜在亏损。在公司并购中有时会发现公司将对外权益性投资登记为应收账款，这样可以隐瞒权益投资的减值问题。如果标的公司将权益性投资登记为应收款，并购方可能虚估标的公司的资产和权益，从而引起并购风险。

2. 子公司财务核算有违谨慎原则形成标的公司的虚假权益。公司为集团公司或者投资性公司的情况下，在实务中经常会发现由于子公司执行财务会计谨慎原则不够，该摊销的不摊销，应报废的不报废，虚构资产和权益。这种情况的结果就是作为标的公司的母公司资产和权益空虚，表面繁荣但是经不起考验。

3. 分公司财务管理不规范形成的潜在亏损给并购方带来的并购风险。分公司是公司的一个部分，是拥有经营资格的分支机构。分公司在本公司的授权范围内从事经营活动，其经营成果无论是盈利还是亏损均并入本公司。在并购实践中，经常会遇到在公司财务账上登记有大量对分公司的应收账款现象，但是深入调查发现这些应收账款大部分为分公司费用，只是应当进费用没有进而已。还有的公司领导利用分公司远离公司本部，财务

管理不规范的便利，在分公司处理大量的费用，占用大量的分公司销货款，但是钱花了后不做费用处理，仍挂在本公司对分公司的应收账上。

二、防范标的公司对外投资和分公司风险的措施

1. 充分详尽的尽职调查。在尽职调查中，如果公司有权益性对外投资，根据需要深入分、子公司进行核实调查，从而确认公司的资产和股东权益；如果公司设有分、子公司，应当深入分、子公司进行尽职调查，全面查清标的公司财务核算情况和经营成果，真实反映标的公司股东权益。

2. 对子公司和分公司像对标的公司一样做资产、负债、权益的核实。

3. 对债权性投资进行核查。对公司购买的公司债券、国库券、公司之间的关联拆借也作为一种投资核算。这种投资的风险相对于权益性投资的风险要小，但是也存在风险，比如债务人是否能够如期如数偿还本金。因此，并购方在尽职调查中应当注意标的公司对外债权性投资，并对此做出风险评估。

4. 对股票等权益类投资进行价值评估。公司可能短期持有股票作为一种投资，这种投资不同于公司的长期投资，其价值可以通过市场确定。投资公司在核定标的公司的上市公司股票价值的时候，应当参考市场价值。

第九节
争议、诉讼风险及防范措施

一、标的公司纷争、诉讼风险的表现

1. 标的公司改制时资产、负债、欠税、员工问题以及相关权利义务不清楚。如上文所述，改制不彻底的国企，在资产、负债、员工、欠税问题上没有落实和处置好，这些遗留问题将引发一系列纠纷和诉讼。

2. 标的公司与兄弟公司、与母公司之间的权属不明确。公司并购中经常遇到关联公司之间的权属不明确，以前是关联公司，是“一家人”，一旦发生并购，亲兄弟明算账，就开始引发矛盾和纷争。

3. 标的公司的权属代持问题。在并购中经常发生权益代持的情形，如实际控制人和显名代理人之间利益没有分配好，也容易在并购中引发纷争。

4. 标的公司与第三人之间的合同纠纷、民事纠纷。标的公司因合同纠纷承担违约责任，因民事纠纷承担赔偿责任。这些责任可能在并购前不会立刻显现，但是出现在并购后，对并购方来说就是潜在的并购风险。

二、防范标的公司纷争、诉讼的风险和措施

1. 详尽的尽职调查

只有在尽职调查中发现这些问题，才能设法解决问题。从并购实践来看，公司的这些问题给并购方带来麻烦或者风险的，绝大多数是由于在尽职调查中没有发现，在并购方接管了公司之后，问题才凸显出来。所以尽职调查是发现问题的窗口，对诉讼和争议做专题的尽职调查是十分必要的。

2. 向相关单位询证

向相关单位例如从相关国家权威机关或部门、标的公司的兄弟公司、母公司进行书面询证，明确权属的归属。

3. 要求登记产权的人确认权属

要求登记权利人和标的公司共同出具权属确认书，明确权属的归属，并承诺配合权属的过户和登记事宜。

第十节 并购团队和并购管理流程风险及防范

并购团队是并购方实施并购业务的人员组成的团队，并购管理流程是并购方参加并购工作的人员执行的业务程序。团队和流程关系到并购工作的开展和工作的质量，本身也构成并购风险。

一、并购团队和并购管理流程的风险表现

1. 没有统一的组织、指挥、流程、制度的安排，就没有并购工作的规范开展。

2. 参加并购的各部门之间分工不明确、权责不清楚、信息传递不通畅、沟通协调不好、工作配合度不高。

3. 决策和执行分工不明，没有抓大放小，盯在小细节上面，难的事情互相推诿，有利可图的互相争抢。

二、防范团队和流程风险的措施

1. 针对每个并购项目建立专门、专业、有责任心、有经验的并购团队。

2. 建立和健全并购业务管理流程，将流程系统化、科学化。

3. 权责分明，执行到位，每个流程节点分配责任人，每个流程节点安排量化易考核的工作。

第五篇

股权并购实战要点及经典案例

05

第十二章

股权并购方案设计四大要点

股权并购战略对于并购公司而言尤为重要，尤其是金额巨大的并购案，并购成败与否是并购公司生死攸关的重大抉择。若并购成功，则完成华丽转身。反之，则跌落万丈深渊。

这样的例子不胜枚举。在国内，我们耳熟能详的那些成功的并购案，屈指可数。比如，吉利收购沃尔沃，联想并购 IBM 的 PC 业务等。但实际上，还存在着为数众多的不为人知的失败并购案。

一个成功的并购案，应当包括两个方面的成功，也只有这两个方面都成功了，才能算并购成功。这两方面主要是指：并购交易本身成功以及并购完成后的整合成功。并购交易本身成功事关整合能否成功，虽然并购整合成功的决定因素非常多，并非并购交易本身成功这一个要素，但并购交易本身成功与否却对未来的整合有着重大影响。如果在并购交易中存在非常多的瑕疵与风险，这就会给未来的整合带来巨大的障碍。

那么，在实战中从哪些环节把握，才能做好一起并购案呢？细节决定成败，从大量的实践中可以归纳出四个关键的要素，即股权并购交易的安定性、结构平衡性、可执行性 / 可操作性、经济性。本章将重点分析该四大要素。

第一节 股权并购交易的安定性

股权并购交易的安定性是指，并购公司与被并购公司及相关方达成的交易主要条款、设计的交易架构是安全、稳定的，不存在影响交易执行的任何因素与障碍。

在实践中，影响股权并购交易的安定性主要有以下几种情况：

一、交易合规合法，不存在无效条款

也就是说，股权并购交易符合并购交易各方公司章程规定、符合与并购有关的法律法规的规定，不存在引起交易无效的任何情节与事实。

在实践中，如果并购交易违反了公司章程的规定，则相关的股东可能会提起董事会决议无效、股东会决议无效之诉，由此可能会影响到该并购交易的法律效力。如果该股权并购交易符合《合同法》第五十三条规定的无效情形，或违反了有关法律、行政法规规定的效力性强制性规定，则导致交易合同无效。

二、不存在可撤销的法定情形

不存在可撤销的法定情形是指并购各方达成的交易条款及交易结构不存在可撤销的法定情形。可撤销的法定情形主要为五类，第一类是存在欺诈，第二类是存在胁迫，第三类是重大误解，第四类是显失公平，第五类是乘人之危。

存在欺诈的并购交易是指一方故意虚构、捏造事实或者隐瞒必须披露的事实，使得相关方在不知情的情形下达成交易。

存在胁迫的并购交易是指一方是在另外一方威胁、迫使下达成的并购交易。重大误解的并购交易是指一方对交易存在重大的误解，违背了其真实意思表示。显失公平的并购交易是指各方达成的股权并购交易，明显存在利益失衡、不公平的情形。乘人之危的并购交易是指一方利用另一方危难而乘机达成的明显损害另一方利益的交易。根据《民法典》有关合同可撤销的相关规定，上述五类情形的交易都属于可撤销的交易。利益受损的一方在法定的可撤销期间内可以依法撤销该交易合同。

三、不存在交易行政审批的法律障碍

股权并购交易应符合法律、法规及国家相关产业政策精神，不存在行政审批的障碍。如上文所述，一个股权并购交易案可能涉及反垄断审查、国家安全审查，如果涉及国有公司的，还涉及国资委的审批；如果是上市公司的，还涉及上市公司并购审批；如果涉及外资并购，还需要商务部及国家发改委的审批等。如果该交易不符合上述任何一项有关规定，都会存在行政审批障碍。

第二节 股权并购交易结构的平衡性

股权并购交易结构的平衡性是指，并购交易的双方权利义务对等、交易公允、符合市场交易习惯，不存在利益显著失衡的情形。

如果并购交易存在失衡，不是公平、互利的，而是一方利益的获取是

建立在另一方利益损失的基础之上，这个交易即使不存在第一节所述的可撤销的法定情形，但也为并购交易带来潜在的隐患。

如果并购交易失衡，直接会带来两个潜在的风险，具体如下：

一、导致对方违约的风险

如果交易明显失衡，交易的执行将损害到另一方的利益。如果违约的成本低于因执行交易造成的损失，则对方就会采取违约的方法毁约，使得并购案失败。

我们经常看到一些大型的跨国公司并购案中约定了巨额的“分手费”，且规定得极为严苛。在整个交易未开始之前双方就约定了该笔“分手费”，如果交易未进行，终止交易的一方就损失了该笔巨额“分手费”。

二、为将来的整合带来巨大的难度

如果交易结构明显失衡，导致另一方因履行交易带来巨大损失，则另一方即便配合交割，而在整合过程中也不可能顺利配合，必然加大整合的难度。如果整合失败，整个股权并购交易就会徒劳而无功！

第三节
股权并购交易的可执行性

股权并购交易的可执行性是指，股权并购交易具有可操作性，不存在股权无法交割、工商变更登记无法完成、审批无法通过等诸多导致交易无法进行的情形。

如果股权并购交易存在如下情形，则对该股权并购交易构成执行障碍。

1. 导致股权无法交割的情形。股权并购中，并购方是通过获得被并购公司股权的方式掌控该公司，因此，要获得该并购的股权，就必须完成该部分股权交割，如果该部分股权无法交割，则并购无法操作。实践中，导致股权并购无法交割的情形大致有如下几类：

- 被并购的股权存在权利瑕疵，如质押、被司法查封、冻结等，导致该部分股权无法交割。
- 交易的股权 / 股票有锁定期，且在锁定期内，将导致交割无法进行。
- 交易的股权存在法律规定的不得交割的情形。比如，股份公司设立 1 年内，发起人不得转让股份；银行、保险、信托类金融公司的股权在 3 年内不得转让等。
- 被并购方公司章程对有关股权转让做出了限定。比如，限制创始人一定期限内不得转让股权，有限责任公司具有优先购买权等。

2. 无法通过审批导致交易无法进行。达成的股权并购交易需要内部审批及外部审批，通过审批之后，交易才能顺利进行。内部审批是指履行内部的董事会、股东会决议，如果是国企，还需要报上级审批。外部审批是股权并购需要通过的有关行政机关的审查，比如：并购交易涉及反垄断的，则需要进行反垄断并购审查；涉及国家安全的，则需要进行国家安全审查；涉及外资并购的，则需要进行外资审批等。

如果未能通过上述内、外部审批，则会导致并购交易无法进行，最终导致并购失败。

第四节
股权并购交易的经济性

股权并购交易的经济性是指，并购交易的交易成本低，尽可能降低交易的成本、提升交易的效率。本书所指的交易成本主要包括交易监管审批的成本、交易支付额外成本、交易产生的税费三大类。分别阐述如下：

一、交易监管审批的成本

交易监管审批的成本是指因为股权并购交易需要有关审批造成的各种成本，该成本包括审批的时间成本、审批否决导致的缔约成本，以及合规的成本等。

1. 审批的时间成本是指，因为并购交易需要行政机关审批，导致交易暂缓进行，需要等待的审批时间。

2. 审批否决导致的缔约成本是指，因为交易审批未获通过，导致交易磋商及达成过程中产生的各种成本。

3. 合规的成本是指，为了满足行政审批的合规性，不得不调整、修改交易结构、条款而带来的成本，以及根据监管要求需要支付的额外成本。比如，收购上市公司股份超过 30% 后需要进行的要约收购。

为了节省上述交易成本，实践中一般会采取变通的交易结构和模式的方法。比如VIE结构、离岸并购交易等，就是为了减少交易审批环节造成的成本。

二、交易支付额外成本

交易支付的额外成本是指并购交易除了支付正常的股权对价之外，因为合规性要求或者其他安排而需要额外支付的成本。主要有以下两大类情形：

1. 上市公司收购过程涉及的。一种是买壳（受让控股权），另一种是上市公司收购中涉及的要约收购。买壳中需要额外支付壳价格，或控股权溢价。而收购上市公司股份超过30%之后，需要发出收购要约，收购其他股份。

2. 存在特殊投资条款的公司。该类公司收购中，因其特殊的条款安排，需要额外收购其余股份。比如，风险投资条款中的特殊安排。

如果设计了好的并购方案，还可以较少的成本控制标的公司。比如，在上市公司收购中，采取收购5%股权＋表决权委托的组合方式，以较小的成本实际控制上市公司。

三、交易产生的税费

交易产生的税费是指并购中应负担的纳税义务及相关成本。该部分成本是股权并购交易中除了股权支付对价（收购价款）之外最大的一笔费用。相对于资产并购，股权并购模式有税费较低的优势。除此之外，股权并购交易模式、架构等设计与税费高低密切相关。因此，做好股权并购交易中的税务筹划非常重要。

税收成本与交易结构密切相关，因此，设计交易结构时应当考虑税费最优惠的交易结构。具体在实践中，如何做出税务安排呢？

1. 并购税收的优惠政策与主要渠道。并购过程中并购方和标的公司主要涉及的税种包括所得税、增值税和土地增值税（以下简称“土增税”），这“三大”税种（附加税种、印花税、契税比较简单，且占比比较小）的内容具体如下：

（1）所得税。并购过程中，所得税是并购方和标的公司均要面对的税种，但二者发生的方式有所不同：对于并购方而言，并购资产的所得需要缴付该项税收，但若并购标的股权，在股权未转让或出售之前暂无现金所得，所以暂不确认所得税；对于标的公司而言，则需依据税法缴付股权转让产生的所得税。

（2）增值税。对于标的公司而言，将全部或部分实物资产以及相关联的债权、债务和劳动力一并转让给其他单位和个人，不属于增值税的征税范围，其中涉及的货物转让，不征收增值税。所以，增值税仅是并购方在并购过程中需面对的税种。

对于并购方而言，若并购的标的资产（尤其是土地和厂房）“升值”，则需对这部分收益缴纳增值税；但若并购方采取收购“业务组合”（土地资产以及相关联的业务、人员、债权和债务）对应股权的方式，即标的公司转让或出售的资产不仅仅是资产本身，还包括与资产相关联的债权、债务和劳动力，则不属于增值税的征税范围，不征增值税。标的公司可不开具发票，并购方按评估报告和转让协议确认资产入账价值，无须缴付增值税。

（3）土地增值税。土增税和增值税类似，并购过程中，若并购标的资产中涉及土地资产，土增税仅是并购方需考虑缴付或合理规避的税种。如果并购方采取收购“业务组合”（土地资产以及相关联的业务、人员、债权和债务）对应股权的方式，来间接收购标的公司的土地资产，则无须缴付土增税。原因是该过程并没有获得实质的土地增值现金收益，不需要确认土增税缴付。

2. 并购交易合理避税的“三大路径”。并购过程中，并购方合理避税的路径主要有三个：一是尽量采取收购股权的形式；二是利用标的公司的性质、盈利能力进行税收筹划；三是设计有利于合理避税的交易结构。“三大路径”实施的具体策略如下：

路径一：收购股权模式

收购资产、债权、债务等“打包”后对应的股权，并购方可免缴所得税、增值税、土地增值税。从合理避税的角度来看，股权并购相对于资产并购具有明显的四个方面的免税优势：一是标的公司税收优惠延续；二是没有流转税税负；三是享受标的公司历史亏损带来的所得税减免；四是税务程序较为简单。

路径二：标的公司纳税差异

（1）利用标的公司注册地的税收优惠优势。我国对在经济特区、经济技术开发区和西部大开发部分地区注册经营的公司，实行一系列的所得税优惠政策。并购方可选择能享受到这些优惠措施的目标公司作为并购对象，并购后改变整体公司的注册地，使并购后的纳税主体能取得此类税收优惠。

另外，并购方尝试引入外资可享受部分税收优惠。我国现行制度对同一经济行为在不同纳税主体上实行差别税收安排，因而不同并购方的税收收益不同。因此，并购方在选择标的公司时，可尝试引入外资公司，若并购后可申请为外资公司，就可享受外资公司的所得税优惠措施和优惠汇率，并可免除诸如城市维护建设税、城镇土地使用税、房产税、车船使用税等不对外资公司征收的税种。

（2）利用标的公司未分配利润、盈余公积的前期处理优势。在股权转让前，标的公司可先分配股东留存收益，可巧妙缩减股权转让时标的方需缴纳的增值税。

另外，标的公司预先分配的股东留存收益也可增加股权“原值”，并购方在后期再次转让标的方股权时，可缩小并购方所要缴纳的所得税税基，进而缩减所得税税负。

（3）利用标的公司亏损可冲抵所得税的优势。从税务筹划角度，标的公司或被收购业务如果是持续亏损的，并购方则可冲抵部分所得税，这也是目前多数上市公司或者集团公司在进行并购时采取的交易架构方式。

路径三：股权比例设计

（1）争取特殊性税务处理，递延纳税。并购方可争取标的公司纳入“特殊性税务处理”，进而实现标的所得税的递延。

（2）引入“过桥资金”降低并购方二次股权转让时的所得税税基。如果标的公司是房地产公司，在进行股权转让时面临的一个突出问题是：公司的资产增值过大，而账面的“原值”过小。这会给并购方进行并购后的股权再转让带来高昂的所得税税负，甚至可能迫使并购交易终止。实践中，为了提高被转让股权的“原值”，并购方可在收购发生之前对标的公司注入“过桥资金”，后通过“变债权为股权”的形式进行收购，从而缩小并购方二次股权转让时的所得税税基（公允价值—股权“原值”）。

（3）利用公司内部分红无所得税的优势。并购方可选择以集团内非并表子公司的“名义”开展收购行为，这样一方面可实现集团内分红税收的免缴，另一方面可规避收购对集团公司资产负债率的外部冲击。

路径四：运用公司合并与分立——合并亏损资产同时实现标的“特殊税务处理”

《国家税务总局关于纳税人资产重组有关增值税问题的公告》（国家税务总局公告 2011 年第 13 号）：“纳税人在资产重组过程中，通过合并、分立、出售、置换等方式，将全部或者部分实物资产以及与其相关联的债权、负债和劳动力一并转让给其他单位和个人，不属于增值税的征税范围，其中涉及的货物转让，不征收增值税。”也就是说，被收购公司剥离资产和业务进行资产分立的方式有效避免了增值税的缴付，而若收购公司股权支付比例得当，被收购公司还可有效递延所得税。

第十三章

股权并购经典案例评析

第一节

非上市公司股权并购经典案例评析

本书所指的非上市公司股权并购是指并购尚未上市的公司股权，以达到全资收购或控股的目标。实践中常见的非上市公司股权并购主要有两大类：一类是上市公司并购非上市公司，另一类是非上市公司之间的并购。

一、相关案例

【案例 1】 美团香港上市前收购摩拜[1]

2018 年 4 月 4 日，美团宣布全资收购摩拜单车（以下简称“摩拜”）。

① 内容参考网络公开文章：《美团点评招股书曝光：收购摩拜总代价共计27亿美元》等。

摩拜继续保持独立品牌、独立运营。摩拜管理团队将保持不变。

随着6月25日美团点评向港交所提交招股书，相关收购细节也随之曝光。招股书披露，美团点评于2018年4月4日与摩拜签署收购协议，摩拜成为美团全资附属公司。根据合并协议，收购代价总计为27亿美元。具体为：收购价的65%部分以现金支付，其余的35%部分以美团即将上市的股权来支付。其中的3.2亿美元作为未来流动性补充，A、B轮投资人及创始团队以7.5亿美元现金出局。

此外，美团还向摩拜授予若干购股权，作为摩拜被并购之前其公司内部的股权激励计划。

资料显示，截至2018年4月30日，摩拜在全球200个城市拥有超过2.32亿注册用户和620万辆单车。

【案例2】 阿里巴巴95亿美元收购饿了么[①]

2018年4月2日，阿里巴巴集团、蚂蚁金服集团与饿了么联合宣布，阿里巴巴已经签订收购协议，将联合蚂蚁金服以95亿美元对饿了么完成全资收购。而从张旭豪不再担任饿了么的CEO、转而担任阿里巴巴CEO张勇的新零售特别助理来看，此次收购应该是现金为主、换股为辅——否则百度的股份也不好处理。还没有迎来上市的饿了么，最终选择投入阿里巴巴的怀抱。

这已经不是饿了么和阿里巴巴的第一次资本合作。从2016年4月宣布获得阿里巴巴和蚂蚁金服12.5亿美元融资开始，到2017年的5月再获阿里巴巴10亿美元的增资，饿了么总共获得了22.5亿美元的融资。先投资再收购也是阿里巴巴一直以来的投资风格。

---

① 内容参考网络公开文章：《阿里95亿美元收购饿了么，一切为了马云的新零售》等。

作为饿了么的头号大股东以及口碑加持的阿里巴巴，这次不再选择增资，而是以95亿美元的巨资直接收购，收购的目的是为了更好的整合。

二、案例评析

上述案例1属于典型的非上市公司并购另一家非上市公司。美团在赴港上市前收购摩拜，有利于其形成完整的产业链布局，对其赴港IPO融资及市值提升有很大帮助。

该收购是美团战略发展的需要，在交易对价的支付上，采用了“现金＋股份支付＋股权激励”等组合支付方式。该支付方式充分考虑了摩拜债务的承担问题（自行车制造商欠款、用户押金等）、摩拜经营所需的资金以及摩拜激励计划的安排等诸多因素。

案例1值得借鉴的经验是：

收购对价的支付方式，其考虑了各方面的因素，处理了很多遗留问题，减少了潜在的债务风险。并在收购方案中顺带解决了团队的股权激励问题。在公司上市之前，通过并购可以完成产业链的延伸，给资本市场讲了个好故事，从而使公司IPO获得一个好估值。

案例2系上市公司收购非上市公司，其值得借鉴的模式有两处：

其一是先投资，后收购。在收购之前，阿里巴巴已经对饿了么进行了多轮投资。这样收购具有一举多得的效果。其二是，在支付方式上采取了“绝大多数现金＋少量股权”支付的模式。这对处理百度遗留问题及创始团队的利益等均做了周到安排。

我们可以从以上两个案例的并购方案设计中得到一些启示，即公司并购既应重视并购战略，又应重视并购方案的设计。

第二节
上市公司股权并购经典模式评析

本书所指的上市公司股权并购是指并购上市公司的股票 / 股权，以达到控制上市公司的目的。其主要有两类：一类是上市公司并购上市公司，另一类是非上市公司并购上市公司。

从收购目的看，主要有控制上市公司、借壳上市、上市公司私有化。

一、相关案例

【案例 1】 阿里巴巴收购申通快递[①]

2019 年 7 月 31 日，申通快递发布公告称，公司控股股东德殷投资、实际控制人与阿里巴巴签署了《购股权协议》，赋予阿里巴巴或其指定第三方（上市公司竞争对手除外）自 2019 年 12 月 28 日起 3 年内购买德殷德润 51% 的股权、恭之润 100% 的股权或恭之润届时持有的申通快递 16.1% 股份的权利。阿里巴巴或其指定第三方行使全部购股权的情况下，购股权的总行权价格为人民币 99.8 亿元。这对申通快递来讲意味着什么呢?

公告显示，2019 年 3 月 11 日，申通快递曾宣布阿里巴巴拟斥资 46.65 亿元获得德殷德润 49% 的股权；7 月 1 日，股权转让工商变更登记手续完成，阿里巴巴成为持有德殷德润 49% 股权的股东（见图 13–1）。若按照上述协议，购股完成后，阿里巴巴将持有德殷德润 100% 的股权，直接持有申通

① 内容参考网络公开文章：《申通快递控股股东拟授予阿里巴巴购股权权利》《再砸百亿！阿里巴巴或拿下申通快递控股权》《阿里（BABA.US）入股申通快递过户完成，投资46.65亿元持股49%》等。

快递 29.9% 的股权。另外，若在阿里巴巴不通过指定第三方购买的前提下，其还将通过收购恭之润股权间接持有申通快递 16.1% 的股权，合计将持有这家上市公司 46% 的股权。这也意味着，一旦全部行权，阿里巴巴将取代目前的德殷投资成为申通快递的控股股东（见图 13-2）。

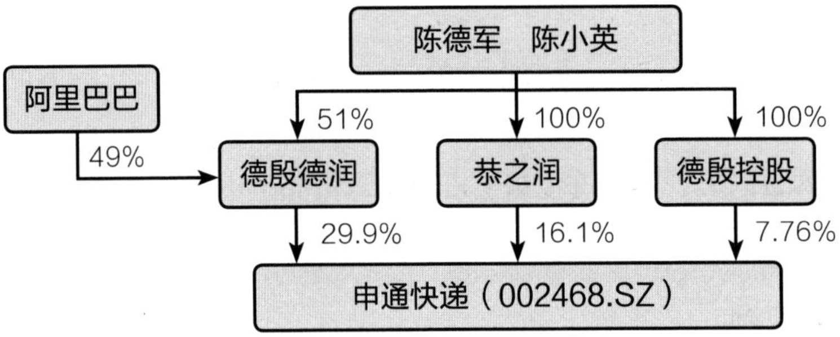

资料来源：天风证券

图13-1　阿里巴巴行驶购股权之前申通快递股权结构

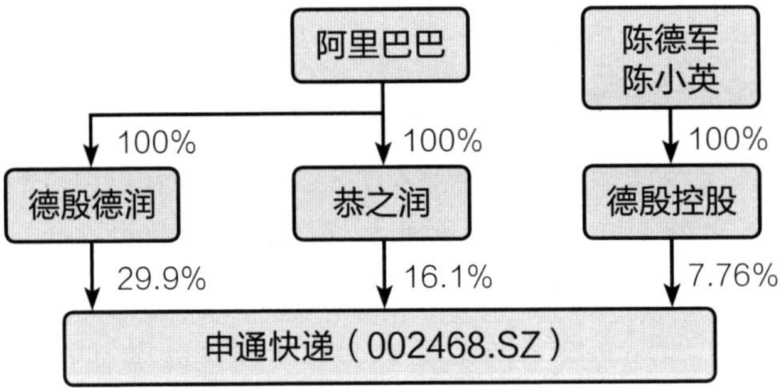

资料来源：天风证券

图13-2　阿里巴巴行驶购股权之后申通快递股权结构

【案例 2】　11.5 亿元收购 19.55% 股份　“世界铜王”入主九鼎新材[1]

在宣布实际控制人筹划股权转让 19 天后，九鼎新材（002201）于 2019

---

① 内容参考网络公开文章：《11.5亿收购19.55%股份，“世界铜王”入主九鼎新材》《九鼎新材19.55%股份获正威集团接盘，实控人将更变为王文银》等。

年8月4日晚间正式披露了《股份转让框架协议》,公司实控人亦将发生变更。

公告显示，公司实际控制人顾清波拟将公司股份6500万股（占总股本的19.55%），转让给公司第三大股东西安正威，转让总价11.53亿元，估算每股价格为17.74元。

本次股份变动前，顾清波持有9257.66万股，占公司总股本的27.85%，其一致行动人江苏九鼎集团持有公司10.75%股份。西安正威持有公司3400万股股份，占总股本的10.23%，为公司第三大股东。

本次股份变动后，顾清波及其一致行动人合计持有公司6333.09万股，占总股本的19.05%；西安正威合计持有公司9900万股股份，占公司总股本的29.78%，成为公司控股股东，公司实际控制人将变更为王文银。

二、案例评析

上述案例1为上市公司收购上市公司。该收购交易方案设计有三点值得借鉴：

第一，先收购上市公司申通快递的控股股东的49%股权，再收购余下的51%股权。另外，收购第二大股东的100%股权或其持有申通快递的16.1%股份。该模式属于通过收购上市公司申通快递控股股东的股权来完成收购。这种通过收购上市公司控股股东的股权来间接收购上市公司的模式，在操作上具有收购成本相对较低、对上市公司股价波动影响较小等特点。这也是常见的上市公司收购办法。

第二，分期分阶段进行收购，有助于审批、收购资金筹集与安排。

第三，协议收购价格折扣比例大，一般是市价的70%左右。

上述案例2则是非上市公司收购上市公司，其收购模式是控股股东将其持有的股份协议转让给并购方，收购完成后，使得并购方成为上市公司的实际控制人、控股股东。属于标准的以协议转让方式受让上市公司控股权，典型的上市公司控股权转让模式。这种收购有助于尽快获得上市公司控股权，在收购完成后，往往伴随着后续的资本运作。是借壳上市的常见做法。

在以获得上市公司控制权为目的的收购中，无论是否进行后续的资本运作或借壳上市，在收购之前务必对收购标的进行详细的法律尽调，考察被收购上市公司的公司治理、经营情况、有无重大债权债务、管理团队情况、行政处罚与监管情况等，以及是否存在影响公司资本运作的法律障碍。如果盲目收购，交割后存在难以整合的风险。

三、上市公司收购模式总结

上市公司收购的模式很多，以下介绍 10 种：

1. 协议收购模式。即并购双方通过协议转让的方式，完成并购标的的控制权转让。典型案例有：顶信瑞通协议收购大通燃气（000593），以下是本案的一些概况。[①]

（1）并购方案简介

2018 年 9 月，顶信瑞通拟以协议转让方式受让大通集团所持大通燃气 29.64% 的股份，签署《股权转让协议》，协议转让价格 9.41 元 / 股，总作价 10 亿元（前 30 个交易日均价 6.85 元 / 股，溢价 37%）。

协议支付安排：分期付款。以下是分期付款的具体信息：

第一期（5.5 亿元）：开设共管账户日起 3 日内支付；其中 5 亿元用于解质押，并于股份解质押登记日起 3 日内提交合规性确认，5000 万元用于偿还保证金。

第二期（3 亿元）：股份过户交割日起 3 日内支付。

---

① 内容参考网络公开文章及上市公司公告：《大通燃气：顶信瑞通溢价三成受让公司29.64%股份 将成控股股东》《大通燃气潜在东家拟变更 顶信瑞通溢价31%入主》《证监会最新内部培训：并购重组案例》等。

第三期（1.2 亿元）：大通燃气 4 名董事、2 名监事提交辞职文件，且董、监事会做出决议或完成提名并发出召开股东大会通知后的 3 日内支付。

尾款（0.3 亿元）：并购方取得董、监事会半数以上席位且大通燃气完成利润承诺，差额扣除。

（2）收购完成情况。

2018 年 10 月 15 日，标的股份完成过户。

2018 年 10 月 23 日，原签字监事按照协议提交辞职文件，董、监事会做出补选决议、修订《公司章程》和《议事规则》提案决议并发出召开临时股东大会的通知；

2018 年 11 月 7 日，股东大会做出决议，并购方成功取得董、监事会半数以上席位。

2019 年 4 月 30 日年报披露，未完成利润承诺，尾款支付应扣除差额。

2. 要约收购模式。要约收购是指收购上市公司股份达到 30%，触发要约收购线，根据法律法规有关规定，需要向其他股东发出要约收购邀请。此类收购案例有：水电地产要约收购南国置业（002305）。以下是本案的一些概况：

（1）方案概况。2012 年南国置业控股股东许晓明与水电地产公司签署《股份转让协议》，许晓明转让南国置业 29.75% 的股份，许晓明仍为公司控股股东。

2014 年 4 月 8 日，南国置业披露要约报告书摘要，水电地产为进一步增强对南国置业的影响力，取得南国置业的控股权，向上市公司全部股东发出部分要约：

要约价格：77 元 / 股，要约收购报告书摘要公告日前 30 个交易日股票加权平均价格的算术平均值为 66,281 元 / 股，要约价格溢价率为 16.17%。

要约收购数量：11 亿股，占南国置业截至 2013 年 12 月 31 日总股本的比例为 11.39%。

要约收购期限：30个自然日，期限自2014年5月9日至2014年6月7日。

水电地产和许晓明签署《关于预先接受收购要约的协议》，许晓明承诺以其持有的南国置业全部无限售条件的股份（共计约9965万股）不可撤销地预先接受水电地产的收购要约。

（2）收购实施情况与进展。2014年6月7日，预受要约股份共计28亿股，共计2015户，收购人按照同等比例收购接受要约的股份。

收购人从每个预受要约股东处购买的股份数量 = 该股东预受要约的股份 ×38.68%。

本次要约收购后水电地产及其一致行动人共持有公司股份3956亿股，占公司总股本的40.94%，水电地产成为公司控股股东。[①]

3. 协议 + 要约收购模式。该收购模式是指交易方案分为两部分，协议收购一部分，另外一部分采取要约收购。比如案例：恒大地产收购嘉凯城（000918）。以下是并购方案的具体细节：

（1）方案概况。2016年4月，原嘉凯城控股股东浙市集团，及其他两家国有股东，因战略调整、产业整合等目的，通过公开召集受让方的方式，联合协议转让嘉凯城52.78%的股份。

恒大地产被选为本次受让方，收购嘉凯城52.78%的股份，总价为35.86亿元，方案触发要约义务。

2016年6月，嘉凯城披露要约收购方案，按约收购期限为30个自然日，面向除协议转让外的全部剩余股份发起要约；此次要约价格定为4.21元/股（要约提示性公告日前30个交易日均价）。

（2）交易实施进展。自公告并购方案后，投资者对嘉凯城未来发展前景看好，嘉凯城从2016年5月复牌到7月2日收盘价7.32元/股，股价累计上涨近六成，较4.21元/股的要约收购价高出73.87%，因此要约接受并不积极。

① 内容参考网络公开文章：《证监会最新内部培训：并购重组案例》。

2016 年 7 月，最终来自 1 个账户的 300 股接受收购人发出的收购要约。

恒大地产通过协议转让的形式，获得上市公司控制权，并履行了要约义务，最终持股 52.78%。

4. 行政划转模式。该类模式发生在由同一个控制人（同属一个国资委管理，或者同属一个国企集团公司）控制下的国企上市公司收购。其交易模式是非市场化的。典型案例为：中航集团、兵器装备集团汽车股权资产双向划转案。具体细节如下：

兵器装备集团与中航集团进行汽车产业结合，中航集团拟将其持有的东安动力、哈飞汽车、昌河汽车、东安三菱等公司股权换取中国长安 23% 的股权。

采用股权交易，会触发要约义务，并且带来较大的税务成本。

采用双向划转方式：中航集团将东安动力股权等汽车资产，无偿划转到中国长安；同时，兵器装备集团将持有的中国长安 23% 股权划转至中航集团。该案虽然属于行政划转，但有换股的成分在里面，不过其交易行为属于行政安排，而非双方平等协商达成。①

5. 换股收购模式。换股收购模式是指并购交易双方在交易的对价支付安排上，采用了股份支付方式，该股份支付的结果是换股。具体案例为：中核集团换股收购东方锆业。方案概况如下：

中核集团以其持有的中核科技 16.73% 股权为对价，受让陈潮钿及一致行动人王木红持有的东方锆业 15.66% 股权。

交易完成后，东方锆业实际控制权发生变动，中核集团（持股 15.66%）成为其第一大股东，陈潮钿、一致行动人王木红为第二大股东；

交易完成后，中核科技第一大股东变为中核集团苏州阀门厂，陈湖钿、一致行动人王木红为第二大股东，中核集团为第三大股东；仍然保持了中

① 内容参考网络公开文章：《证监会最新内部培训：并购重组案例》。

核集团对中核科技的实际控制人地位。[①]

6. 间接收购模式。典型案例为：海淀科技金控间接收购金一文化（002721）。并购方案概括如下：

2018 年 8 月金一文化实控人钟葱（持股 12.89%）及其控股公司碧空龙翔（持股 17.90%）合计持股 257 亿股，绝大部分已经质押，收购披露时钟葱持有的 0.59 亿股（占比 70.3%）触及了平仓线。

由于公司频繁并购及盈利模式问题导致近几年的经营性现金流为负数，现金流非常紧张；与控股股东等关联方存在大量资金借贷，且上市公司已经存在债务违约并涉及法院冻结。

上市公司及股东均发生了债务危机。为了摆脱危机，走出困境，金一文化实控人钟葱引入战略投资方北京海淀科技金融资本控股集团，将其在控股公司碧空龙翔中的 73.32% 股权转让给战略投资方，作价 1 元。收购完成后，战略投资方通过碧空龙翔而间接控制了上市公司金一文化。[②]

7. 定向增发收购模式。定向增发收购模式是指上市公司针对特定的并购方（增资认购方）增发股份，在增资完成后，认购增资的并购方成为上市公司的控制人。该模式一般适用于重大资产重组中，参与者基本上意图在于借壳上市。详见案例：海航物流认购定向增发收购天津海运（600751）。具体方案细节如下：

定向增发前：天津海运（现更名“海航科技”）原控股股东为大新华物流，无实际控制人。

定增预案：拟定向增发募集资金总额超过 120 亿元，扣除发行费用后计划用于购买 10 艘 VLCC 油轮、购买 4 艘 LNG 船，剩余部分补充流动资金；海航物流承诺拟认购金不低于 36 亿元。

---

① 内容参考网络公开文章：《证监会最新内部培训：并购重组案例》。

② 内容参考网络公开文章：《金一文化实控权1元转让 大股东面临平仓风险》。

定向增发后：海航物流持股比例为20.76%，成为新的第一大股东，与一致行动人大新华物流合计持有公司29.99%的股份，导致公司的控制权发生变化，从无实际控制人变更为海航工会。①

8. 参与破产重整中的上市公司战略重组模式。该模式是指并购方参与到破产重整的上市公司的重组活动中，以战略投资人或重组方的名义进行，通过重整安排，获得上市公司控股权，重整完成后，成为上市公司的实际控制人。具体案例为：江苏协鑫重组超日太阳能。具体方案细节如下：

出资人权益调整方案：按照每10股转增19.92股的比例实施资本公积转增股本，共计转增16.8亿股；江苏协鑫认购超日太阳能资本公积转增股份5.3亿股，本次股份认购完成后，江苏协鑫持有超日太阳能股份的比例将增加到21.00%，成为超日太阳能第一大股东。②

经营方案：剥离不良资产，改善资产结构；提升管理水平，增强经营效率；导入先进材料和技术，提高产品竞争力；加强生产成本控制，提升利润空间；调整产业结构，适时注入资产；2015年实现恢复上市。

盈利预测及业绩承诺：超日太阳能2015年、2016年实现的经审计的归属于母公司所有者的净利润分别不低于6亿元、8亿元。③

9. 分期收购远期交割模式。该种模式的代表案例是慈文传媒案例。具体操作模式详见如下：

2019年2月19日晚间，慈文传媒披露重大事项停牌公告称，公司控股股东马中骏及其一致行动人正在与华章投资商谈股权转让及相关事宜。华章投资拟通过协议受让马中骏及其一致行动人王玫等人所持股份，占公

---

① 内容参考网络公开文章：《证监会最新内部培训：并购重组案例》。

② 内容参考上市公司公告：《上海超日太阳能科技股份有限公司关于变更公司名称及证券简称的公告》。

③ 数据来源内容参考上市公司公告《上海超日太阳能科技股份有限公司关于变更公司基本信息的公告》。

司总股本的 15.05%。转让后，华章投资将成为慈文传媒的控股股东。

2 月 20 日，慈文传媒在微博发布了《慈文传媒：重大事项停牌公告》有关问题的答复，提到了本次控股转让就是“为了解决股权质押之困”。具体交易方案细节如下是部分慈文传媒案例交易方案细节。

转让人具体持股情况

股份转让方	持股数量（万股）	占比
马中骏	8,686.69	18.29%
王玫	2,609.97	5.50%
叶碧云	317.23	0.67%
马中骅	158.62	0.33%
合计	11,772.51	24.79%

马中骏、王政、叶碧云、马中骅(上市公司实际控制人)合计持有公司24.79%股份，非限售部分9.95%

总体方案

■ 收购人华章投资以协议转让方式从转让方受让上市公司合计15.05%股份，同时，股份转让方将其所持上市公司全部股份(占比24.79%)之股份表决权委托至华章投资。

具体方案

■ 第一次股份转让（非限售股转让）：马中骏、王玫、叶碧云、马中骅将其持有的上市公司 9.95% 非限售股份转让给华章投资。转让价格为 13 元 / 股。

■ 第二次股权转让（远期交割 + 价格锁定）：马中骏、叶碧云同意于相应股份解除限售后，将其持有的 5.10% 股份转让给华章投资。转让价格为 13 元 / 股。（价格锁定：如本协议签署日至相应股份过户期间上市公司股票二级市场收盘价相较于本次定价时有重大变化，根据深圳证券交易所股份协议转让的相关规定，必须对股份协议转让价格做调高处理的，转让方承诺向华章投资承担价格调高导致华章投资受让成本增加（即每股超过 13 元）的部分，即转让方确保华章投资受让前述股份的实际成本不增加。

■ 华章投资通过协议转让模式，合计将取得慈文传媒 15.05% 股份。

■ 马中骏、王玫、叶碧云、马中骅一致同意将其所持上市公司全部股份 (占比 24.79%) 之股份表决权独家报销地委托至华章投资，委托期限至 2022 年 6 月 30 日。

■ 表决权委托期限内，转让方根据双方《股份转让协议》或补充协议约定将部分股份转让给华章投资的章投资的股份相应之表决权委托自动解除；但转让方未转让给华章投资的股份之表决权仍按本协议约定委托华章投资行使。

资料来源：《证监会最新内部培训：并购重组案例》。

10. 通过参与法院司法拍卖收购上市公司模式。并购方通过参与司法拍卖获得上市公司的控股权是一种非常好的方式，可以较低的价格获取控股权，也避免了中间谈判成本，以及控制权的高溢价费用（壳费）。详见案例：ST 云网司法拍卖案。具体信息如下：

2018 年 6 月 26 日，中科云网科技集团股份有限公司（以下简称“ST 云网”）发布公告称，上海臻禧公司管理咨询合伙公司（有限合伙）（以下简称“上海臻禧”）于 2018 年 6 月 24 日以 6.79 亿元拍得公司控股股东孟凯持有的 1.8 亿股公司股份，约占公司总股本的 22.7%。

据悉，此次涉及拍卖的 1.8 亿股 ST 云网股权由深圳市福田区人民法院进行司法处置，起拍价是根据 2018 年 6 月 23 日前最后一个交易日的收盘价每股 3.3 元，1.8 亿股股份作价 5.99 亿元，加上 8000 万元的保证金，合计 6.79 亿元。

公告称，上海臻禧是此次竞拍的唯一参与者，最终以 6.79 亿元的价格成交。本次交易完成后，公司控股股东将由孟凯变更为上海臻禧，实际控制人变更为上海臻禧实控人陈继。至此，曾经的餐饮首富、ST 云网创始人孟凯从 ST 云网彻底出局。[①]

该类案例在实践中存在诸多不确定风险。该类收购案不止 ST 云网一家，近年来已发生十多起类似案例。

第三节
跨境股权并购经典案例评析

本书所指的跨境股权并购是指中国公司走出去的一种方式，也就是说，中国公司利用股权并购模式去并购境外的公司，而获得品牌、技术及市场的机会。我国公司境外并购起步比较晚，但发展迅猛。在每年统计的全球大型并购案中，中国案例入选已成为常态。但是，我国的境外并购洽谈意向多，达成实质并购交易的少；并购的多，整合成功的少。随着外部发展环境的巨大变化，中国公司境外并购的风险越来越大。

一、相关案例

【案例 1】吉利汽车境外行业并购案[②]

世界著名汽车公司沃尔沃自从金融危机爆发后连年亏损。2008 年沃尔

① 内容参考网络公开文章：《6.79亿元拍得1.8亿股股权 上海臻禧上位*ST云网》《*ST云网股权之争落幕 6.79亿元拍下实控人股份》等。

② 内容参考网络公开文章：《吉利并购福特沃尔沃案例分析》《吉利拿下沃尔沃集团8.2%股权 成为第一大股东》等。

沃全球销量374,297辆，同比下降10.6%，税前亏损额高达17亿美元。2009年，沃尔沃全球销量334,808辆，同比下降18.3%，税前亏损9.34亿美元。为了扭转颓势与亏损，沃尔沃有引入战略投资者的迫切需求。

而吉利汽车公司一直谋求收购知名汽车品牌。因此，一方有情一方有意，机缘巧合，二者并购交易的时机到了。但谈判的过程并不顺利。自2007年年中吉利成立“V项目”到2010年8月完成收购耗时3年。本次并购交易的完成流程为：福特开价60亿美元→尽职调查后投标35亿美元→因为研发费用减少导致再减17亿美元→最终双方决定以18亿美元全资+9亿美元的运营资金100%收购沃尔沃股权。

以吉利当时的财务状况与资金实力，以27亿美元的资金进行收购是不可能实现的。所以他们采取的是杠杆收购，即利用收购目标的资产作为债务抵押来收购此公司的策略，由被收购公司的资产和未来现金流量及收益做担保并用来还本付息。因为杠杆收购的主体需要金融投资公司，所以吉利成立了北京吉利凯盛国际投资有限公司、上海嘉尔沃投资有限公司和上海吉利兆圆国际投资有限公司，与成都、上海、大庆市政府进行了借款，其中成都和大庆为30亿元人民币，上海为10亿元人民币。资金注入全部到位后于2010年正式达成协议，吉利以27亿美元的代价全资100%收购了沃尔沃汽车集团。

2017年7月20日，沃尔沃汽车集团宣布，将与吉利控股集团建立一个合资技术公司，该合资公司将共享汽车技术，并将携手开发电动汽车技术。同年12月27日，吉利宣布收购沃尔沃集团8.5%的股权，成为沃尔沃集团的第一大股东。

2018年2月24日，吉利集团有限公司正式宣布收购奔驰母公司戴姆勒9.69%的股份，成为奔驰母公司的第一大股东。

经历多轮收购和并购，目前吉利控股已形成吉利汽车、领克、沃尔沃、伦敦出租车、宝腾和路特斯（莲花）六大汽车品牌矩阵，覆盖中低端品牌、豪华品牌的完整产品谱系。

【案例 2】 兖州煤业澳大利亚煤矿整合系列收购案[①]

该收购案分为两步实施，具体如下：

第一步：兖州煤业在澳大利亚子公司兖州煤业澳大利亚有限公司借壳上市。

2011 年 12 月 22 日晚，兖州煤业股份有限公司（以下简称“兖州煤业”）发布公告称，当天，经公司第五届董事会第六次会议批准，兖州煤业及其全资子公司兖州煤业澳大利亚有限公司（以下简称“兖煤澳洲”），与澳大利亚格罗斯特煤炭有限公司（Gloucester Coal Ltd，以下简称“格罗斯特”）签署《合并提案协议》，将兖煤澳洲与格罗斯特合并。合并后，兖煤澳洲将取代格罗斯特在澳大利亚证券交易所上市交易。

此次合并将涉及 7 亿澳元。兖州煤业预期此合并提案下的交易将于 2012 年第二季度完成。交易完成后，兖州煤业持有兖煤澳洲的 77% 股份，格罗斯特现有股东将持有兖煤澳洲的 23% 股份。

按《合并提案协议》，格罗斯特将向其合并前登记在册的股东实施现金分配，合计 7 亿澳元，其中 1.25 亿澳元为完全免税特别股利。

事实上，兖州煤业于 2009 年收购菲利克斯时，承诺在 2012 年 12 月 31 日之前，将兖州煤业澳洲业务在澳交所上市，且兖州煤业对兖煤澳洲的所有权减至不超过 70%。

第二步，兖州煤业利用其在澳大利亚上市公司完成对澳大利亚煤矿 Coal & Allied 的全资收购。

2017 年 11 月初，兖州煤业控股的澳大利亚上市公司兖煤澳洲以 24.5 亿美元对价收购力拓集团下属联合煤炭工业有限公司（Coal & Allied，简

---

① 内容参考网络公开文章：《兖煤在澳子公司借壳上市》。

称“C&A”）的100%股权项目成功交割。收购完成后，兖煤澳洲将管理和拥有符合澳大利亚矿产储量联合委员会JORC标准的可观煤炭资源量和储量，成为澳大利亚最大的独立煤炭生产商。本次交易堪称目前中国大型国有控股的A+H股公司在错综复杂的国际资本市场上成功实现收购目的里程碑式的经典案例，被媒体称为“教科书式”的中资公司境外收购。

兖州煤业是由兖矿集团有限公司控股的境内外上市公司，1998年分别在香港、纽约、上海三地上市。兖煤澳洲自2004年成立以来，陆续并购澳洲煤矿资产。2012年，兖煤澳洲在澳大利亚证券交易所上市，使兖州煤业成为中国首家且唯一拥有境内外四地上市平台的煤炭公司。此次通过收购C&A，兖煤澳洲优化了资产结构，进一步扩大了优质资产占比。

二、案例评析

上述两个案例都是境内大型公司、行业巨头跨境并购整合同行业优质公司的代表性案例。一个是汽车行业民营公司巨子并购欧洲老牌汽车品牌沃尔沃，一个是大型国企并购整合澳大利亚煤业。两者通过多次并购、分步并购整合，都取得了巨大的成功。

案例1并购有两点值得借鉴，其一是杠杆并购，利用并购贷款来融资，获得并购资金。其二是并购后的整合非常成功，尤其是信任与文化磨合做得非常好，是整合成功的关键。

案例2则用了分步并购，第一步在澳大利亚完成借壳上市，拥有一家当地的上市公司，之后利用该上市公司作为平台，先后完成了多起并购，成为澳洲最人的煤业巨头。

上述两个跨境并购案例之所以成功，主要在于两点：其一是通过充分的谈判、沟通，达成了多方共赢的并购方案。其二是并购整合非常成功，而这与并购之前的充分的沟通、谈判有关，更与双方的信任与文化磨合有关。

第四节
外资股权并购经典案例评析

本书所指的外资并购是指境外公司、投资机构、基金并购我国境内公司股权、以获得控制权的并购。随着中国经济的持续高速发展，中国公司崛起并成为全球一支重要的力量。有些行业涌现了世界级的公司，甚至世界龙头公司。于是，一些境外公司、投资基金开始紧盯上这些境内公司，不断实施跨国并购。之后，随着外资并购、反垄断、国家安全审查、国有资产管理等系列涉及外资并购法规的逐步健全和完善，外资并购境内行业巨头的行为得以约束和规范。

一、相关案例

【案例 1】 美国卡特彼勒完成对山工机械整体收购案[①]

据新华网 2008 年 2 月 23 日消息，经商务部和山东省政府批准，美国卡特彼勒公司近日完成了对山东山工机械有限公司（以下简称“山工”）剩余 60% 股份的收购，实现完全并购。

2005 年 3 月，中美合资的山工成立后，就正式加盟卡特彼勒全球体系。卡特彼勒出资约 880 万元收购山工 40% 的股份，其中包括 20% 的国有股份。依据双方合约，卡特彼勒有权在未来三年内收购剩余 60% 股份。

据了解，位于山东青州市的山工在合资前是一家效益不错的公司，主要生产 ZL 系列装载机、挖掘装载机和挖坑挖壕机，在市场上享有一定知名

① 内容参考网络公开文章：《美国卡特彼勒完成对山工机械整体收购》。

度。经过几年发展，山工已成为山东工程机械的龙头公司，在产业链上有近 200 家供应商、100 多家代理商。

【案例 2】　高盛收购双汇[1]

高盛收购双汇的基本方式是多元化的并购方式，高盛是集投资银行、证券交易和投资管理等业务为一体的国际著名投资银行。而漯河市双汇集团是以肉类加工为主，跨行业、跨地区、跨国经营的特大型食品集团。从两个公司的业务类型上看，高盛与双汇在业务上几乎没有任何的关联性，高盛收购双汇的方式是多元化的并购方式。

由于高盛在收购双汇集团的股份时，遭遇到了要约收购 30% 底线的难题，于是高盛采取了较灵活的收购路径，其收购路径大概经过两个阶段：

第一个阶段是 2006 年 2 月，高盛策略投资（亚洲）有限公司（高盛拥有 100% 的股权）和鼎晖有限公司分别以 51% 和 49% 的股权投入建立罗特克斯香港公司，注册资本 15 亿港元，高盛拥有对该公司的绝对控制权，高盛通过罗特克斯香港公司中标，用 20.1 亿元人民币收购双汇集团 100% 股权，从而收购双汇集团拥有的上市公司双汇发展（000895）35.72% 的股份。这就避免了高盛直接收购双汇发展的情况，进而为第二步的收购打下基础，使高盛还可以具有近 30% 的融资比率。

第二个阶段是高盛购进海宇投资持有的双汇发展的 25% 的股份，通过此阶段高盛直接控制了双汇发展 25% 的股权，再加上之前通过罗特克斯香港公司间接控制的双汇发展 35.72% 的股份，高盛共获得了对双汇发展 60.72% 股份的控制权。

这样，高盛最终获得了对双汇的实际控制权，将中国最大的肉类加工公司收入了囊中。

---

① 内容参考网络公开文章：《高盛收购双汇案》《高盛收购双汇的动机分析》等。

【案例 3】可口可乐并购汇源案[①]

可口可乐自 1979 年进入中国，到 2007 年，可口可乐在中国碳酸饮料和果汁市场的市场份额分别为 60.6% 和 7.6%。

汇源成立于 1992 年，到 2007 年汇源占中国果汁市场 5.6% 的份额，紧随可口可乐之后，位居次席。

2008 年 9 月 2 日，可口可乐以每股 12.2 港元的价格拟收购汇源 100% 的股权，该项交易约 179.2 亿港元。由于可口可乐和汇源 2007 年在中国境内的营业额分别为 12 亿美元（约合 91.2 亿元人民币）和 3.4 亿美元（约合 25.9 亿元人民币），均超过 4 亿元人民币，超过了《国务院关于经营者集中申报标准的规定》的申报标准，因此此项并购必须接受反垄断审查。

2008 年 9 月 18 日，可口可乐向商务部递交了申报材料。2008 年 11 月 20 日，商务部对此项申报开始立案审查。在审查过程中，商务部评估了该项并购的竞争效应，认为它可能产生排除、限制果汁市场竞争，抑制果汁市场创新，挤压中小果汁生产公司生存空间的反竞争效果。在与可口可乐就救济措施谈判未果后，商务部于 2009 年 3 月 18 日禁止了此项并购。

【案例 4】凯雷收购徐工机械案[②]

2005 年 10 月 25 日，徐工集团、凯雷徐工、徐工机械三方签订《股权买卖及股本认购协议》和《合资协议》，凯雷以 3.75 亿美元收购徐工机械 85% 的股份。

2002 年年底，徐工集团被列入了江苏省政府 82 家改制公司的名单，开始了长达 3 年的引资重组。

2003 年年中，摩根大通正式出任徐工集团的财务顾问后，将徐工集团

---

① 内容参考网络公开文章：《可口可乐收购汇源案例分析》。

② 内容参考网络公开文章：《揭秘徐工收购案》《凯雷缘何折戟中国》等。

复杂交错的资产关系进行了资产的审计、剥离，历时半年，最终将徐工集团核心的重型厂、工程厂、装载机厂以及上市公司徐工科技、80.6亿元人民币的知识产权打包，组成徐工集团工程机械有限公司（以下简称“徐工机械”）。

2005年9月2日，徐工科技发布公告称，其母公司徐工集团受让中国华融资产管理公司、中国东方资产管理公司、中国信达资产管理公司和中国长城资产管理公司共计持有徐工机械48.68%的股权的过户手续已经在徐州市工商行政管理局办理完毕。此次股权转让完成后，徐工机械变更为国有独资公司。对于徐州市政府而言，徐工集团改制“第一个是要获得资金，解决员工安置这些历史遗留的问题；第二是要将股权分散化、国际化；第三就是将徐工品牌做大做强”。

2005年9月，徐工科技发布公告，战略投资者确定为凯雷。为了本次收购,凯雷专门成立了全资子公司凯雷徐工机械实业有限公司(以下简称“凯雷徐工”）。凯雷徐工将以2.55亿美元（约合20亿元人民币）购买徐工集团持有的82.11%的徐工机械股权。同时，凯雷徐工将对徐工机械分两次进行注资，总额为1.2亿美元。股东变更后的徐工机械将成为中外合资公司，投资总额为42亿元人民币。根据中国的《外商投资项目核准暂行管理办法》，属于《外商投资产业指导目录》分类中“鼓励类”的徐工集团，由于涉及引进外资的总投资（包括增资额，下同）超过1亿美元，需由国家发改委核准项目申请报告。同时，作为外商投资项目，这起并购也需商务部批准。另外，本次收购案被要求提供一份反垄断报告——证明凯雷在收购中国最大的机械制造商后并不会带来市场“垄断”，以致妨碍国内市场正当竞争。

2006年10月25日，一纸新的《股权买卖及股本认购协议》重新签订，凯雷对徐工机械的持股比例由85%降为50%。凯雷徐工将以相当于12.17亿元人民币的等额美元购买徐工集团所持有的40.32%徐工机械的股权，并以相当于5.84亿元人民币的美元增资徐工机械，最终获得徐工机械50%的股权，徐工集团仍将保留50%的股权。

2007年年初，商务部最终否决了该方案。

2008年7月22日，徐工科技发布公告称，公司接实际控制人徐工集团书面通知，徐工集团、凯雷徐工、徐工机械之间签署的所有协议已过有效期，三方不再就上述合资事项进行合作。

二、案例评析

在上述4起著名的外资并购境内公司案例中，前两起并购案件都获了成功。双汇借此并购获得了超前的发展，在高盛的帮助下，双汇不断进行跨国并购，成为全球具有影响力的食品行业龙头。而并购方高盛在双汇并购案中获得了巨大的投资收益，收益超过数百亿元人民币。应该说双方均获得了巨大成功。

后两起并购案因为反垄断审查而招致失败，主要在于这两起并购案正好处于我国《反垄断法》颁布不久，且都属于并购国内知名度很高、行业地位很高的行业巨子，又引发了媒体舆论、社会公众及同行业竞争对手的高度关注与质疑，因此，导致反垄断审查未能通过，从而导致并购失败。由此可见，在外资并购中，与相关各方积极沟通是十分必要的。

第五节
国企并购经典案例评析

本书所指的国企并购是指并购国有公司，也就是并购方通过股权并购模式掌握国有公司掌控权的收购模式。这类收购大都发生在国企改制、混合所有制改革等制度安排下。

一、相关案例

【案例 1】平浦投资 100% 收购上海家化，国资完全退出[①]

2011 年，上海家化公告称，上海联合产权交易所 11 月 7 日发布家化集团 100% 股权转让竞价结果通知，平安信托旗下公司平浦投资成为家化集团 100% 股权受让人。

上海家化作为国内化妆品行业首家上市公司，拥有六神、美加净、佰草集等众多国内知名的日化品牌，被称为国内日化行业中少有的能与跨国公司开展全方位竞争的本土公司。作为试点，近 5 年来已经两次进行股权激励，员工覆盖面达到 40% 左右。

2010 年，我国日化行业亏损公司 77 家，亏损额 5.12 亿元。我国 4000 家化妆品公司仅仅控制着中国 10% 的市场，90% 的中国化妆品市场都被外资控制。

这次股权并购意在通过股权制度的改革，建立真正意义上的市场化公司，进而能够制定符合市场规则的薪酬体系、股权激励机制和公司发展战略，最终使上海家化成为一家综合时尚产业集团。

【案例 2】南北车合并，中国中车诞生[②]

2015 年 5 月 17 日晚，中国北车发布《关于 A 股股票终止上市的公告》

① 内容参考网络公开文章：《上海家化改制 70亿国资彻底退出》《国企改革经典案例》等，以及中国南车、中国北车的上市公司公告。

② 内容参考中国南车、中国北车的上市公司公告。

和《关于公司H股与A股股票同日终止上市的提示性公告》。

“根据《上市规则》第14.4.12条的规定，本所在公告公司股票终止上市决定之日起五个交易日内，对你公司股票予以摘牌，公司股票终止上市。”根据上海证券交易所的安排，上交所将于2015年5月20日对中国北车A股股票予以摘牌，中国北车A股股票终止上市。

香港联交所也已批准撤回中国北车H股股票在港的上市地位，自2015年5月20日下午4时整起生效。

另外，中国南车在5月17日也发布了《关于本次合并的换股实施公告》。公告内容显示，本次合并的换股实施股权登记日为2015年5月20日，换股实施股权登记日收市后中国北车A股股东持有的中国北车A股股票将按照1:1.1的比例转换为中国南车A股股票，即每1股中国北车A股股票可换取1.10股中国南车A股股票。

公告称，中国北车A股股票终止上市后，中国北车A股股东在中国北车A股股票终止上市前尚未领取的现金红利拟继续委托中国证券登记结算有限责任公司上海分公司发放。在中国高铁日益引发海外关注的当下，“两车”合并将助力中国高铁“整装出海”。

二、案例评析

上述两个案例都是典型的并购国有公司的案例。案例1是为了盘活资源激发国企活力，采取整体转让给民企的模式，通过挂牌交易实现100%股权退出，使得上海家化私有化。

案例2是为了应对中国高铁走出去，将中国最大的两家车辆生产制造公司合并，组建超级公司。其交易模式是采用中国南车吸收合并中国北车的模式。具体交易就是，中国北车并入中国南车，中国北车的股东按照1:1.1的比例换得中国南车的股票，合并完成后，中国北车退市注销，中国南车更名为中国中车。

对国有公司的并购基本是在国企改革的制度安排下进行的，尤其是针对大型国企的收购。是国企改革的重要举措，对激活国有公司、提升经营效率与业绩意义重大。而央企的合并，有助于整合资源，增强国企的竞争力。

第六篇

股权并购基金与公司战略并购

06

美国著名经济学家、诺贝尔经济学奖得主乔治·斯蒂伯格对公司并购曾有过精辟的描述：“一个企业通过并购其竞争对手的途径成为巨型企业，是现代经济史上的一个突出现象”“没有一个美国大企业不是通过某种程度、某种方式的并购而成长起来，几乎没有一家大企业主要是靠内部扩张成长起来”。

第六篇的第十四章、第十五章及第十六章，主要介绍了三大类成功公司。第一类是依靠自己创建公司为主，并依靠不断地创新与进取精神，将公司做成行业标杆与龙头。这是绝大多数优秀公司的成长之路。比如华为、索尼、杜邦、“BAT”、谷歌、苹果等。第二类是投资并购基金式公司集团。这类公司依靠资本的力量不断进行投资、孵化、并购，然后通过整合提升被收购公司的价值，择机获利退出。例如高瓴资本、复星、巴菲特公司等。第三类就是实业型并购整合公司，并购是其强大的手段，而非本质。其以并购为手段逐步构建庞大的实业集团。代表是美国丹纳赫与巴西的3G资本。这三类公司虽然成功模式有所不同，发展路径也不相同，但并购是三者走向成功之路的共同之处。

第十四章

股权并购基金

股权并购基金，是指专注于对目标公司进行股权并购的基金，其投资手法是通过收购目标公司股权，获得对目标公司的控制权，然后对其进行一定的重组改造，以加快公司的发展，持有一定时期后再出售或者进行资本运作。并购基金最终会通过被投资公司上市、被并购等方式实现退出，获得投资收益。

在投资方式上，并购基金多采取权益型投资方式，绝少涉及债权投资。投资标的一般为私有公司，且与风险投资不同的是，并购基金比较偏向于已形成一定规模和产生稳定现金流的成形公司。

并购基金投资退出的渠道有：IPO、售出或转让（Trade Sale）、兼并收购（M&A）、标的公司管理层回购，等等。当然，若被并购公司经营不善，并购基金最差的退出方式则可能是清算退出。

股权并购基金与其他类型投资的不同表现在，风险投资主要投资于创业型公司，并购基金选择的对象是成熟公司；其他私募股权投资对公司控制权无兴趣，而并购基金意在获得目标公司的控制权。

第一节

股权并购基金概述

一、国内股权并购基金逐步发展

随着中国资本市场多层次模式的逐步发展，并购市场在如今的中国私募股权行业有着举足轻重的地位，并购已成为与 IPO 并驾齐驱的主流退出方式。随着 A 股市场上市公司数量的增多，可以预见的是，未来并购将成为绝大多数公司股东或投资基金退出的主要渠道。

在国际市场上，并购基金是私募股权基金的主流模式。全球并购基金兴起于 20 世纪 80 年代，在第四次并购浪潮中，以美国 KKR 为代表的杠杆并购投资基金开始崭露头角。2017 年，全球并购基金已经达到了全球私募股权基金的六成，全球并购交易量也达到 3.7 万亿美元的量级。从区域而言，北美市场一直占据全球并购市场的半壁江山。值得注意的是，亚太地区的并购市场份额逐年攀升，2017 年亚太地区并购基金市场份额已经超过了全球并购基金市场份额的 20%。

随着中国经济的进一步发展，错过了前五次并购大潮的中国开始在第六次并购浪潮中崭露头角，并在第七次浪潮中成为全球并购市场的主力军，无论是走出去跨国并购，还是国内公司并购整合；无论是远走异国他乡并购外国公司，还是被跨国巨头在国内进行外资并购，中国已经走在了第七次全球并购浪潮的舞台中央。随着中国成为第七次并购浪潮的主力军，股权并购基金逐渐从孕育中走向成熟。虽然与国际并购基金还存在巨大差距，但是国内并购基金已经开始走在探索的大路上。私募股权投资基金从最初的 VC、PE 及临门一脚投机性较强的 Pre-IPO 已经逐步向两端延展。一端向天使投资、种子投资方向发展，尤其是双创浪潮中；另一端则向后端发展，围绕上市公司进行，出现了上市公司 +PE、PIPE 等并购基金模式。为产业整合、上市公司做大做强提供了新的资本支持。

中国并购基金市场自 2000 年外资并购基金收购国有公司股权之后开始兴起，本土并购基金则起源于 2003 年弘毅投资的成立。

近年来我国并购市场因为产业结构调整升级和经济转型得到了发展。传统行业产能过剩，亟须转型；新兴行业飞速发展，需要外延式扩张。公司在产业新旧秩序更迭的关键期，更需要连续升级：通过横向并购获取规模经济、通过纵向并购获取产业链经济、通过混合并购实现多元化战略和业务转型。

根据清科私募通数据，2010—2017 年，并购基金在中国市场完成了 1222 起并购投资，披露投资金额的 797 起案例中投资总额达到了 689.34 亿元。根据投资案例数量，活跃度最高的三个行业是生物技术 / 医疗健康、IT 和互联网，与整个私募股权投资市场最活跃的三个行业不谋而合。

但是，中国并购市场的并购基金与国际市场上的控股并购还有一定差距，中国市场上的主流并购基金更多是承担融资的角色。随着中国并购市场各部分的逐渐完善，并购基金的主要功能也会逐渐从融资转变为投资。

二、国内股权并购基金的交易结构与基本模式

1. 国内股权并购基金交易结构图[①]

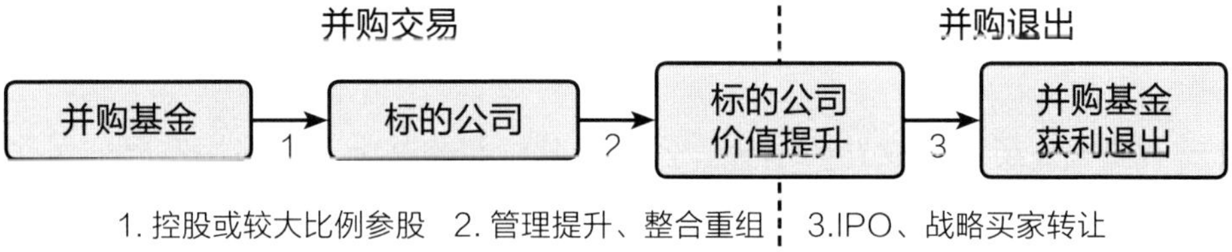

图14-1 国内股权并购基金交易结构图

① 内容参考网络公开文章：《关于中国上市公司产业并购基金的经典结构设计》。

2. 国内股权并购基金主要法律架构。国内股权并购基金主要法律架构有如下几类：

（1）有限合伙制基金。有限合伙制基金是指采用有限合伙公司作为基金法律主体而设立的基金，有限合伙基金中，存在两类主体，一类是普通合伙人（GP），GP 可以是单一的，也可以是双 GP。GP 必须是依法在基金业协会成功备案的具有基金管理人资格的机构。另一类是有限合伙人（LP），LP 必须是合格投资人，可以有多个，可以是法人、自然人、其他组织等。但在有限合伙基金中，LP 与 GP 总共不能超过 50 个。该类基金的法律结构如图 14-2 所示。

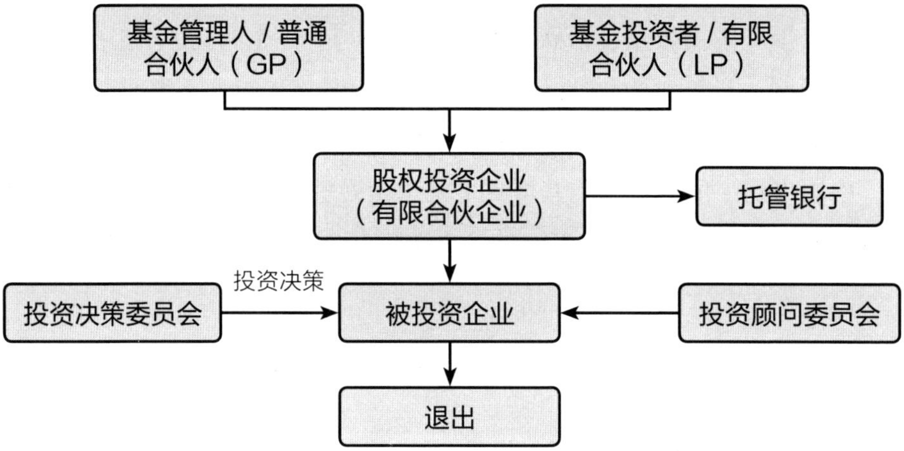

资料来源：公开网络

图14-2　有限合伙制基金的法律结构

（2）公司制股权并购基金。公司制股权并购基金是指采用有限公司作为股权并购基金法律主体的模式。在公司制基金中，管理人与投资人可以进行有关出资、公司治理（表决权、投资决策等）、利益分配的约定。具体可以约定在投资协议及公司章程中。在公司制基金中，管理人与投资人总共不得超过 50 人。该类基金的法律结构如图 14-3 所示。

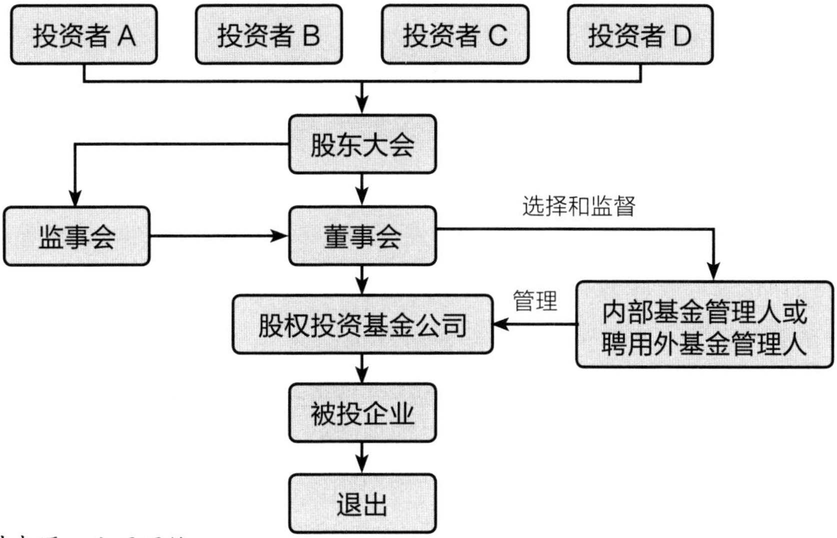

资料来源：公开网络

图14-3　公司制股权并购基金的法律结构

（3）信托制股权并购基金。该类基金模式是指以信托公司设立信托计划（单一或集合信托）的模式设立的基金。其关于投资人的要求必须符合《信托法》的有关规定。其法律结构如图 14-4 所示。

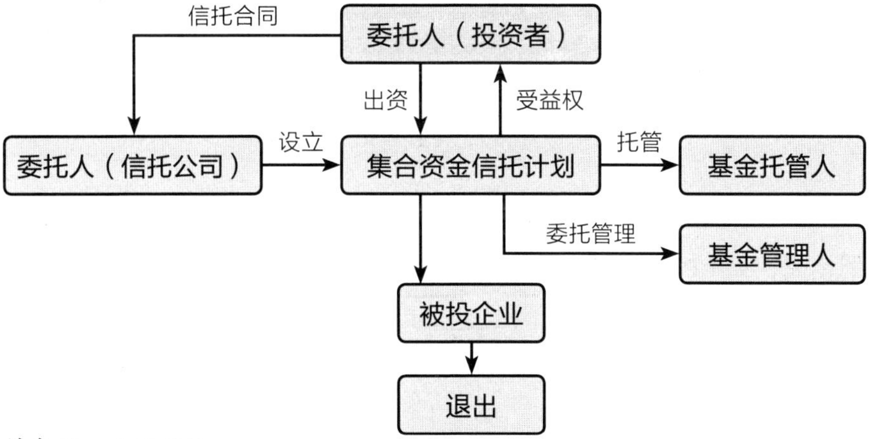

资料来源：公开网络

图14-4　信托制股份并购基金的法律结构

（4）契约式基金。契约式基金又称为单位信托基金（Unit Trust Fund），指专门的投资机构（银行和公司）共同出资组建一家基金管理公司，基金管理公司作为委托人通过与受托人签订“信托契约”的形式发行受益凭证——“基金单位持有证”来募集社会上的闲散资金。

契约式基金由基金投资者、基金管理人、基金托管人之间所签署的基金合同而设立，基金投资者的权利主要体现在基金合同的条款上，而基金合同条款的主要方面通常由基金法律所规范。

契约式基金与信托一样具有比较完善的法律、法规基础，主要受《证券投资基金法》《私募投资基金监督管理暂行办法》《私募投资基金管理人登记和基金备案办法》约束。其产品构架和信托一样施行委托人、受托人、托管人三方分离。其法律结构如图 14-5 所示[①]。

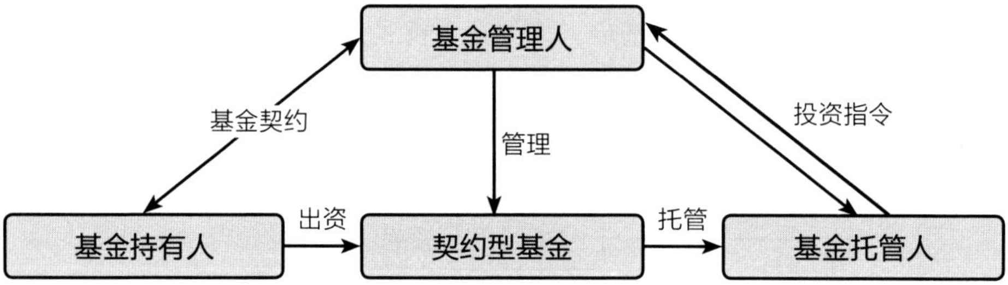

图14-5　契约式基金的法律结构

（5）信托制 + 有限合伙制混合基金模式。该类基金是指 LP 采用信托计划模式，而 GP 与 LP 的信托计划设立有限合伙，并以有限合伙作为基金的法律主体。其法律结构如图 14-6 所示。

① 内容参考网络公开文章：《契约型基金全解析》。

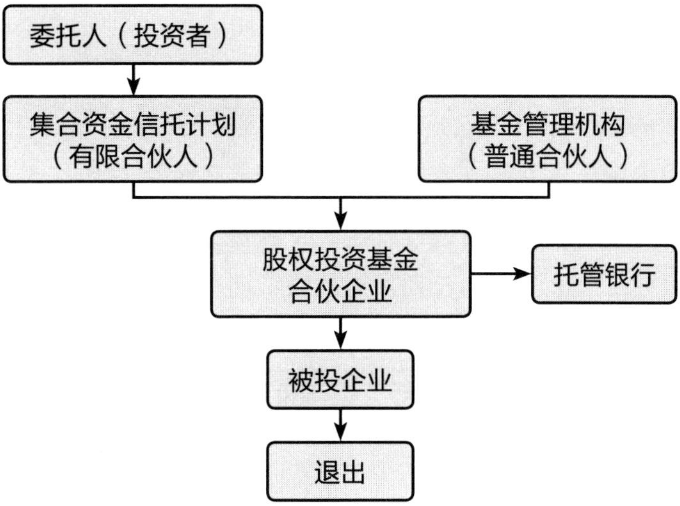

资料来源：公开网络

图14-6 信托制+有限合伙制混合基金模式的法律结构

（6）结构化股权并购基金。结构化股权并购基金又称结构化分级基金或者分级基金，本质是把投资者分割为不同层级，而不同层级的投资者对应不同的风险和收益。市场上常见的这类基金通常分为优先级、劣后级两层结构（有的还有中间层），其中优先级投资者享受基金到期后的预期固定收益，比如年预期收益率5%—10%，会由劣后级投资者的资金来保证优先级投资者的本金和预期固定收益，而劣后级投资者在承担风险的同时则享受预期固定收益之上的投资收益。

在上述并购基金法律架构中，有限合伙模式是最为常见的模式，相对于其他模式，其有两大优势：第一，基金的管理模式与内部治理结构最为灵活、高效。在有限合伙模式中，GP代表有限合伙体对合伙事务进行管理，而LP仅出资而不参与管理，这有利于提升合伙体的决策效率。第二，有限合伙体本身不作为所得税的纳税主体，而由合伙人直接纳税。因此，避免了双重征税问题。

三、国内股权并购基金的主要模式

当下国内股权并购基金的主要模式有如下几类：

1.“上市公司+PE”模式。“上市公司+PE”，即上市公司与私募股权机构共同成立产业并购基金，主要投资于上市公司上下游公司，待项目运营成熟后，再由上市公司进行收购，并购基金从而实现退出。这种基金模式一般服务于上市公司的长期发展战略，进行上下游产业整合。该类基金法律结构如图 14–7 所示[①]。

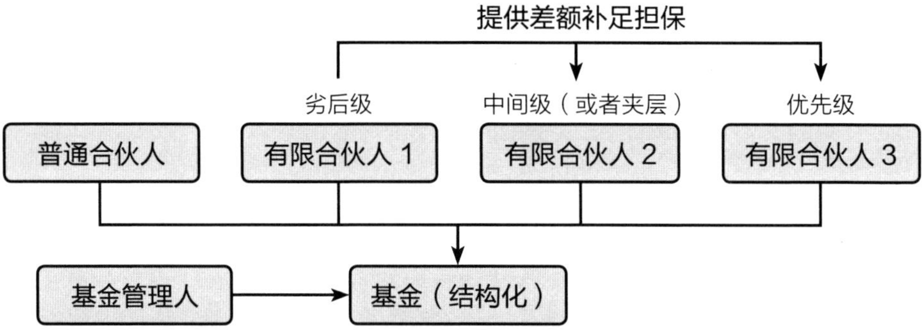

注：普通合伙人和基金管理人可以是同一法人（或公司）也可能是非同一法人（或公司）

图14–7　上市公司+PE模式基金的法律结构

该类基金结构为：由上市公司联合其他机构共同出资，不存在优先劣后之差别。一般基金会有开放期，视基金发展情况及潜在项目的投资进展由 GP 对外募集投资或者由上市公司或机构进行增资。收益分配的顺序一般是：①按出资比例返还合伙人的累计实缴出资，直至各合伙人均收回其全部实缴出资；②支付合伙人出资优先回报，通常会设立一个门槛收益率，在达到门槛收益率之前，GP 将基金全部收益按合伙人出资比例分配至各合伙人账户；③支付普通合伙人的管理报酬：合伙人累计实缴出资的内部收

① 内容参考网络公开文章：《上市公司+PE型并购基金模式与案例分析》。

益率超过门槛收益率后，则基金全部收益的 20% 分配给普通合伙人，剩余部分按实际出资比例分配给各合伙人。

该类基金的存续期一般为 2—10 年，主流的是 5—6 年。退出方式有 IPO、并购、管理层回购、上市公司收购重组等。一般会约定上市公司有优先收购权。所投资项目以资产注入的方式进入上市公司体系内，基金实现退出，退出方式可以是现金，或现金 + 股票，或股票。该类并购基金的投资领域为：上市公司“量身定制”，一般为上市公司产业链上下游或上市公司意欲进入的新兴战略业务。其投资决策一般由上市公司占据主导地位。“上市公司 +PE”的模式对于上市公司和私募股权机构而言都有一定益处。

对于上市公司而言，通过并购基金对标的公司进行提前了解，减少未来并购信息不对称的风险；并购基金的拟标的公司可成为上市公司的储备池，上市公司可以提前进行战略布局和培育。在财务成本方面上，上市公司通过并购基金进行收购属于杠杆收购，只需要付出部分资金便可启动项目，不过多占用上市公司自身的营运资金。在市值管理上，通过并购基金的方式进行收购等项目，总体风险较为可控，为二级市场的投资者提供了一个明确的预期信号，从而推动上市公司的股价上涨。

对于私募股权机构而言，该类基金最大的优势就是提前锁定退出渠道。上市公司在介入的同时在项目选取上会带来公司对于相关行业的深入了解，从而提高对项目质量的判断。另外，如果上市公司为了达到产业整合的目的，会更主动地参与甚至主导投后管理，促进标的公司的良性发展。从基金募资的方面来看，因为基金有上市公司背书，且一般是在确定标的之后开始募集资金，在募资市场上对需要“短平快”的投资者会有较大的吸引力。

“上市公司 +PE”并购基金是过去几年国内股权并购基金最为流行的运作模式。数百家上市公司纷纷发布公告，拟成立该类基金。此种运作模式也成为上市公司主要的并购模式和市值管理模式。

2. 产业并购基金。本书所指的产业并购基金是指专注于对某个行业或产业链进行并购整合的基金，其一般运作的模式是，用并购基金先投资设立或先收购一个产业并购整合平台，然后以此平台为基础，展开对整个行业或产业链的并购整合。具体通过收购系列目标公司股权，获得对目标公司的控制权，然后对其进行一定的重组改造，持有一定时期后再出售。或者通过产业并购整合平台上市而实现投资退出，获得并购收益。

产业并购基金在国内主要有两类：第一类是地方政府设立的产业并购基金，该类基金引入一些大型基金合资设立专项基金，用于地方产业规划与发展。第二类是高瓴资本、复星集团等针对特定产业设立的产业并购整合基金，比如高瓴资本的宠物产业基金，复星的大健康产业基金。

从并购的动机出发，大致分为三类：一是以借壳上市为目的的股权置换式并购；二是以整体上市为目的的资产注入式并购；三是以产业整合和产业价值提升为目的的资产重组与并购。

上述第三种方式即所谓的产业并购。与借壳上市和整体上市为目的的并购活动相比，产业并购在决策主体、并购目的和并购方式上都区别于前两者，进而在价值创造活动中也体现出其独特的作用。

因此，从长期看，第一，产业并购可以通过财务的协同、管理的协同以及文化的协同等提升公司的内在价值。第二，以产业整合为目的的并购也是与我国产业结构调整升级相伴而生的，并将在一个较长的时期内成为并购市场的主流。

3.PIPE 基金。PIPE 全称为 Private Investment in Public Equity，从投资者的角度可以翻译为“私募股权投资已上市公司股份”，从上市公司的角度可以翻译为“上市公司私募股权融资”。PIPE 业务指将公开交易的普通股和某些形式的优先股、可转债以私人交易方式出售给投资者。PIPE 是上市公司在公开发售方式以外提供上市股份的一种途径，带有一级市场的色彩（见图 14-8）。在美国，PIPE 业务既可以在美国证券交易委员会（SEC）注册完成，也可以经非注册的方式完成私募发行。

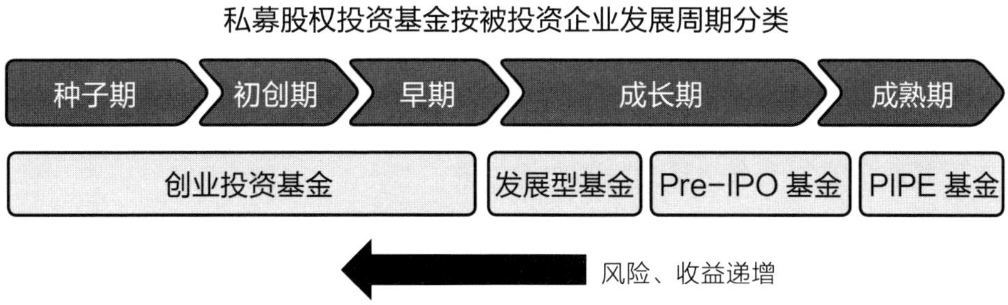

图14-8　PIPE基金对应的公司成长阶段

在目前的法律框架下，当前国内主流的 PIPE 交易类型包括竞价定增、定价定增、协议转让等几类情形。

（1）竞价定增。竞价定增是目前国内最常见的 PIPE 交易类型。根据《上市公司证券发行管理办法》和《上市公司非公开发行股票实施细则》，上市公司可采用非公开方式，向特定对象发行股票，其中特定对象不得超过 10 名。

上市公司非公开发行股票，发行价格不低于定价基准日前 20 个交易日公司股票均价的 90%；发行的股份自发行结束之日起，12 个月内不得转让。竞价定增方式下，投资者应基于自身对上市公司价值的判断，确定拟申购价格和数量并填写申购报价表。申购报价结束后，上市公司及保荐人应当对有效申购按照报价高低进行累计统计，按照价格优先的原则合理确定发行对象、发行价格和发行股数。

（2）定价定增。《上市公司非公开发行股票实施细则》规定："上市公司董事会决议提前确定全部发行对象，且属于下列情形之一的，定价基准日可以为关于本次非公开发行股票的董事会决议公告日、股东大会决议公告日或者发行期首日，认购的股份自发行结束之日起十八个月内不得转让：

①上市公司的控股股东、实际控制人或其控制的关联人；

②通过认购本次发行的股份取得上市公司实际控制权的投资者；

③董事会拟引入的境内外战略投资者。”

定价基准日前二十个交易日股票交易均价的计算公式为：定价基准日前二十个交易日股票交易均价 = 定价基准日前二十个交易日股票交易总额 / 定价基准日前二十个交易日股票交易总量。

除上述三种情况以外的非公开发行股票，上市公司应当在取得发行核准批文后，按照细则的规定以竞价方式确定发行价格和发行对象。即当PIPE 的投资者为上市公司控股股东等内部人或关联人、新晋实际控制人、战略投资者时，上市公司可自主决定发行对象，而无须采用竞价方式确定。

（3）协议转让。《上市公司流通股协议转让业务办理暂行规则》第三条规定：“上市公司流通股股份转让涉及下列情形之一的，可以通过证券交易所和结算公司办理流通股协议转让手续：

①与上市公司收购及股东权益变动相关的股份转让；

②转让双方存在实际控制关系，或均受同一控制人所控制的；

③外国投资者战略投资上市公司所涉及的股份转让；

④中国证监会认定的其他情形。”

证券交易所和结算公司对转让双方提交的申请材料进行形式审核，转让双方应当对其提供的申请材料的真实性、准确性、完整性和合法性负责。也就是说，无论是国内投资者还是国外投资者，均可以通过协议转让方式受让上市公司流通股股权。国内 PIPE 基金的代表机构是和君资本。

4. 并购上市公司基金。本书所指的并购上市公司基金是指专门用于并购上市公司、获得上市公司控股权，通过掌控上市公司，完成上市公司转型升级、产业整合，从而在资本市场获得投资收益的并购基金运作模式。

在实践中，该类基金在国内的运营模式主要有如下几类：

（1）上市公司纾困基金。该类基金用于挽救陷入困境中的上市公司，通过并购上市公司控股权及增资或贷款，使上市公司走出困境。若陷入困境的上市公司处于破产重整之中，该基金可以战略重组方模式进入并接管上市公司。

（2）收购上市公司控股权基金。该类基金针对中小型市值、股权比较分散的上市公司采取控制权收购，以获得上市公司控制权为目的，在掌控上市公司后再进行有关的赋能，帮助上市公司获得发展，走出困境。实践中，该类基金获得上市公司控制权的模式有善意收购与恶意收购两大类。

善意收购是该基金与上市公司实际控制人、控股股东协商一致后进行的控制权收购。反之则为恶意收购。

第二节
国内股权并购基金实践案例

一、产业并购基金经典案例与评析

1. 股权并购产业基金经典案例

【案例 1】　复星并购基金运作模式：以旅游业“新物种”复星旅文为例

复星集团主要依靠自身力量构建庞大的产业集团，不同于投机式投资的投资基金，投资收购是为了短期获益退出，更不同于新型的互联网科技巨头，依靠投资并购进行生态布局，维持自己的竞争力，防止被后来者所颠覆。复星的理念则是依靠投资与并购长期经营和管理被投资、被收购公司，由此构建了庞大的产业版图。下面就以复星并购整合的新型文旅产业为例，透视复星集团并购新模式。

复星旅文并购整合模式：投资 + 孵化 + 并购 + 整合赋能 + 上市

随着旅游业“新物种”复星旅文于 2018 年 12 月 14 日在香港联交所主板成功上市，其未来发展的轮廓层次开始渐渐鲜明。复星旅文创建的 Foliday 生态体系涵盖 Family、Fun、Friends 的一站式全球旅游生态体系，更能代表信息革命时代、智能科技时代。

2016 年在开曼注册成立并于 2018 年年末在香港上市的复星旅文，是如何不断整合全球旅游产业链的品牌和资源，构建起自己独特的 Foliday 旅游生态体系的？又将如何让 Foliday 成为休闲度假的代名词，让“Everyday is Foliday（快乐每一天）”的生活方式融入每个家庭的？其布局如图 14–9 所示。①

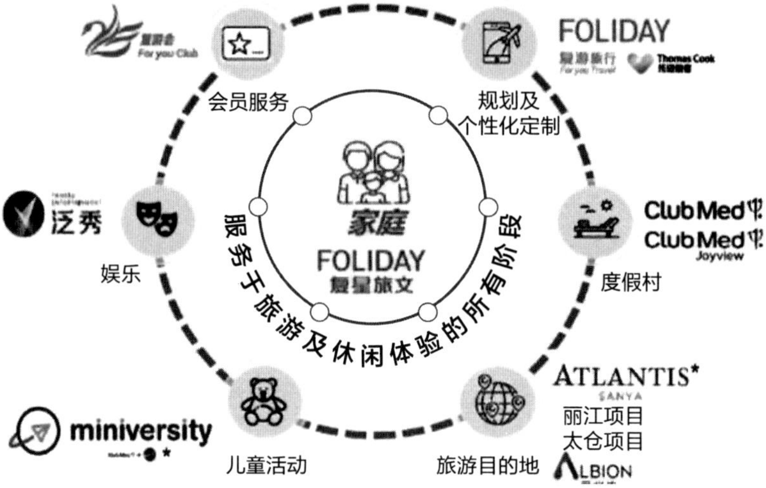

注：图中品牌为复星旅文业务合作伙伴或由业务合作伙伴拥

资料来源：邓妍.复星3F计划一家中国式公司的全球并购及本土实践[EB/OL].(2019-07-05).http//baijiahao.baidu.com/s?id=1638192899892762911&wfr=spider for=pc.有的品牌

图14–9　复星旅文Foliday的合作伙伴们

① 图片来源于：邓妍的文章《复星3F计划 一家中国式公司的全球并购及本土实践》。

复星旅文倡导的Foliday生活方式，其中，F有三层含义：一是Fun——快乐；二是Family——和睦的大家庭；三是Friends——朋友、情感、社交。

通过构建Foliday生态体系，复星旅文已建立三大业务板块：度假村服务、旅游目的地、基于度假场景的服务及解决方案。三大业务板块形成了商业闭环，可以为大量的中产阶级提供全方位优质旅游服务，这也形成了复星旅文较强的护城河优势。Foliday生态系统是一个不断发展的动态体系，是将不同的旅游及休闲解决方案整合到同一个平台，并不断补充到集团客户到智造者（C2M）的全球生态系统里。

复星旅文取得超常规发展的业绩，正是源于几年来整合全球旅游品牌以及内部品牌孵化、拥有大量独特和稀缺的度假村和旅游目的地资源形成的强大差异化优势。复星旅文在全球收购整合旅游品牌和资源依托的是其国际化团队。复星旅文人才资源全球化特征明显，中高层管理团队就像一个小联合国。

过去几年中，除了完成Club Med、Thomas Cook等一系列投资项目，复星旅文与美泰、太阳马戏等全球知名品牌亦有深度合作。通过投资并购、产品孵化和产业整合，复星旅文汇聚了一批旅游业的领先品牌，并因为这一系列动作，被市场称为“中国动力嫁接全球资源”。复星旅文从投资开始起步，除了内部孵化之外，未来投资和收购仍将对复星旅文的成长起到非常关键的作用。复星旅文将坚持相对稳健的业务发展模式，强调轻重资产结合的发展，在项目周边开发迎合消费者需求的旅游度假地产品，并用现金的加速回流来补位度假目的地的前期投入，同时，回租地产项目来丰富住宿产品。

上市以来的业绩增长证明了复星旅文新商业模式非常有效。随着复星旅文生态体系的逐步完善、越来越协同，未来的业务飞速增长值得期待。[①]

① 内容参考网络公开文章：《复星3F计划 一家中国式公司的全球并购及本土实践》。

【案例 2】高瓴资本模式：搭建产业投资平台＋投资＋并购＋孵化＋整合＋赋能＋运营＋上市，用数字化技术改造整合传统产业[①]

相较于和高瓴成立同期来华的外资大 PE 们（无论华平、KKR 还是凯雷），高瓴显然更为激进：仅从 2010 年以 3 亿美元豪赌京东一案就可以看出它对 PE 既有定价体系的漠不关心。

“中国每个领域的战争，要么是升维打法，要么是降维攻击，反正始终必须以变换战场和改变规则取胜。”这句话可以作为拆解高瓴秘密的一把钥匙：它是唯一一家从二级市场起步，反过来系统性布局一级市场的中国基金；而在和一级市场玩家的军备战中，它又拥有最强烈的建立资本王国的本能——唯有如此才能实现它行业整合和公司实操的抱负。不断膨胀的野心给高瓴带来了规模的指数级增长：从它 2005 年成立时的 3000 万美元到如今的 600 亿美元，14 年增长了 2000 倍。从大举进入一级市场进行产业整合，并下沉到实业管理运营角度，足见其不同一般的投资理念。以下从两个不同的案例操作模式，来解读高瓴资本的与众不同。

（1）通过产业并购整合模式进入宠物行业及线下连锁药店行业。掌舵人张磊决定投入重金进入宠物市场。以投资宠物食品公司比瑞吉为原点，高瓴渐次切入宠物医院、宠物店、行业 SaaS 系统、供应链金融等领域，深入宠物行业的各个环节。尤其是宠物医院板块——这是个高度分散、水平参差的传统领域，高瓴以“孵化＋整合”两线并行，一度以一年 300 家的拓店速度，通过 3 年时间整合了 10 余个遍布国内主要城市的宠物医院品牌。截至 2018 年夏天，高瓴投资的宠物医院数超过 700 家，从绝对数量上来说实属行业第一，且绝大多数以控股并购完成。而这其中，也包括芭比堂——这家并入高瓴系时只有 3 家门店的连锁品牌，如今已有超过 100 家分院。

直到 2018 年，普遍陷入投资主题焦虑的中国 VC 们，才意识到宠物行

---

① 内容参考网络公开文章：《高瓴千亿帝国是怎样炼成的？》等。

业可能存在的机遇。不止一位看好该领域的投资人在开始做这个行业的分析时，才发现“高瓴无处不在”，“高瓴把行业都捋过一遍了”。

高瓴的打法，在发展仅20余年的中国私募股权投资市场实属罕见。无论是搏概率、冲击高回报的早期投资（或称风险投资），还是追求确定性的中晚期PE，“少数股权投资”仍是绝大多数资本的盈利模式。而相较于此，高瓴由宠物行业始开启的产业整合之路，面对的是不可同日而语的难度系数：巨量的资金、投资人对产业稔熟于心的控盘能力，以及人和钱两方面更为长久的耐心。从短期投资回报率来看，这绝对不是倍数最高、回报最快的投资行动。换句话说，做一件千钧之事的背后欲望，已很难仅仅用赚钱来解释。高瓴要的是对生态内公司巨大的，乃至绝对意义上的话语权。

以宠物投资为界，曾经因为在二级市场下注腾讯、在一级市场豪赌京东而名声大噪的高瓴资本，开启了一条全新的发展之路。几乎与此同时，它还主导了一场至今仍在进行的线下药店大并购。相关数据显示，截至2018年10月，其全资或控股的连锁药店遍布全国21个省市及直辖市，拥有门店12,000间，已经是拥有国内数量最多连锁药店的行业巨头了。

（2）重构传统产业上市公司。私有化百丽又分拆上市，高瓴资本上演并购基金“服务实体”教学？①2017年7月25日，百丽国际控股有限公司（以下简称“百丽国际”）正式私有化，从香港联交所退市。发起收购的要约方分别是高瓴集团、鼎晖投资以及百丽的执行董事于武和盛放组成的财团。双方以协议安排的方式收购百丽国际全部已发行股份，收购总价531亿港元，是香港联交所历史上金额最大的私有化交易。交易完成后，高瓴资本持有百丽集团56.81%的股份，鼎晖投资持有12.06%，包括于武及盛放在内的集团管理层持股31.13%。随着私有化的完成，一代鞋王百丽在香港联交所退市，此时距离其上市正好10年。

① 内容参考网络公开文章：《私有化百丽又分拆上市，高瓴资本上演并购基金“服务实体”教学？》。

2019年6月28日消息，百丽国际控股有限公司旗下运动品牌代理业务服务商滔搏国际，于27日晚间正式向香港联交所提交上市申请，拟赴香港主板上市。据了解，滔搏国际拥有国内规模最大的运动鞋服直营门店网络，覆盖30个省份近270个城市。这意味着，百丽国际在私有化近两年后，开始逐步走向资本化之路，拟重新回归资本市场。

百丽国际能够分拆出滔搏国际赴港上市，与私募基金高瓴资本的运作分不开。2017年，长期专注创投的高瓴资本，却突然干起了并购基金的活儿。当年7月，高瓴资本牵头完成国内“女鞋之王”百丽的私有化。从高瓴资本张磊后来的言论看，私有化该机构一方面看中线下连锁零售的未来，另一方面也是为了实施其PE服务实体经济战略，从而发挥优化市场资源配置的重要职能。若滔搏国际成功赴港上市，或将证明高瓴资本的战略是成功的。

高瓴资本之所以运作滔搏国际赴港上市，或与国内体育运动产业正处于快速增长阶段有关。百丽国际女鞋销售表现不佳，而运动化的消费趋势下，其运动产品线仍是优质资产。根据弗若斯特沙利文数据，中国体育相关用品及服务方面的消费总额由2014年的2777亿元人民币增长至2018年的4050亿元人民币，年复合增长率为9.9%，且预计于2023年将达到6101亿元人民币，自2018年起复合增长率预计为8.5%。因此，私有化百丽不久，高瓴资本就着手把滔搏国际从百丽分拆改造，包括品牌更新、提升运营效率等。比如开始涉足虚拟运动竞技、成立TOP电竞俱乐部等。

根据其招股书可知，高瓴资本的分拆运作似乎取得一定成效。2017财年至2019财年（截至2月28日），滔搏国际收入分别为216.90亿元、265.50亿元、325.64亿元，毛利分别为93.8亿元、110.4亿元、136.1亿元，经调整后年度利润分别为15.38亿元、18.10亿元、22.36亿元。从业绩增速上看，滔搏国际截至2018年2月28日的年度收入，相较上年同期增加22.4%；截至2019年2月28日年度收入，较上年同期增加22.7%。相较于体育相关行业9.9%的年复合增长，滔搏国际的业绩表现显然更佳。

高瓴资本之所以携巨额资金私有化百丽，因其熟稔互联网创投，深知线上流量越来越贵，互联网创业的难度越来越高。与此同时，线下流量的性价比开始显现出来。私有化时，百丽拥有13000家女鞋店铺以及7000家运动服饰店。拥有超过2万家线下门店，可能是世界上零售公司中少有的。高瓴资本做过测算，百丽国际光是直营门店，单日进店人数就超过600万。按照互联网的说法，这就是600万日活跃用户。由此可见，张磊带领高瓴资本私有化百丽国际，还是按照流量思维来思考的。此外，高瓴资本的行为似乎也是在实施其PE服务实体战略。

案例评析：上述案例1、案例2介绍了复星集团与高瓴资本产业并购整合的案例与投资并购理念。二者在产业并购投资方面有着很多共同理念，即长期主义下的价值投资。其操作手法也有很多相同之处：利用投资+收购+孵化+整合+赋能+上市。二者的做法既不同于红杉、IDG、深创投等传统的VC、PE或M&A，也不同于腾讯、阿里巴巴等互联网巨头的战略投资并购，而是一种更类似于3G资本的产业投资整合。属于典型的“并购+创业经营”混合思维。

在传统的天使投资、VC、PE、Pr-IPO难以找到优质投资标的的情况下，复星集团与高瓴资本却发挥PE服务实体经济模式的长处，以两种手法予以实施。

第一种手法是针对行业分散集中度低、数字化低，但未来市场规模巨大的，具有巨大市场前景、较大提升空间和效率优化的行业，通过组合模式，即投资+收购+孵化+整合+赋能+数字化技术提升+运营管理+上市，来提高行业集中度，整合产业，打造行业全产业链整合，然后经过长期运营管理，走向资本市场。

第二种是针对上市公司，该类公司具有优势资源，但增长乏力，面临转型或升级，或需要数字化改造。针对该类公司，实施私有化退市，然后通过整合，一方面提升管理效率，引入新的数字化技术，提升运营效率。另一方面，通过进一步的同行业产业链的投资、并购，扩大生态圈。之后通过整合或分拆，再重回资本市场。

高瓴资本的做法与复星产业基金的做法，不同于传统投资、并购基金模式。传统的投资、并购基金不会下沉到具体业务的运营管理、长期管理。也不同于大多数的公司成长，这些公司的成长模式，要么是内生性增长，即通过创新研发，扩大市场份额，提升市场占有率；要么通过外延式增长，通过投资并购进行行业整合，做大做强。高瓴资本与复星的做法却是利用资金、投资与并购、孵化、技术、运营管理来直接整合产业，其模式更像美国初期的摩根产业大并购，当年的摩根是迫于产业债务危机，而被迫实施产业整合并购的。而如今的世界，最牛的玩家是美国的丹纳赫与巴西的3G资本，以及巴菲特的公司。复星产业并购与高瓴资本的做法就是中国的丹纳赫与3G资本。

这种产业并购模式具有产业+金融式的产融结合、产融互动作用。整合改造零散传统行业、改造提升上市公司，对实体经济的推动价值更大。

从实操中看，高瓴资本从二级市场参与优质公司的投资基金，比如，二级市场股票投资于腾讯、投资于京东、投资于阿里巴巴。基本都是从二级市场购买股票，持有股票获得长期投资收益，其不同于部分公募、私募基金机构以及绝大多数股民的投资模式，而类似于巴菲特、段永平及耶鲁大学基金会的二级市场投资模式。在二级市场获得成功后，高瓴资本杀入产业整合并购，该模式成功的关键在于，产业的整合管理、运营能力需要依靠数字化技术、行业资源提升行业效率，需要依靠强大的管理运营团队来管理运营公司，这就要求必须有核心的技术与资源团队，而要拥有强大的管理团队，激励模式也就成了关键。

二、PIPE 模式经典案例与评析

1.PIPE 经典案例

【案例】 和君资本 PIPE 投资[①]

2014 年 10 月，海印股份发布公告称，和君系将与其共同设立战略转型基金，进行包括 PIPE（私人股权投资已上市公司股份）方面的投资。这是和君资本首次公开向外界表达这类大比例集中持股的投资手法，一改以往低调的行事风格。

海印股份表示，公司将通过全资子公司广州市海印又一城商务有限公司（以下简称“海印又一城”），与新余和思投资（以下简称“和思投资”）共同发起设立战略转型投资基金——海和基金，基金总规模 15 亿元，海印又一城认购不低于 3 亿元。其中，首期基金为 5 亿元，和思投资出资 10 万元，海印又一城出资 1.5 亿元，其余由和思投资负责募集。注册在江西新余市的和思投资实际上属于和君系公司。

根据公告，和思投资为海和基金管理人，主要投向文化娱乐产业和物联网（IOT）产业以及上市公司 PIPE 投资。参股或收购行业前景巨大、具备成长性的公司，通过投资、并购与重组方式为海印股份提供优质项目资源的选择和储备。对于“上市公司 PIPE 投资”，海印股份对此的解释为，该类投资以定向增发、大宗交易、大宗股权受让等合法合规形式投资上市公司，利用该基金所投资上市公司的资源，加快海印股份公司战略的转型升级。

和君资本对 PIPE 的解释较为详尽，这类投资是私人股权投资已上市公司股份，即按 PE 的理念和方式进入二级市场，需要深度的公司调研、大比例长周期持股。投资方式一般为大宗受让或定向增发，持股比例一般在 5%

---

① 内容参考网络公开文章：《和君系PIPE投资模式首次搬上台面》。

以上、大比例集中持股，确保举牌或锁定。

事实上，和君系在此之前已经在多家 A 股公司运用 PIPE 投资手法，同时以 PE、“上市公司 +PE”配合运作，其中包括国电清新、威创股份、齐心集团、富春通信和新大新材，具体方式均是定向增发或大宗交易受让股权，以此实现产业资本和金融资本的利益联盟，为重组和市值管理提供协作。

PIPE 是有别于传统 PE、传统 PE+ 公司的投资手法，方式只局限在一级半市场，但细分方式复杂，既可以采用增发、大宗交易，也可以采用协议受让等其他方式。

相关资料显示，和君资本的 PIPE 有如下特点：

（1）选择的标的为其做过战略咨询的上市公司，都有深入的调研。该类公司一般市值不大，控股股东股权持股比例比较大，且公司存在战略或管理问题，需要转型升级。

（2）和君资本与控股股东达成一致，认可和君资本的理念，愿意按照和君资本的方案实施。

（3）和君资本以协议转让或参与定增成为上市公司，成为被投资公司第二大股东，与第一大股东一致行动，有的案例中直接成为控股股东。

（4）提供资金 + 战略咨询 + 管理团队 + 行业整合等综合式赋能服务。和君资产发挥其咨询专业能力，赋能上市公司。

2. 案例评析：PIPE 模式主要有两种类型，分别是定增与协议转让。如果仅仅作为资本通过定增或协议转让成为上市公司股东，或者作为一般股东，就失去了 PIPE 的价值与意义。PIPE 作为一级半市场投资，介入上市公司，如果不能赋能于上市公司，提升上市公司的业绩，这与炒股没有本质的区别。PIPE 的最大价值在于提供上市公司转型升级、发展壮大的资源与智慧。只有上市公司获得提升，体现为资本市场的市值提升，才能使 PIPE 投资获得价值提升的收益。该收益是靠价值创造，而非资本市场的波动，更不是听天由命的炒股。

和君资本的PIPE最大亮点在于其发挥专业咨询的优势及人才管理的资源能力，为上市公司提供资金+智慧+人才，通过提升上市公司的业绩而获得稳定的可预期的投资回报。对实业提升、对改造上市公司的质量具有积极的意义。

这类操作必须具有企业整合能力、企业经营能力。如果不能形成协同，无法提升上市公司价值，则成功可能性很小。

三、上市公司+PE模式经典案例与评析

1. 上市公司+PE模式经典案例

【案例】　硅谷天堂的上市公司+PE基金①

根据硅谷天堂披露的其“上市公司+PE”模式所涉及的项目和合作内容，其开创的“上市公司+PE”模式大致框架为：当确定一家公司适合成为合作伙伴后，硅谷天堂将对其提供战略梳理、管理咨询及顾问服务，确定其适合内生式增长还是外延式扩张。在上述基础上，硅谷天堂还会确定是否战略入股。据《21世纪经济报道》不完全统计，硅谷天堂以上述模式合作的上市公司已达到25家。在斯太尔（000760）一战成名后，其还辅导完成了通威股份（600438）、高新兴（300098）的并购。

根据硅谷天堂的披露及有关信息，其“上市公司+PE”业务逻辑如下：

首先是选择可能合作的上市公司。通过是否是国家鼓励发展的成长性行业、公司管理团队水平、公司在行业中是否具有较强竞争优势等指标综合选择。当选择好合作公司后，硅谷天堂团队便会对公司进行战略梳理，

---

① 内容参考网络公开文章：《硅谷天堂详解“PE+上市公司”模式》。

确定其适合内生式还是外延式发展，签订并购整合或市值管理等服务协议，部分情况下，硅谷天堂还会和上市公司携手成立并购基金。

在上述合作基础上，硅谷天堂便会通过直接举牌、大宗交易或是参与定增等方式战略入股合作公司。之所以确定合作后还要成为股东，硅谷天堂方面称，这有助于其在上市公司中掌握一定的话语权，作为股东也天然有帮助公司改善业绩的动力。对于采取和上市公司合作，硅谷天堂认为可以将公司在行业的优势与 PE 在并购流程、交易架构等方面的优势结合；此外，如果是 PE 控股收购一家公司后，缺乏职业团队接管公司，而与上市公司合作可以借助其专业团队对并购标的进行管理。硅谷天堂还披露，其与上市公司共同设立的并购基金有大康牧业（002505）和京新药业（002020），与广宇发展（000537）、升华拜克（600226）、凯乐科技（600260）已签订合作发起并购基金的框架协议，但尚未正式设立。硅谷天堂方面表示，其将自身业务角色定位于“友好型积极股东主义的倡行者”。硅谷天堂从为合作公司改善价值的角度出发，帮助公司通过并购整合实现做大做强。等待公司在运作较长的时间后内在价值得到提升，此后再以合理的价格退出。硅谷天堂更重视长远投资带来的价值，而不着眼于短期二级市场价格的变化。下面以硅谷天堂最具代表性的一个案例来分析其业务模式与运作逻辑。

2013 年博盈投资在硅谷天堂的“协助”下，成功收购奥地利柴油发动机厂 Steyr Motors，而后更名为斯太尔。交易中，硅谷天堂认购了上市公司非公开发行股份份额。时隔三年，解禁期一到，2016 年 12 月 29 日，斯太尔发布公告，持股 5% 以上的公司股东硅谷天堂表示，因自身资金需求，硅谷天堂计划在股份解除限售后的 12 个月内通过集中竞价、大宗交易和协议转让等方式，减持其持有的公司全部股份，占公司总股本的 7.44%。而在硅谷天堂参与的交易中，2012 年 9 月，硅谷天堂作价 2.8 亿元收购标的公司（奥地利柴油发动机厂 Steyr Motors）；2013 年，硅谷天堂一方面出售标的公司给上市公司，获得 5 亿元现金支付对价；同时出资 1.99 亿元（本次减持对应市值即为 1.99

亿元）获得上市公司 7.61% 股权，按照本次减持平均价格计算，这部分市值高达 6.06 亿元。粗略估算，硅谷天堂的投资收益回报为 130.9%。

2. 案例评析：该类模式与 PIPE 模式有一定相似之处，但其不同之处在于，上市公司 +PE 模式是投资并购基金管理者与上市公司合作设立产业并购基金，所投资并购的产业是围绕上市公司资源来构建的，也就是围绕上市公司的资源能力进行布局。如此，上市公司可以提供行业发展的管理、市场渠道及技术等要素，同时等被并购标的运行一段时间后，上市公司对该标的进行并购，从而实施退出。这是上市公司 +PE 模式的核心。

对于该类模式，主要分为两类：一类是纯粹由并购基金管理公司与上市公司合作设立并购基金。另一类是，并购基金管理公司为了加强与上市公司的紧密合作，先通过定增、协议转让或举牌成为上市公司股东，之后再与上市公司合作设立基金。这样做的好处是可以获得两头的收益，一方面的收益是基金投资收益，另一方面是上市公司市值提升的收益。硅谷天堂的上市公司 +PE 模式兼具上述两种情形，具有积极的价值与意义。

四、并购上市公司基金典型案例与评析

1. 并购上市公司基金典型案例

【案例】 长城汇理并购上市公司[①]

长城汇理是国内知名的并购基金管理机构及投资机构之一，以“产业整合、价值提升”为核心理念，致力为被投资公司创造长期价值，与管理层共同将公司发展成为行业领先者。长城汇理于 2008 年开创了国内上市公

---

① 内容参考网络公开文章：《长城汇理宋晓明专访：并购基金的发展现状与未来定位》等。

司并购基金投资模式，多个投资项目被选为知名商学院经典案例。其利用自身优势，为被投资公司的发展提供资本支持和持续增长的综合解决方案。不仅挽救过多家临时陷入困境的公司，也为持续增长的公司提供了助力。

其并购模式为：专门针对上市公司，以获得能够主导上市公司发展所需要获得的控制权为目标，通过对上市公司的提升获得价值，获取并购收益。其并购理念是做“拯救困境公司”的执剑绅士。

据了解，长城汇理自成立以来既没有参与VC、PE，也没有参与Pre-IPO，只专注于上市公司并购领域。也就是说，只投资于上市公司。对此，其创始人表示，“在国内特定的市场环境下，相对于大部分未上市公司而言，上市公司的信息披露更加完善，监管更加严格，公司价值提升的工具更多，资产的流动性也更强”。

目前，我国经济已由高速增长阶段转向高质量发展阶段，正处在转变发展方式、优化经济结构、转换增长动力的攻关期。中国经济增长方式的转变需要并购基金发挥重要作用。经济转型将带动传统产业升级，在这一过程中，必然会催生大量的并购需求。对于转型期遇到暂时困难的公司，这时候并购基金就可以作为执剑绅士，通过对公司进行财务重构、业务重构、管理重构，使公司起死回生。长城汇理将陷入困境的公司归为两类，一类是公司面临敌意收购时，需要并购基金协助化解被敌意收购的风险，如深圳地铁就是万科的执剑绅士。另一类则是公司因内部原因陷入困境。这其中有的是由于行业周期的变化和业务经营的失误，例如被吉利收购之前的沃尔沃和被长城汇理收购之前的亚星化学、星湖科技；有的是因为公司治理的原因导致公司遇到了困难，例如长城汇理此前收购的天目药业、新桥投资收购的深圳发展银行。这些公司都在外部力量的帮助下走出了困境。

对于怎样的公司才是值得并购基金出手拯救的，其创始人指出：“要综合判断公司的情况。一是它是否具有较多的职工数量；二是它是否具有良好的产业基础并符合国家产业发展方向；三是是否具有较大的资产规模。”

只要符合上述条件，就是值得拯救的。拯救这样的公司，不仅能带来经济价值，也能够带来较大的社会价值。市场上，有时候会把拯救困境的上市公司与买壳卖壳联系起来。其创始人认为，“困境公司与壳公司有着本质区别。困境公司拥有较多的职工数量，具有良好的产业基础，拥有较大的资产规模，而壳公司则缺乏这些要素”。此外，除拯救暂时陷入困境的公司外，在细分领域处于龙头地位的优秀公司，也应该是中国并购基金未来重点投资的领域。“这些公司在长期经营过程中有时会因为偶发事件出现价格扭曲的情况，这个时候往往是我们进行战略投资的时机。”

“无论是暂时陷入困境的公司还是细分领域的龙头公司，值得投资的判断标准，主要概括为三个：一是资本价值；二是资产价值；三是产业价值。资本价值指公司价格（市值）与公司净资产的差额；资产价值则指公司资产公允价值与账面价值的差额；产业价值则是公司的长期竞争优势。资本价值和资产价值出现扭曲，适合中期投资，产业价值出现扭曲，适合中长期投资”。

“此外，并购基金在拯救公司的过程中，应全程主导。如果不能全程主导，则会带来巨大不确定性。”这也是长城汇理的并购策略。

长城汇理参与的上市公司主要有：星湖科技、天目药业、工大首创、圣雪绒、长安信息、岳阳恒立、亚星化学等。其参与的模式有：参与上市公司定增、协议转让、举牌、参与上市公司破产重整等。其最成功的代表案例是亚星化学。具体信息如下：

亚星化学是潍坊市的一家名企，也是世界最大的氯化聚乙烯（CPE）生产公司。自 2008 年起，受多方面因素的影响，亚星化学的主营业务持续亏损。从 2011 年开始，连续两次通过引进股东、推动资产重组等方式进行自救，但均以失败告终。亚星化学作为一家上市公司，在 2015 年年底的负债高达 23 亿元，净资产为 −1.5 亿元，当年亏损近 4 亿元。

2016 年 7 月，长城汇理收购亚星化学合计 23.6% 的股权，成为亚星化学这家上市公司的第一大股东。

在此之后，长城汇理积极发挥大股东的作用，通过财务优化、业务整合等方式让亚星化学的金融负债进入了良性循环状态，并且剥离了部分亏损资产。整个 2016 年，实现了扭亏为盈，并撤销了退市风险警示。

2017 年起，亚星化学逐步进入了良性发展的轨道，10 年来第一次实现了主营业务的盈利。同年 9 月，长城汇理向山东知名化工公司成泰控股转让亚星化学 13.2% 股权，拟发挥成泰化工在化工行业的经验和优势，进一步推动亚星化学进行产业结构升级。在长城汇理的帮助下后，亚星化学取得了显著的成绩，而长城汇理也获得了不错的并购收益。

2. 案例评析：长城汇理专注于上市公司并购，通过取得上市公司控制权获得对上市公司未来发展的主导作用，通过对上市公司进行财务重构、业务重构、管理重构，使困境公司起死回生，或者焕发活力，或者转型升级，通过提供价值服务而获得并购价值。

这种模式的核心是并购上市公司之后为上市公司提供价值，这些价值使得上市公司产生价值增值，从而使并购基金择机退出后获得投资收益。资金只是长城汇理通过法律及资本规则获取上市公司发展主导权的机会，而为上市公司提供比资金资本更重要的智本（智慧）才是成功的关键。

这种模式不是资本投资或炒作，而是资本 + 智慧赋能公司，是把这一过程当作公司经营管理来看待，而非简单的资本投资或运作。选择上市公司，是因为上市公司透明度高，治理规则完善，对风险与机遇、价值与价格可以看得比较清晰。

长城汇理并购上市公司模式成败的关键，总结起来有以下几个方面：

其一，必须是有价值的公司，具有成长空间的行业。其选择标的标准为：

（1）值得投资的判断标准，主要概括为三个：一是资本价值；二是资产价值；三是产业价值。

（2）要综合判断公司的情况。一是它是否具有较多的职工数量；二是它是否具有良好的产业基础并符合国家产业发展方向；三是是否具有较大的资产规模。

其二，选择并购的时机，是公司遇到了困境，或公司股价处于严重低估时期。

其选择出手的时机是公司遇到了困境，该困境可能是财务困境、债务危机，也可能是转型升级难题。或者该公司股价严重处于被低估的时期。

其三，与上市公司大股东及其他主要股东、管理层达成一致目标，进行善意收购。为收购后公司的整合、重组及业务转型排除障碍。如果目标不一致，未来会因内斗导致上市公司难以整合，无法达成战略目标。

第三节
国际著名并购基金并购之路

一、KKR 华尔街并购之王[①]

KKR 为创立于 1976 年，总部位于纽约的一家国际著名并购基金。其核心业务为杠杆收购（Leveraged Buy out,LBO）和成长性基金。通过将杠杆收购和管理层收购（Management Buy out，MBO）巧妙结合，KKR 成为

---

① 内容参考网络公开文章：《顶级投行之旅：大摩、黑石、KKR》《KKR集团简介》等。

私募基金的并购领袖，一手打造了“天价恶意收购”案例——雷诺兹·纳贝斯克收购案、“与公司管理层共谋”案例——劲霸电池收购案、“担任白武士”案例——西夫纬收购案等经典之作。

1.KKR 并购风格与操作模式。KKR 坚守自己的收购原则，在多年的并购实践中创造出一套独特的获利方式。其经典操作模式为“LBO+MBO”。专门用小钱并购那些经营不善的公司，然后通过与管理层合作，经过重组获取令人咋舌的丰厚利润。从某种意义上而言，KKR 不仅将 LBO 发扬光大，更成为管理层收购的创始人，被视作华尔街杠杆收购并购领袖。

KKR 采用“LBO+MBO”的方法，从 1977 年至 2006 年年底，累计完成了 140 多次收购，累计总交易额达到了 1929.65 亿美元。而 MBO 在 KKR 发迹过程中的作用无疑是巨大的。另外，通观 20 世纪 80 年代，MBO 一般都发生在相对成熟的产业，例如零售业、食品加工业、服装业等。因为这些行业所处的生命周期，正是拥有大量现金或现金等价物的时候。KKR 联合管理层收购，可以凭借这几类公司稳定的现金流增强举债能力。

KKR 设定目标公司的主要条件为：具有比较强且稳定的现金流产生能力；公司经营管理层在公司经营管理岗位的工作年限较长（10 年以上），经验丰富；具有较大的成本下降、提高经营利润的潜力空间和能力；公司债务比例低。KKR 的优势是从财务角度（金融投资者角度）分析公司，了解现金流的能力，从而判断公司承受债务的能力和规模，最终选择能够控制公司现金流来偿还债务的管理人员；一旦 LBO/MBO 交易完成，公司成败的关键就取决于日常的管理，但 KKR 并不参与 LBO/MBO 公司的实际经营管理。KKR 投融资结构如下：

KKR 参与的公司 LBO/MBO 后，股权结构通常分为三部分：

（1）普通合伙人，通常由 KKR 充当，负责发起 LBO/MBO 交易，作为 LBO/MBO 公司经营业绩的监管人。

（2）有限合伙人，负责提供 LBO/MBO 所需要的股权资本，并主持 LBO/MBO 公司的审计委员会以及管理人员薪酬委员会。

（3）LBO/MBO 公司高层人员，持有一定比例的公司股份。

KKR 和管理层经理们在开始时就达成明确的共识，所谓的“交易”并不仅仅是融资交易本身，它是管理层、债权人和收购者间就公司在今后 5—7 年试图实现目标的一系列的计划和协议，这些规划以偿付时间和债务条款的形式包含于融资结构中，共同使债务约束、股权和高绩效标准三者环环相扣。

KKR 的投资操作程序通常可以分为四个阶段：

第一阶段：资金的筹措。首先由公司的最高层管理人员和 / 或接管专家们领导的收购集团以少量资本组建执行收购的空壳公司。他们提供约占收购总资金 10% 的资金作为新公司的权益基础，所需资金的 50%—60% 通过以标的公司资产为抵押向银行申请有抵押的收购贷款。

该贷款一般由数家商业银行组成的贷款银团提供（这有利于分散和控制风险），也可以由保险公司或专门进行风险资本投资和杠杆收购的有限责任合伙公司提供。其他资金由各种级别的次等债券形成，通过私募（面向养老基金、保险公司、风险投资公司等）或公开发行高收益率债券（垃圾债券）来筹措。

第二阶段：实施收购。在成功筹措资金后，组建起来的收购集团购买标的公司所有发行在外的股票并使其转为非上市公司（购买股票式），或购买标的公司的所有资产。

第三阶段：整合与重组。管理人员通过削减经营成本、改变市场战略，力图增加利润和现金流量。他们将整顿和重组生产设备、改变产品的质量定价，甚至是改变生产线和经营方向。

第四阶段：重新上市，套现退出。如果调整后的公司能够更加强大，并且该收购集团的目标已经达到，那么该集团可能使公司重新变为上市公司（反向杠杆收购），以降低公司过高的财务杠杆率，并使收购者得以套现获利。

二、KKR 的经典杠杆收购案例[①]

以下是 KKR 的经典杠杆收购案例：

1. 低成本进行天价恶意收购：雷诺兹·纳贝斯克收购案。作为美国当时仅次于菲利普·莫里斯的烟草生产公司，雷诺兹每年仍能产生 10 亿美元的现金利润。可是公司的 CEO 罗斯·约翰逊（Ross Johnson）拿着巨额的经理津贴，却毫不重视股东利益。1988 年 10 月 19 日，约翰逊在美国运通公司、希尔森—莱曼—赫顿公司、所罗门兄弟公司等投资银行的支持下，提出以每股 75 美元的价格收购公司的方案。但由于代表纳贝斯克方面利益的股东与约翰逊不和，对他提出的并购方案迟迟不进行表决。

不久，听到风声的 KKR 加入了雷诺兹公司的收购战。1989 年 2 月 9 日，KKR 以 250 亿美元的天价完成了对雷诺兹的收购。在收购投入的资金中，辛迪加银团贷款 145 亿美元；德崇和美林提供了 50 亿美元的过桥贷款；KKR 本身提供了 20 亿美元（其中 15 亿美元作为股本），另外提供 41 亿美元做优先股，18 亿美元做可转债券，并且接收了雷诺兹所欠的 48 亿美元外债。

在整个收购案中，KKR 付出的代价极小。由于公司发行了大量垃圾债券进行融资，并承诺在未来用出售被收购公司资产的办法来偿还债务，因此这次收购资金的规模虽然超过 250 亿美元，但其中 KKR 使用的现金还不到 20 亿美元。

2. 联手管理层共同获益：劲霸电池收购案。在收购前，劲霸电池的业

---

① 内容参考网络公开文章：《并购之王KKR经典案例》。

务非常突出，管理层也十分不错。公司唯一发展瓶颈是规模太小——它仅仅是食品加工巨头克拉福特下属的一个事业部，而且与总公司的业务风马牛不相及。

1987 年年末，劲霸电池的总裁鲍伯·坎德得知克拉福特要将公司卖给柯达和吉列等战略性买主，为了掌握自己公司的命运，他向 KKR 等潜在金融买家咨询 MBO 的可能性。经过与众多买家长达 5 个月的角逐，KKR 在 1988 年 5 月得到了劲霸电池。当时的分析普遍认为劲霸的总值超不过 12 亿美元，但 KKR 出价 18 亿美元，至少高出竞争对手 5 亿美元。

KKR 的并购方案也十分有利于劲霸电池的管理层。公司的 35 位高级管理人员共投入 630 万美元购买股份（其中鲍伯·坎德投入 100 万美元），而 KKR 给每一股股份分配 5 份股票期权，这样，管理层总共拥有公司 9.85% 的股权。

劲霸电池的管理层果然没有辜负 KKR 的期望。在收购完成后的第一年，公司的现金流就提高了 50%，并以每年 17% 的速度增长。如此高速增长的现金流让公司很快偿还了收购产生的债务。KKR 还果断支持了经理层扩张公司的愿望，把总裁鲍伯·坎德的资本投资权限从收购前的 25 万美元提高到 500 万美元的水平，并把管理下级经理报酬的权力完全交给了他。

1991 年 5 月，劲霸电池发行 3450 万股股票，IPO 的价格是 15 美元 / 股。上市之后，KKR 通过出售部分股份，成功收回了它投在公司的 3.5 亿美元资本金。

1993 年和 1995 年，劲霸电池又进行了二次配售股票，并进行了两次分红。到 1996 年，KKR 在劲霸电池的投资收益达到 13 亿美元，偿清了收购劲霸电池时借贷的 6 亿美元债务。1996 年 9 月，KKR 通过换股把劲霸电池卖给了吉列公司，到 2000 年 9 月为止，KKR 及周围的投资商总共从劲霸电池的收购交易中得到了 23 亿美元现金和价值 15 亿美元的股票。劲霸电池的管理层也赚了大钱，到 1996 年劲霸电池再出售时，当年的 35 名经理的持股价值翻了11倍。

3. 充当“白武士”：西夫纬收购案。美国连锁超市品牌西夫纬拥有遍及美国本土29个州以及欧洲、中美洲和中东等地的2300多家连锁店。1986年，由哈福特家族控制的达特集团，提出以每股64美元购买公司的6110万股股票，而西夫纬深知哈福特家族并非善类（以恶意收购出名），赶紧请KKR作为“白武士”（指向遭受第三方恶意收购的公司提出善意收购的机构或个人）进行救助。

1986年7月下旬，KKR以每股69美元的价格买下整个公司，交易额达到41亿美元。其中，西夫纬的管理人员只筹集了150万美元，却按他们与KKR达成的协议，拥有了被杠杆收购公司20%的股权。随后，在KKR和管理人员的操刀下，通过销售不属于西夫纬连锁店主营的资产以及在欧洲的业务部门共得到了24亿美元，超过估价的40%。接下来，公司大幅裁员，约有45%的员工被“炒鱿鱼”；留下的员工在福利和工资方面遭遇了“宰割”，薪水只是原来水平的70%，医疗保险大打折扣。通过在人力资本和经常性资本方面的削减，公司变得“经济而高效”。西夫纬在1990年重新上市，但KKR公司并没有出售其股票。

KKR的耐心在20世纪90年代后期得到了回报。它在1996年至1999年二级市场销售中，出售了50亿美元的西夫纬股票，但仍然持有20亿美元的股票（截至2000年8月，西夫纬总资产超过了240亿美元）。

4.KKR并购风格评析。KKR经典操作模式为“LBO+MBO”，即杠杆收购与管理层收购的完美结合。通过杠杆收购，KKR可以较小的收购资金获得资产价格巨大的资产的控制权，以小博大，降低收购成本。而与管理层收购相结合则是因为：其一，管理层最熟悉公司的问题与真实价值；其二，收购完成后，锁定了管理层利益，使得管理层以极小的收购资金投入获得更大的股份。让其更有动力实施管理，把公司做大做好。

KKR的这个操作模式成功的关键有二：第一是公司成长性极好，有良好的资产及现金流，具有通过管理及重组大幅提高业绩的潜力；第二，是LBO+MBO完美结合，缺一不可，尤其是MBO的激励部分最为关键，因为公司未来的成长靠管理层。

三、黑石并购之路[①]

1. 黑石投资模式与理念。黑石集团是美国规模最大的上市投资管理公司，于1985年由彼得·彼得森和史蒂夫·施瓦茨曼共同创建，总部位于美国纽约，2007年6月21日在纽约证券交易所挂牌上市。由此，黑石集团成为全球首家公开上市的私募基金公司。黑石的投资主要分房地产、私募股权、对冲基金和信贷四个部分，其中私募股权投资PE，是黑石集团投资的第二大方向，其基金模式以传统的公司收购基金为主。黑石的口号是："我们提供的绝不仅仅是资本本身，更是通过自上而下的系列改革措施让被投公司变强。至关重要的是，我们专业的管理部门可以在包括收入增长、采购、领导力提升、生产流程优化、能源可持续发展、员工健康等多个方面为公司提供策略性指导。"此外，坚决不做恶意收购，是黑石的收购理念。

黑石是多元化的投资集团。黑石集团成为第一个进行不动产风险投资的私募股权公司，并且成为该领域的专家。而且还进入了秃鹫债务投资领域，在该领域获取成功，需要熟稔所投资的行业、公司及破产程序，还需良好的运气。黑石也经常做并购的业务，黑石在全球买卖公司二十几年，绝大部分是控股的。每一年的收入加起来大概1200亿美元，从这个角度讲，黑石也是全球排第十几的大公司。

2. 黑石的成功做法。一是进入被投资公司之前很清楚投资的理念，不

① 内容参考网络公开文章：《全球私募之王黑石的并购秘籍》等。

光要买下来做大做强，最重要是在这个行业里，通过并购能够为它带来什么附加值。黑石并购团队每一个成员都是不同行业的专家，对行业的前景看得比较清楚，在低潮和经济不好的时候是做并购最好的时候，因为估值比较合理，而且还可能看见别人没看到的机会，所以他们有很清楚的投资理念，知道怎么样增加收入或是减低成本，或是在行业里，对公司同行的并购或是上下游的整合，了解得清楚时才出手做并购。

二是并购之前有很详细的尽职调查，论证的时候黑石会请审计师、法律专家帮他们做清晰的尽职调查，希望避免很大、很明显的错误。

三是交易结构非常巧妙，知道怎么样避免风险。

四是进去之前很清楚怎么样进行合并。所谓有 100 天的计划，即一进去之前要定好 100 天要做什么事情，比如要不要换管理层，要不要调整哪方面的业务，怎么把某些不赚钱的业务卖掉，或是一开始已经可以知道怎么样并购其他的公司。有 100 天的计划需要紧密的监控，和买上市公司股票不一样，是很活跃的管理，而不是消极的投资者。

五是把管理层的利益和股东的利益挂钩。西方国家大的管理层利益和股东利益不完全挂钩，股东比较分散，董事会有些时候被管理层绑架，利益不一致很容易出现管理层按照自己的利益办事，而不是为了股东的利益办事。黑石进去之后，会设计方法，包括给股权、给股票，把管理层的利益和股东的利益完全挂钩。有的时候看到管理层好像没有变，但因为利益的挂钩和其他结构调整，一下子他们的表现就和以前完全不一样了。

六是如果黑石觉得管理层不好的话，最大的错误就是比较晚换管理层，如果不行的话宁愿换人，也不要给太多的时间让他改善，因为如果他本身好的话以前就改善了，所以如果不行就赶快换。

七是用很多财务杠杆，财务杠杆要巧妙地用，但是财务杠杆能够带来的利益其实不多。分析过去二十几年为什么赚钱后发现，财务杠杆提供的利益才是百分之十几，超过三分之二的增值是来自使得公司能够在效益方面改进，包括通过并购做大规模、上下游的整合或是减低成本等。上述三分之二赚钱的机会主要是想到而且能够做到，帮助公司效益提高。

3. 黑石并购后的整合策略。黑石集团也擅长投后管理策略：“成本削减 + 并购扩张”。黑石认为从长期来看，优于市场表现的唯一方法就是系统性地改善被投资公司。而实践中黑石集团也是在投后对被并购的公司实施“并购扩张”的策略，即通过协助被投资公司收购同行业公司乃至竞争者，更快占领市场份额，扩充公司产品的丰富度从而在收购中实现“1+1 ＞ 2”的效果。在“并购扩张”的措施实施之前，黑石集团往往会通过对公司财务报告的分析从公司硬件、软件到部门、人力进行成本削减，改善公司现金流状况，进而促进“并购扩张”的进行。

与之相比，在 KKR 的投后案例分析中并没有出现太多的并购行为。因为 KKR 更多采用“管理层收购”的战略，从管理层给予绩效激励。在与公司管理层战略目标达成一致后，KKR 通过股票期权等金融工具要求公司管理人员以个人财富买入被投资公司一定比例的股权，辅以公司业绩增长目标的限制，保证管理层与公司股东的长期利益一致，刺激公司沿着国际扩张与产品研发双管齐下的既定战略前进。

黑石集团的投资策略与 KKR 有所不同，但都离不开对被投资公司的深入了解，财务报告审查、公司视察是投资人在投后管理中不可省略的步骤。从被投资公司的角度来看，在等量资金投入无差异时，投后管理的增值服务就显得至关重要，对具有市场潜力和竞争力的公司而言，专业化管理的增值服务的意义要胜过投资本身。

4. 黑石并购案例评析。投资机构“资本供给者”身份的光环逐渐退去，“投后服务提供者”的重要性逐渐显现。私募机构野蛮生长时代逐渐过去，能否合理运用资源为公司提供投后增值服务，将资本与投后管理融合以实现“1+1 ＞ 2”的效果成为接下来私募机构能否快速成长的关键。

因此，赋能性投资 + 主动性投后管理是黑石并购整合成功的两大要素。

四、摩根财团开启的产融结合并购模式[①]

1. 摩根财团开启产融结合并购模式：金融并购产业。产融结合一词起源于J.P. 摩根时代，它的最初含义并不是指实业公司进入金融领域的多元化战略，而是指金融资本对产业资本的渗透与控制。

在19世纪末20世纪初，J.P. 摩根成了华尔街的金融霸主，但他并不满足于金融帝国成就而开始向产业领域延伸，1879年他从范德比尔特手中购买了美国中央铁路75%的股权，并在1900年成为名副其实的“铁路大王”，之后，摩根又盯上了钢铁业，把美国分散的钢铁公司合并重组为美国第二大钢铁公司——联合钢铁公司，并在1901年以4.8亿美元的价格购买了卡内基的美国钢铁公司，组成当时全球最大的钢铁公司，到1930年摩根财团所控制公司的资产总额已占到当时美国八大财团资产总额的50%以上。

凭借金融资本的雄厚力量，摩根控制了庞大的实业资产，而摩根财团则成为垄断的代名词；不过随着反垄断法的颁布，摩根的力量开始削弱，但是真正让摩根时代一去不复返的不是反垄断法，而是金融市场的发展。今天，即使是那些成立不久的公司，只要它能够向资本市场讲述一个“故事”，它也可以通过发行股票等方式从公众投资人那里获取充足的资金——在美国，直接融资已经取代间接融资成为市场的主导。相应地，金融机构也从市场的“买方”转变为“中介”，以金融资本为主导的产融结合时代消逝了，随之而来的是一个以产业为主导的产融结合时代，在这个时代，即使是那些手里攥着大把钞票的私人股权投资基金也开始四处追逐优质的公司。

新的产融时代，开始于产业向金融的自然延伸和由此产生的经营协同效应，然后发展为基于产业稳定性的金融协同效应，最后是产融价值链上的零成本资金和流动性后盾。但无论是哪个阶段，产业经营都始终是产融战略的核心——从UPS的存货融资业务，到沃尔玛的信用卡业务，到马里

---

① 内容参考网络公开文章：《产融结合的那些经典案例》等。

奥特的资产证券化业务，再到福特的汽车金融业务，如果没有了实业经营的规模与稳健，金融业务将注定难以成功。进一步，当金融业务脱离了从属地位而发展为一个独立并重的盈利部门时，对公司集团产业实力的要求就更高了。

2. 产业集团并购或设立金融：新型产融结合模式

（1）UPS 产融结合案例[①]

UPS 是一家有着百年历史的、全球最大的物流快递公司，在 21 世纪到来时，进入了一个全新的领域——金融服务。2001 年 5 月，UPS 并购了美国第一国际银行，将其改造成 UPS 金融部门（UPS Capital），以此为基础，UPS 开始为客户提供所谓的“IRS”服务，即包括以存货为抵押的贸易融资和以国际应收账款为抵押的贸易融资等业务。尽管金融服务对于 UPS 来说是一个全新的领域，但它却很快获得了成功，因为与一般银行相比，UPS 做存货融资有无可比拟的优势。用 UPS 自己的话说，传统银行的存货融资就是一个文案处理的工作，由进出口部的银行员审查信用证，符合单据的就可以押汇拨款，除非是发现客户有问题了才会去海关查询，但那时可能一切都已经晚了。正是由于银行对这种跨境业务的风险难以控制，所以传统银行在存货融资方面的要求一般比较高，很多中小公司根本难以申请到存货融资。但 UPS 不同，它将物流、信息流和资金流合而为一了。首先，作为一个物流公司，在整个融资过程中，抵押物（存货）始终掌控在 UPS 手中，从而有效控制了违约时的风险底线。其次，UPS 多年发展起来的货物全球跟踪系统使贷款方可以随时掌握货物的动向，从工厂、海关到仓库，一切尽在掌握，即使借款人出现了问题，UPS 的处理速度也要比会计师甚至海关机构快得多。最后，凭借 UPS 多年建立的针对外贸公司的客户信息系统，它可以真正了解那些规模不是很大，但却资信状况良好的中小公司

① 内容参考网络公开文章：《产融结合的那些经典案例》。

的信息。显然，UPS 做存货融资，风险要比传统银行低得多。

但是，UPS 毕竟不是银行，它提供融资的资金从哪里来呢？答案是，UPS 做贸易融资的钱就是从银行那里借来的，由于 UPS 集团是穆迪和标准普尔同时评定的 AAA 级公司，因此其融资成本较低，从银行那里贷到钱后，UPS 再以较高的利率成本向那些急需资金但又难以获得银行贷款的中小公司提供存货融资，从中赚取利差收益。表面看，UPS 好像是个资金的“二道贩子”，把银行的钱过一遍手后再转贷给公司，但实际中，UPS 的物流业务降低了整个贸易过程中的资金风险和摩擦成本，确实为买卖双方提供了运输仓储以外的增值服务。

2003 年，UPS 的金融物流集成方案就成功地解决了沃尔玛和东南亚供应商之间的资金周转时间太久问题。UPS 代替沃尔玛与东南亚地区数以万计的出口商进行支付结算，只要他们的货一交到 UPS 手中，UPS 保证在两周内把货款先打给这些出口商，以保证他们的流动资金运转，作为交换条件，这些出口公司必须把出口清关、货运等业务都交给 UPS，并支付一笔可观的手续费，拿到货物的 UPS 再回过头来和沃尔玛一对一地结算。在这一过程中，出口商加速了资金周转，沃尔玛避免了和大量出口商的结算麻烦，而 UPS 不仅赚到了存货融资的收益，还扩大了自己在物流方面的市场份额。

（2）马里奥特产融结合案例[①]。作为一家大型连锁酒店经营者，马里奥特通过债务融资的方式建造了许多酒店，但在石油危机期间，高负债率的隐忧开始显现，银行贷款利率暴涨，公司资金链异常紧张，公司迫切需要将固定资产所束缚的现金流释放出来。为此，马里奥特对其业务结构进行了重大重组，将原有业务分拆为两部分，一部分是专营酒店管理的马里奥特酒店管理公司，它几乎不直接拥有任何酒店，而是以委托管理的方式赚取管理费收益；另一部分则是专营酒店资产证券化的房地产投资基金，

① 内容参考网络公开文章：《产融结合的那些经典案》。

马里奥特将所有酒店资产都剥离给这家公司，由该公司进行资产证券化的包装以释放、回笼现金流。投资基金的成立不仅缓解了当时马里奥特的财务危机，还在无意中创建了一种新的产融经营模式。在此后的扩张中，房地产投资基金根据管理公司的扩张需求为其新建、改建或收购酒店资产，并与管理公司签订长期委托经营合同，每年支付给管理公司一笔合理的管理费用，然后将酒店经营的剩余收益分拆为成千上万份（收益权拆分），以一种特殊股票（REITs）的形式发售给公众投资人。有了房地产投资基金的金融资源支持，管理公司可以进行更快速的扩张，并在直营的同时开发了特许业务。今天马里奥特酒店管理集团已在世界各地直接经营着1000多家酒店、特许经营着1700多家酒店，成为全球最大的酒店连锁集团。而如果不是这一新的产融扩张模式，马里奥特要想达到今天的规模，资产负债率至少要在90%以上！

在管理公司扩张的同时，马里奥特房地产投资基金也快速成长起来——马里奥特的品牌效应保证了投资基金旗下资产的良好收益；在积累了足够经验后，投资基金也将业务范围拓展到了马里奥特以外，开始为喜来登等其他酒店品牌处理固定资产。

（3）福特汽车开启汽车金融服务[①]。福特汽车在1923年率先成立了从事汽车贷款业务的福特汽车信贷公司（Ford Motor Credit）。随着汽车的普及，在20世纪60年代以后福特的汽车金融业务得到了飞速的发展，共用销售渠道所节约的营销成本，使福特金融迅速取代了传统商业银行成为全球最大的汽车金融公司。目前福特汽车信贷公司已经为遍布全球36个国家的1100万汽车消费者、12500家汽车经销商提供汽车金融服务，而旗下另一家汽车金融公司——赫茨公司则是全球最大的汽车租赁公司。今天汽车金融的收入已占到福特总收入的40%以上，汽车金融业务的总资产超过

① 内容参考网络公开文章：《产融结合的那些经典案例》。

1600 亿美元。汽车制造与汽车金融业务的结合，根本动力还在于汽车制造业的良好发展。

3. 产融结合案例评析。从摩根财团针对产业萧条及自身金融安全考虑而启动的产业并购，到大型产业集团基于自身业务而开启的金融业务，从金融到产业，从产业到金融，不同的路径，但核心仍是产业，离开了产业的经营利润，金融将成为无本之木。因此，拥有核心的产业才是产融结合成功的关键所在。

通过共用销售渠道、客户网络、物流渠道等，产业向金融的自然延伸确实创造了一种新的盈利模式，而这种新模式在巩固了产业优势的同时也拓展了公司的金融收益；但从福特产融战略的困境不难看出，基于经营协同效应的产融战略，成功的根本在于产业经营，如果没有了 UPS 的 AAA 评级、没有了沃尔玛庞大的客户群、没有了马里奥特的品牌效应，没有了产业经营的规模化和稳定性，金融业务也将失去其产融结合中的低成本优势（包括低资金成本和低销售成本）。

因此，从上述成功的产融结合案例可以看出，产业是核心，是资产端，金融是辅助，是资金端。金融为产业赋能，产业为金融基石。基于此，我们不难看出，缺少了优质实业经营利润支撑的国内产融结合案例，以及依靠金融牌照打造的金融集团，往往都走向了内部自我交易、资金空转，直至轰然倒下的必然之路。

第十五章

上市公司增长式战略并购

诺贝尔经济学奖获得者、美国著名经济学家乔治·斯蒂格勒说过："纵观世界上著名的大公司、大集团，几乎没有哪一家不是在某种程度上通过收购兼并等资本运营手段而发展起来的，也几乎没有哪一家是完全通过内部积累发展起来的。"

此言不虚，纵观世界各个时代的公司巨子与枭雄，无论是传统公司巨头，还是互联网科技新贵，概莫能外。而且，新科技巨头从自己快速成长的历史中、颠覆传统行业的惊鸿一瞥中，以及血腥的竞争中，看到了生存危机，生死忧虑时刻在心头，唯恐有朝一日自己被新的物种一夜之间击垮。所以，未上市的科技巨头利用巨额融资大肆收购新公司、新模式，提前布局，构建生态圈，成了无边界公司，比如滴滴、美团、今日头条等。而已经功成名就的巨头，例如，脸书、微软、阿里巴巴、腾讯、谷歌、苹果、亚马逊早已成了双轮驱动、比翼双飞、创投联动的公司，通过生态型投资、孵化、赋能与并购，大肆壮大自己的平台，强大自己的生态圈。尤其是谷歌，传统的搜索业务只是其母公司业务的一部分而已，而谷歌风投是谷歌母公司重要组成部分，着眼于未来进行投资并购。

以上种种迹象表明，新科技公司相对于传统巨头而言，投资与并购成了其最重要的战略，通过投资并购进行赋能、链接、开放合作、共享，是其壮大平台与生态圈的重要方式，也是其探索前沿、及时防止或制止潜在的颠覆者、革命者最重要的防御策略。这种迭代升级模式相比于传统公司已大大地进化。传统公司受制于路径依赖、成功模式，以及大公司病，眼睁睁看着原有业务被时代抛弃，纵然拥有资金、人力、技术与资源，却在各种思维与利益羁绊下，无能为力，眼看落花流水，大势已去。柯达、摩托罗拉、通用电气等皆属于此。如此看来，传统公司的创新与迭代是艰难的，也许从未有过基业长青。只能靠后来者颠覆它，击垮它。而当今世界的互联网新科技公司却改变了这一模式，其最重要的模式就是投资并购新物种。当然，其创新、自我迭代与孵化固然功不可没，但投资并购才是最有力的手段。

第一节
从世界级标杆案例看并购

一、美国丹纳赫：全球实业型并购整合之王[①]

丹纳赫（Danaher）是全球领先的科学技术创新产品与服务的设计商及制造商，提供的产品涉及医疗、工业、商业等领域，公司主要有5个业务部门：测试与计量、环境、牙科、生命科学与诊断、工业科技。其从一家投资公司，成功转型成为全球最大的工业品综合管理集团，2015年收购世界上最大的专注于过滤、分离、纯化技术的跨国公司Pall，交易规模高达148亿美元。

丹纳赫被誉为全球最成功的实业型并购整合公司，也是“赋能式”并

① 内容参考网络公开文章：《案例：全球最成功的实业型并购整合公司——丹纳赫》。

购之王。从1986年上市至今，丹纳赫累计收购600多家实业公司，从一家不起眼的投资公司发展成为世界百强的综合性制造业集团。通过兼并、收购，丹纳赫的总市值已高达926亿美元，在过去的30年中，丹纳赫的股价表现超过标准普尔指数将近2000%。

丹纳赫公司并购后的精益管理能力在西方公司中排名第一，全球排名第二，仅次于日本的丰田汽车，并发展出独特的DBS并购管理体系。

1.丹纳赫如何长成？[①]丹纳赫的发展分为三个阶段，第一阶段是1980—2000年，这一阶段公司以大规模财务为导向并购，初期不考虑业务补强或者相关性。

在第一阶段后期开始形成相关性业务收购的模式，同时剥离不相关的地产、金融业务。发展历程如下：

1980年，公司创始人Steven Rales与Mitchell Rales成立公司证券集团控股（Equity Group Holdings），并设立公司初期并购业务目标方向——并购在特定利基市场下竞争力较强的业务。1981年，公司并购总部位于美国得克萨斯州。

1983年，公司为取得上市权利收购了一家房地产投资信托基金公司（REITs），并于1984年迅速剥离其房地产业务。而后，公司将硕士盾公司和莫霍克橡胶公司并入该公司以通过税收抵免保护制造业收入，并正式将公司更名为Danaher，自此，Danaher开始了大规模债务杠杆收购的40年，并保持着每年10—15起并购的增速。

Danaher成立后的两年间，公司以标的公司财务为导向，通过借债收购了Chicago Pneumatic等12家公司，主要并购方向为知名度不高的工具、调节装置、精密部件和塑料制品制造商，并不断剥离不良资产以削减成本、偿还债务。

---

① 内容参考网络公开文章：《解析“并购之王”丹纳赫成功之路》。

到 1986 年，公司实现 4.56 亿美元的营业收入，旗下子公司共 14 家，尽管丹纳赫扩张迅速，但其收购决不盲目，公司一直坚持着三项收购原则：业务清晰，有市场竞争力；创新能力强、成本低、可产生现金利润；管理经验丰富，市场优势明显。因此，当时的 14 家公司中至少有 12 家子公司成功实现市场领先地位，此时 Danaher 的业务单元为汽车 / 运输、仪器、精密部件以及挤压制品。

1990 年，丹纳赫步入 Scherman 时代，公司开始调整业务组合，将投资重心向利润较高、周期性较弱的业务倾斜，并开始在收购国内业务的同时逐步拓宽国际市场，如收购印度尼西亚的 Pacific Scientific。

此外，公司开始剥离知名度较弱、规模较小的汽车业制造轮胎、工具和部件公司，重点收购涉足环境控制、电子测试仪器和精密电机的公司以优化资产配置。

如 1998 年收购的电子测试工具生产制造商福禄克（Fluck），Fluck 是总部位于美国华盛顿州的电子仪器仪表公司，其创造和发展了一个为各个工业领域提供用于测试和检测故障的优质电子仪器仪表产品的特定技术市场，同时在其涉及的领域中处于行业领先地位。

在 Scherman 任职的 10 年间，丹纳赫旗下子公司增加至 51 家，涉足电子测试仪器、水质检测设备、温度和压力传感器以及五金器具等业务模块。销售额从 7.5 亿美元增加至 38 亿美元，营业收入主要来源由轮胎和橡胶制品业务逐渐转变为环境保护、电子测试以及运动控制平台业务，并从一家中型公司逐渐变身为顶级大型工业公司。

1988 年开始，公司逐渐关注总公司及并购子公司之间的运营和协调，其子公司 Jacob（后更名为 Matco Tools Corporation）借鉴丰田汽车的精益生产，基于持续改善（Kaizen）原则发展了一整套创新管理方式，并逐渐在公司内部整体推行，是为丹纳赫 DBS 的雏形。

Kaizen 是一种公司战略，在这种战略中，公司各级员工积极合作，对制造流程进行定期、渐进的改进。从某种意义上来说，它整合了公司内部的集体才能，创造了一个强大的改进引擎。

Kaizen 具有双重含义，它既包括行动计划的意义，也包括哲学含义。作为一个行动计划，Kaizen 是开展组织活动，重点是改善公司内部的特定领域。这些活动涉及各级员工团队，特别强调工厂员工的参与。作为一种哲学，Kaizen 的关键在于建立一种文化，在这种文化范围里所有员工都积极参与对公司的建议并实施改进。在真正的精简公司，这将成为其经理和工厂员工的一种自然思维方式。

第二阶段是 2001—2008 年，这一阶段公司明确发展补强或者邻近业务，同时开始从行业角度筛选具有高增长特点的行业，以及此行业中的龙头公司或利基公司。同时，这一阶段公司开始发展生命科学、诊断和环保领域收购，在业务平台建设上为下一个十年发展打下基础。

在 Scherman 的管理下，丹纳赫已经成长为世界顶级的工业公司，公司收益的年均复合增长率超过 20%，营业收入的年均增长率约为 15%。Scherman 时代落幕后，Culp 接管公司，并对公司的投资组合进行进一步调整，在这一时期，丹纳赫的投资重心转移到“更少但是更好的业务”，在并购投资中自上而下由市场分析开始，选择市场规模超过 10 亿美元、核心市场增长率至少 5%—7%、行业周期性不明显且集中度较高的以产品为中心的行业。在确定目标市场后，再对目标市场内的优秀公司进行评估调查，最终实现并购。

基于对投资市场的筛选，公司开展了三类收购：新平台收购、补强型收购以及邻近业务收购。新平台收购即为公司扩大业务组合，向高回报市场挺进。补强型收购则旨在发展公司现有的业务和新进入的业务领域之间的协同效应。邻近业务收购则是公司选择进入与现有业务相近的领域。

这一时期，在稳步发展原有的专业仪器和工业技术业务模块的基础上，丹纳赫先后进入了诊断、牙科以及生命科学领域，完善其医疗技术业务模块。2004 年，丹纳赫斥资 7.3 亿美元通过收购 Radiometer 进入临床诊断领域，收购 KaVo 进入牙科领域。2005 年，丹纳赫耗资 4.5 亿美元收购 Leica Microsystems AG 进入生命科学领域。

2006 年，公司医疗技术业务模块的研发支出达到 123 万美元，较 2005 年同比增长 64%，占总研发支出的 27.5%，仅次于专业仪器和工业技术模块。此外，公司积极开展海外并购，先后进入德国、英国、丹麦等国家市场。

诊断业务方面，由于医学诊断行业的高速发展，丹纳赫通过收购 Radiometer 迅速进入诊断行业。Radiometer 是一家总部位于丹麦哥本哈根的血液气体检测公司，公司于 1954 年推出了世界第一台商用血液气体分析仪。

2004 年，Radiometer 年销售额约为 3 亿美元，商誉估值约为 4.45 亿美元。2005 年，丹纳赫收购 Radiometer 后，得益于其在北美市场的高速增长，后者的营业收入实现了中位数增长，在日本等地的销售额也得到显著提升。

牙科业务方面，在牙科工具市场实现高速发展后，丹纳赫迅速通过并购进入市场，并获得较高的市场份额。

丹纳赫收购 KaVo 后，又相继收购了 Genetix、Sybron Dental Specialties、Pelton & Crane 等公司，以扩大牙科领域业务范围。

KaVoKerr 创立于 1909 年，总部位于德国比伯拉赫，是世界牙科器械专业制造领域的领袖公司，收购前年收入高达 4.5 亿美元，商誉估值约为 0.82 亿美元。2006 年丹纳赫收购 Sybron Dental Specialties 后，将 KaVo 与 Sybron 重组成立卡瓦盛邦，至此，卡瓦盛邦成为丹纳赫牙科业务中占比最大的牙科设备和耗材制造商。尽管 Sybron 经历了销售增长的低谷，在丹纳赫实行收购后，Sybron 的销售收入也得到了显著提升。

受仪器产品线的持续增长以及北美和亚洲地区成像产品销售持续向好的影响，公司牙科技术业务营收也实现了高速增长。

生命科学业务方面，丹纳赫收购 Leica Microsystems AG 后，2006 年，

收购 Vision Systems Limited 以实现进一步扩张。

显微市场市场规模增速较快，Leica 作为全球领先的专业显微镜运营商，2004 年实现营业收入 6.6 亿美元，商誉估值为 3.32 亿美元，收购后，Leica 实现了在欧洲及亚洲地区销售高速增长。

Vision 则是一家总部位于澳大利亚的自动化仪器、抗体生化试剂生产商，2005 年实现营业收入 8600 万美元，商誉估值约为 3.57 亿美元。Leica 和 Vision 的结合，显著地扩大了公司在解剖病理学市场上的市场份额，并为公司生命科学业务板块未来的发展奠定了广阔的基础。

值得注意的是，2007 年丹纳赫实施了其在这一阶段最大的一次并购交易——收购 TektroNix，本次收购耗资 28 亿美元，是其自组建以来金额最大的一次并购交易。TektroNix 是全球领先的测量仪器制造商，更是示波器领域的龙头公司，商誉估值约为 18.75 亿美元，2006 年，TektroNix 销售额高达 10.4 亿美元，位列全球第四。本次交易完成后，丹纳赫将 TektroNix 与 Fluck 进行整合，组成一个全新的测试仪器平台，整合完成后，结合 2006 年 Fluck 10.11 亿美元的销售额，二者可在电子仪器行业领域排名上升至次席，仅次于 Thermo-Fisher，同时助力丹纳赫位列综合仪器行业领域世界第三。

在进行并购整合的同时，丹纳赫为优化资产配置，对不良资产进行了剥离，2004 年，丹纳赫出售盈利能力较弱的部分工具和组件业务。2007 年，为减少债务比重，丹纳赫以 2.75 亿美元剥离工业技术业务模块的电能质量业务。

经过近 10 年的发展，丹纳赫公司商誉稳步提升，同时实现了业务组合的转变，业务重心逐渐向医疗技术业务板块倾斜，其营业收入从不足 10% 增长为 2008 年的 25.8%，工业技术及工具和组件业务板块营收比重逐渐下降，到 2008 年占比不足 40%。

此外，在净利润方面，自 2001 年公司专注三大类别的收购后，得益于公司开展的针对所在市场规模大、行业增速快的公司的收购，净利润迅速攀升。

第三阶段是从 2009 年至今，公司形成了系统的 DBS 方法论，在筛选收购标的时也更注重公司在市场中的不可替代性和高市占率。这一时期公司做了三笔资金巨大的收购，为公司后续增长铺平道路。

2009 年，在全球经济危机、金融市场萎靡的大环境下，丹纳赫依然没有停下其并购的脚步，自 2008 年 9 月全球经济危机开始，丹纳赫削减了 5000 多个职位、关闭了 30 多家工厂，为公司节省每年逾 3 亿美元，但收购交易方面依然步履不停，2009 年丹纳赫斥资 20 亿美元先后收购了 18 家新公司，并在 2010 年年初将增长相对缓慢的工具业务剥离以削减开支。

此后，丹纳赫依旧保持着超高的并购增速，自创建初期至 2014 年，丹纳赫已经完成了 400 多起并购，并购重心也从最初的以财务为导向转变为强调公司市场领导力。

2015 年 5 月，丹纳赫宣布收购 Pall，并购交易额达 138 亿美元，是继丹纳赫 68 亿美元收购 Beckman 后又一笔生命科学业务板块的大型并购，交易最终于 2015 年 8 月完成。

Pall 总部位于美国纽约的华盛顿港，是一家提供过滤、分离和净化产品的制造商，2014 年营业收入高达 28 亿美元，其中包括 15 亿美元生命科学业务及 13 亿美元工业业务。Pall 的生命科学业务涉及生物制药领域，以及食品和饮料、医疗终端市场，而其工业部门为工艺技术、航空航天和微电子领域的客户提供技术。

收购 Pall 后，2016 年，丹纳赫进行了其组建以来最大规模的公司拆分，公司将现有的生命科学和诊断、牙科、水质平台和 Pall 整合成为保留丹纳赫名目的科学和技术增长公司，公司年收入约为 165 亿美元。

同时，公司剥离了包括 Matco 和 Ammco-Coats 在内的多家子公司，将专业仪器仪表和工业技术两个部分纳入新创建的工业公司 Fortive，并将总部设立在华盛顿的埃弗雷特。

Fortive囊括了Fluke、Qualitrol、Tektronix、GilbarcoVeeder-Root、Kollmorgen等多个市场领导品牌，在专业仪器仪表、自动化、传感和运输技术等领域占有领先地位，年营收约为60亿美元。

本次拆分后，丹纳赫公司业务板块由拆分前的测量与计量、环保技术、牙科、生命科学与诊断和工业科技五大业务板块，转变为生命科学、诊断、牙科、环境及应用解决方案四大业务板块。

从研发投入情况来看，拆分后，丹纳赫在医疗诊断领域投入的资金比重最大，2017年医疗诊断研发投入为4.71亿美元，占总投入的41.74%。位列第二位的是生命科学业务板块，2017年研发投入为2.96亿美元，占总投入的26.18%。牙科与环境及应用解决方案则各占15.27%、16.81%。

在营收方面，生命科学领域2018年实现营业收入444.15亿美元，占主要营业收入的33%，医疗诊断业务则以429.47亿美元仅随其后，环境与应用解决方案2018年营收占主营收的22%，牙科则占主营收的14%。

2019年，公司宣布以214亿美元的价格收购GE生物制药业务，是丹纳赫截至目前所涉金额最大的并购业务，项目预计于2019年第四季度完成。

GE生物制药业务的主营业务是为生物制药公司提供工艺开发和生产制造流程中的仪器、耗材及软件产品，2018年，该业务部门实现30亿美元的营业额。并购后，该业务成为丹纳赫生命科学部门的独立运营公司，并与Pall、Beckman Coulter等业务共同组成丹纳赫的生命科学平台，GE生物制药的加入将为丹纳赫生命科学部门的产品组合添加高度创新的和行业领先的产品系列，并为生物制剂工作流程解决方案注入新的力量。

在这一阶段，公司将并购的重心转移到具有市场领导力的公司上，如Pall和GE都是生命科学领域的龙头公司，AB SCIEX也是质谱领域的龙头公司。此外，2014年丹纳赫旗下卡瓦盛邦收购Nobel Biocare后，丹纳赫一举成为世界最大的牙科植入物制造商。相较于2001—2008年，丹纳赫在商誉和净资产方面都实现了飞跃式增长。

同2001—2008年相比，2009年以后，丹纳赫的市盈率和市净率始终保持着稳步增长，公司在保持着并购增速的同时，始终稳定地运营其旗下庞大的子公司分支。这与丹纳赫的人才（People）、计划（Plan）、流程（Process）以及业绩（Performance），专注于创新和增长，旨在推动产品开发、营销和销售的改进，根植于四个面向客户的优先事项——质量（Quality）、交付（Delivery）、成本（Cost）和创新（Innovation）等系列文化与理念是密不可分的。

2. 案例评析：丹纳赫因何成功？丹纳赫的并购成功之道，就在于其对并购标的精准研究、选择确定、并购操作、整合、优化组合、管理运营等一系列过程中，其本来是一个投资公司，但却以并购为手段构建了庞大的实业帝国。并购只是其手段，而非本质。其并未把并购当作短期的财务投资行为、战略协同行为，或资本运作行为，其立足于通过并购与整合打造庞大的公司集团，打造基业长青。其与依靠自身发展为主的传统公司集团不同，传统集团是以自我成长、新设公司、研发、创新、管理运用为主成长起来的，而丹纳赫直接通过资本并购优质的公司，然后进行魔方式的公司组织，精准如外科手术般的拆拆分分、组组合合，打破原有组织边界，按业务组合，不好的剥离卖掉，该裁减的必须裁减，该壮大的必须壮大，从而使丹纳赫成为庞大的新型行业跨国巨头，其资本并购并非为了投资获益退出，而是长期经营，打造百年公司。因此，其发展模式不同于传统公司集团，也不同于财务、战略、投机式的各种并购基金或公司并购模式。

简要概括，丹纳赫的成功要点在于：

（1）精准地聚焦于特定的行业以及优质的标的。不盲目、不散乱。其选择是同类行业的产业链、供应链及价值链并购，不盲目跨界并购。其并购是基于赋能其原有的公司，形成协同。而不是散乱地并购，无论是相同行业或邻近行业，始终没有离开核心目标。

（2）并购后的整合极其艺术，犹如外科手术刀般奇妙。公司在其操作下，犹如一个个零件，随意组合成精美的设备或物品，简直如同公司的魔方。

（3）在公司管理运营上，根据市场与行业变化，果断进行调整，该并购的并购，该扩大的扩大，该研发的研发，但对于淘汰亏损却毫不手软，坚决抛离。

二、巴西 3G 资本的实业并购整合传奇

1. 三个巴西人的 3G 资本如何缔造传奇？[①]3G 资本是一家在全球资本市场上叱咤风云的公司。这家从巴西走向全球的投资机构，通过资本操盘控制知名度极高的几家公司，百威英博、汉堡王、亨氏、卡夫、提姆霍顿、南非米勒，这几家公司的年营收超过 1000 亿美元，市值总和高达 3500 亿美元。其中，百威英博已经是全球最大的啤酒制造商，也是世界第四大食品饮料公司，仅次于雀巢、百事、可口可乐。而旗下的汉堡王、亨氏、卡夫都是当今世界食品行业巨头。因此，毫无疑问，3G 资本是当今世界食品行业的执权杖者。

当今世界上每 3 瓶啤酒就有 1 瓶产自巴西 3G 资本旗下公司，百威、亨氏、卡夫等一个个闪光的名字也已被其收入囊中，巴菲特在数次百亿美元并购案中与其联手。3G 资本是如何进入一个陌生行业并迅速成为老大，建立起纵横地表的商业帝国的呢？

我们先从 3G 资本的创立以及背后的三位创始人雷曼、马塞尔和贝托说起，来挖掘与探寻背后的故事。

雷曼 1939 年出生于巴西里约热内卢，曾是一名网球运动员，也爱好冲浪，17 岁从当地最好的美国学校毕业，那一年还拿到了巴西青少年全国网

① 内容参考网络公开文章：《3G资本帝国：三个巴西人的逆袭》《3G资本：如何将丧失斗志的公司扶成全球第一？》

球冠军。之后，雷曼来到哈佛大学攻读经济学，正是哈佛大学改变了雷曼，他曾经的梦想是称霸球坛与征服海浪，而哈佛给了他更大的梦想。事实上，雷曼毕业后进入金融界，但并不是很如意，收获不大，其间还加入过瑞士国家队征战戴维斯杯网球竞标赛，同样颗粒无收，自此彻底放弃了运动员道路。

直到31岁，雷曼仍然在巴西金融界摸爬滚打，在被原股票经纪公司踢出局后，他开始设想创立一种以精英管理与合伙人体制为基础的公司。随后，他的事业起点——加兰蒂亚经纪公司正式成立，雷曼寻找到了他需要的人才，即出身贫寒、聪明、有强烈致富愿望的人，其把高盛的精英管理模式搬到加兰蒂亚，再加以改进。

多年来，这家公司的员工作风彪悍，在市场上锐气逼人。很快，加兰蒂亚先后迎来两名年轻人，马塞尔与贝托，这两位在加兰蒂亚成为大型投行的路上一路相随，逐渐成长为雷曼的左右手，后期成为3G资本的创始人。马塞尔与贝托开始进入被收购的公司进行管理，两人从原公司抽调人手组成团队进驻被收购的公司，博浪啤酒、美洲商店甚至拉美铁路，每一次都是新的领域。

雷曼最开始的创业事业是投资银行，盈利的主要方式是短期交易。后来他们认识到，这种发展方式有问题，会阻碍公司的永续成长，将加兰蒂亚投资银行卖给了瑞士信贷后，转而开创新事业——私募股权投资，即GP公司。这就是3G资本的开始。在私募股权投资领域，他们又一次将公司发展成了巴西最大的PE公司，高峰时持股50多家公司，投资超过50亿美元。但他们投资的公司并不是个个发展都很好，有些投资甚至损失很大。于是，他们开始复盘与反思。并认为这种模式存在几个问题：其一，资金有退出时间，可能会影响投资收益；其二，投资占的股权比例太小，无法完全影响被投资公司的决策，无法导入他们的管理模式；其三，投资标的涉及行业太多，标的太多，精力分散，不专注。

此后，3G资本创始人雷曼希望收购能够长久经营的业务，通过深度植入自身的文化理念和经营方式，彻底改变公司的业绩。因此3G资本开始专注几个行业和几家公司，用自有资金取得这些公司的控制权，对于参与控股的公司，3G资本在全世界内寻找最佳的经验和做法，然后加以效仿，持续不断地提高。同时将他们打造的管理模式和人才队伍注入这家公司，效率提升之后再以这家公司为起点，不断兼并收购其他同行业公司，直至全球第一。

尽管已经取得了非凡的成绩，3G资本仍然不会止步，他们与合作伙伴巴菲特一起拿下百事可乐与可口可乐的传言多年不止。他们的知识与经验、气魄与追求，足以成为商界标杆。

2. 案例评析：3G资本何以成功？从投资银行到PE，再到通过资本并购整合与经营管理实业，3G资本走过的路特别类似于美国的丹纳赫，其与巴菲特的公司，以及中国的复星模式不同，其通过资本收购实业，控制实业后，派驻自己的管理团队接管公司，植入文化与管理，使得公司成长，然后借助该公司平台，再围绕该公司进行产业并购其他公司，逐步将该行业打造成为世界第一。其成功之处在于：

第一，关注公司长期经营，持续地创造价值和业绩，而非依靠并购来投资获取短期利益。并购是其手段，而非目的。长期的实业经营理念是其立足之本，而非短期的投资获利，做买卖公司的生意。其做的是长期的公司经营与管理，打造百年老店，而非投机。

第二，掌控公司，全程参与公司管理、运营。源源不断地培养与挖掘优秀的管理人才是其成功的关键。与别的产业并购不同，3G资本需要直接经营管理公司，这就需要大批优秀的公司经营管理人才，如果经营不善，再好的并购都无从谈起。

第三，简单、专注、聚焦于特定的行业，围绕行业打造世界第一或龙头。不分散精力，不乱投资和并购。

第四，卓越的并购整合能力与跨文化、跨国界融合能力。3G 资本的成功在于并购 + 整合 + 管理运营，仅仅完成收购是远远不够的，其成功的关键在于并购后的整合，如果整合失败，则并购就毫无意义，就无法进行后期的管理与运营。而在整合过程中，针对不同国家地区、有着不同文化背景的公司与人员，融合能力又是极为关键的。

对于当前很多中国公司而言，3G 资本的做法有非常宝贵的借鉴意义。近年来，中国公司走进全球市场，也伴随较多的并购，能够确定的是，整合两家公司比收购一家公司的难度大很多。雷曼团队的经验就是，不但可以在本土收购治理再并购，还要能够将不同文化的公司进行整合。

第二节
从中国上市公司产业整合案例看并购

一、达安基因欲做中国丹纳赫

1. 上市公司达安基因设立健康医疗产业基金投资布局全产业链①。达安基因是国内分子诊断试剂行业的龙头公司，业务范围涵盖分子诊断技术、免疫诊断技术、生化诊断技术、医疗器械、检测服务、优生优育、食品安全和产业投资等诸多领域，以投资方式推进产业链发展，不断延伸产业布局到大健康领域。

达安基因自 2009 年起，便开始做产业投资。达安基因于 2014 年通过参股设立投资管理公司，将投资管理公司作为普通合伙人，进而发起设立

① 内容参考网络公开文章：《达安基因欲建特色产业投资模式》。

两支医疗健康产业投资基金，投向广东省行政区域内的战略性新兴产业初创期和早中期公司，重点投向经营和/或总部主体在广东省的生物产业与健康产业相关领域内，具有良好市场前景及成长潜力的优秀项目。2015年又以自身或者子公司的形式，参与设立两支医疗健康产业基金，基金重点投资于达安基因或其关联方运营管理的广州市专业孵化器内创新型中、小、微公司及其他广州市新兴医疗健康产业领域公司。之后又参与了多支医疗产业基金，欲通过产业投资模式布局医疗健康行业。2017年达安基因旗下新增一支医疗产业并购基金——广州恒基达安大健康产业并购投资中心。

2017年3月31日，达安基因发布公告称，其控股子公司达安金控，拟与其全资子公司趣道资管、恒基锦瑞、恒投创投共同发起设立医疗产业并购基金——广州恒基达安大健康产业并购投资中心（暂定名）。公告显示，本次拟参与设立的医疗产业并购基金为有限合伙制，总规模为10亿元，存续期限暂定为5年，重点投向基因技术、精准医疗、智慧医疗、检验检测、创新科技等与大健康产业相关的公司。

由以上可知，达安基因是通过产业投资的方式，加快自身的产业布局与发展，同时培养一批优质项目公司，进而形成了较为成熟且具有达安特色的产业投资模式。

近年来，达安基因以投资方式不断延伸产业布局。全产业链布局虽然不利于短期业绩的爆发，但从长期看这一定程度上有利于公司的稳健发展。达安健康产业基金重点投资于达安基因或其关联方运营管理的广州市专业孵化器内创新型中、小、微公司及其他广州市新兴医疗健康产业领域公司。相关统计数据显示，截至2018年11月15日，达安健康产业基金对外投资项目达31个，被投资公司分布在健康产业链上下游。

达安健康产业基金设立时，达安基因对外表示，通过与优秀基金管理公司的合作，能够给旗下产业项目公司带来良好的资金环境，使产业项目公司快速成长。

公开数据显示，2014—2016 年是达安基因的投资高峰期。在此期间，达安基因分别发起了 6 次、5 次、6 次投资；2017 年，达安基因对外投资 4 次，其中 3 次为天使轮投资。

梳理公开资料可以发现，达安基因是国内鲜有的具有完整产业链布局的体外诊断（IVD）公司，业务范围涵盖分子诊断技术、免疫诊断技术、生化诊断技术、医疗器械、检测服务、优生优育、食品安全和产业投资等诸多领域，以投资方式不断延伸产业布局。

2. 达安基金投资模式评析。达安基金作为一家从事医疗技术研发的 A 股上市公司，通过以各种方式设立健康医疗产业投资基金（自行设立产业基金管理公司、受让产业基金份额、与投资机构合资设立产业基金等模式），产业并购基金，针对所在行业的全产业链、生态圈相关公司或创业公司进行孵化、天使投资、VC 投资、PE 投资或并购，从而成为国内鲜有的具有完整产业链布局的 IVD 公司，使其业务范围从原有业务拓展到分子诊断技术、免疫诊断技术、生化诊断技术、医疗器械、检测服务、优生优育、食品安全和产业投资等诸多领域，不断延伸产业布局，构建起该行业全产业链、供应链与价值链的龙头企业。该模式是上市公司以投资模式布局全产业链的有效方法。

二、国药集团借钱并购与混改迅速做大 ①

1. 国药并购 + 混改，成就大而强。根据有关资料，国药控股下属分销网络覆盖中国 31 个省、直辖市及自治区，建立起了包括省级、地市、零售在内的 251 个物流中心，覆盖 1.4 万家二级以上医院，12 万家基层医疗机构和近 8 万家零售药房。可谓是医药流通领域当之无愧的“巨无霸”。

---

① 内容参考网络公开文章：《医药流通界大战开启：“有钱没钱我都要并购”》。

国药控股母公司国药产业投资有限公司最终控股股东是国务院国资委，持股 51%；第二大股东是复星医药，持股 49%。其中，国药产业投资有限公司持有国药控股 56.79% 的股份。

2009 年上市后，国药控股迅速开启了跑马圈地的节奏。仅 2011 年，就完成了对全国 169 家公司的并购。密集的并购带来了巨大的资金压力。2012 年，国药控股多位高管表示，公司未来基本不会再做国内并购，重点将放在并购项目的整合上。而近年来，面对新政引发的市场并购大潮，为了保住医药流通领域的“老大”地位，国药控股不得不继续加入并购大战中。2017 年 5 月 12 日国药股份宣布已整合国药控股旗下北京华鸿、北京天星普信、康辰生物、国药控股北京 4 家全资或控股子公司，涉及金额 61.44 亿元。11 月 27 日，拟以 2.17 亿元现金收购浦东药材 100% 股权。密集的并购使得本已负债累累的账面再添新的债务。资料显示，国药控股近年资产负债率一直维持在 70% 左右。国药控股 90% 以上的利润来自药品销售，而该行业利润率在 4% 左右，资本回报率低，并不能带来充足的资金流。

2017 年年初，国药控股完成了国药一致和国药控股的股份增持，剥离了医药工业，增强了医药商业的部分。打通旗下的药品分销网络，健全智慧型分销供应链。但近年来，受医药分开等政策影响，多家药企开启了大规模并购药店模式。

面对众多“小弟”的争抢，国药控股引入战略投资者也要加速，否则“老大”地位不保。于是引入战略投资、扩充现金流成为国药的当务之急。2017 年 10 月，国药控股发布公告称，经中国证券监督管理委员会核准，国药控股获准向合格投资者公开发行面值总额不超过 100 亿元的公司债券，采取分期发行方式。12 月 7 日，国药一致发布《关于子公司国药控股国大药房有限公司增资扩股引入战略投资者的进展公告》。实际控制人沃博联以其在香港设立的全资子公司作为增资主体认购国大药房有限公司股权，增资金额为 27.667 亿元，增资后持有国大药房 40% 股权。12 月 21 日，国药控股海南有限公司与盛业资本签订战略合作协议。通过战略合作，盛业资本将为国药控股海南地区提供供应链金融服务，双方将共同针对“两票制”推出新型供应链金融方案。举动频频，足见其为解决资金问题和进一步扩大市场占有率的决心。

当下新政策、新模式的兴起，必将引发医药流通行业市场份额的重新划分，同时也将引发整个产业链价值的重构。国药控股仅靠“借钱”并购来扩大市场份额，来应对整个行业的变革与冲击，已经不够了。

2. 国药集团并购评析。医药行业分散、集中度低。面对医疗与药物采购的改革方案推动，是产业重构和走向集中的过程，其结果必然是集中度提升和产业多极化。市场化将成为决定医药上市公司并购的主要因素，而医药产业的战略重组将成主流，以战略资源互补的产业整合、一体化及强强联合为特征的战略性并购将逐渐成为未来大型公司重组的主流方式。

一个公司由小到大的发展不外乎采用两种发展模式。第一种模式：公司采用内部扩张的方式，通过公司的产品经营所获取的利润，将其中的一部分或全部追加投资以促动生产及经营规模的扩大，使得公司发展壮大。第二种模式：公司采用外部扩张的方式，表现为战略联盟、技术转让、吸收外来资本等，使公司能在短时间内迅速地扩大生产规模和经营规模，形成巨型公司。第二种模式需要依靠并购手段来实施推动，并购是一个公司通过产权交易取得其他公司一定程度控制权，以增强自身经济实力，实现自身经济目标的一种重要形式。

纵观中西方公司发展的历史，在促进资源配置效率的提高及工业的飞速发展方面，并购做出了极为重要的贡献。现代工业社会里的每一个大型公司，其成长历程都离不开公司并购这种手段。从公司并购发展的历史观察可以看到，在市场经济条件下公司发展模式与公司并购手段互为依存。

国药的发展壮大之路就是国药的并购整合之路，国药通过不断的并购，使其从营收百亿元左右的公司一跃成为年营业收入近 4000 亿元的大型医药集团，位列世界 500 强前 200 强。

三、化工行业并购之王：中国化工的并购之路

1. 中国化工境内外并购之路。成立于 2004 年的中国化工，是在原化工部所属公司蓝星集团、昊华集团等基础上组建的中央企业。通过 10 年的并购之路，中国化工在全球 150 个国家和地区拥有生产、研发基地，并建立了完善的营销网络体系。表现在经营业绩之上的数据为，2004—2015 年，中国化工的资产总额、营业收入、利润总额由 229.6 亿元、152 亿元和 2.6 亿元，分别增至 3725 亿元、2602 亿元和 30.8 亿元，增长了 15.4 倍、25.6 倍和 10.8 倍。化工巨头何以长成？

（1）中国化工海外大并购：10 年并购 10 家海外公司[①]。在过去的 10 年，被誉为央企“并购王”的中国化工，已经陆续并购了 10 家全球知名的外国公司，而且很多都是全球并购榜上排在前列的大手笔。在其收购的 10 家海外公司中，有 7 家位于发达国家，4 家具有超过 100 年的历史，大多数为跨国公司。10 家公司都拥有世界先进水平的技术资源，且它们的行业市场地位至少位列全球前五位。中国化工的收购特点就是六个字——老牌、先进、前位。中国化工海外并购录如下：

2006 年，作为试水，中国化工的子公司蓝星公司先收购了法国安迪苏公司，这家公司在专业生产蛋氨酸、维生素和生物酶等动物营养饲料添加剂方面全球领先。同年，中国化工收购澳大利亚最大的乙烯生产商和唯一的聚乙烯生产商——凯诺斯控股有限公司 100% 股权。

在初尝收购经验后，2006 年，蓝星公司又一举拿下法国罗地亚公司的有机硅和硫化物业务，包括其专利业务、生产设备和分销渠道。此次收购

① 内容参考网络公开文章：《中国化工10年并购之路》。

也使蓝星公司的有机硅业务规模坐上了行业第二把交椅。

2011 年 4 月，蓝星公司以 19.5 亿美元全资并购挪威埃肯公司。埃肯公司是全球最大金属硅供应商和全球硅铁合金的最主要生产商，这一收购让蓝星公司进一步巩固了行业排位。

2011 年 10 月，中国化工旗下的农化总公司收购全球最大的非专利农药公司以色列安稻麦（ADAMA），该公司也是全球第七大农化公司。

2015 年 1 月到 2016 年 1 月，中国化工相继收购太阳能面板制造商新加坡 REC、全球第五大轮胎公司意大利倍耐力以及全球最大的橡塑机械公司德国克劳斯玛菲，同时参股瑞士能源贸易公司摩科瑞。其中，当时以 75 亿欧元的价格收购倍耐力，是自 2012 年 ZZZ 收购 NNN 之后央企最大的海外收购项目。

2016 年 2 月，中国化工和世界上最大的农药生产商、高价值种子领域名列第三的瑞士先正达达成协议，中国化工支付 430 亿美元，收购先正达 100% 股权。2017 年 6 月 27 日，中国化工完成收购先正达，这不仅是中国化工最大的收购案，也是迄今为止中国公司最大的跨国并购案，创下中企海外单笔收购金额的最高纪录。通过这一连串成功的海外并购，中国化工正在迅速缩小与国际化工巨头的差距。

当中国化工第一次跨入世界 500 强时，还仅排名 474 位。如今在自身发展和并购加持之下，中国化工已连续六年进入世界 500 强，2016 年居第 234 位，在化学品分行业榜单列第三位，仅次于德国的巴斯夫公司和美国的陶氏化学，在中国化工行业中位居榜首。

在大规模并购之初，核心技术是中国化工参与国际竞争的最大短板，也是当时非常清晰的并购目标。中国化工在成立之初，将公司战略定位为“老化工、新材料”，意在化工新材料领域做大做强，然而当时国内化工新材料领域整体技术水平较弱，产业化水平偏低，仅靠国内的技术管理资源很难与国际强手抗衡。若选择与人合资、以市场换技术，引进的绝大多数都不是核心技术，即使国外化工巨头愿意合资，也会提出苛刻的条件。于是，中国化工决定以并购方式开启自己的国际化竞争之路。

国际并购不仅让中国化工获得了具有全球竞争力的产业、国际知名品牌和全球营销网络，还获得了具有自主知识产权的专利技术，使得中国化工在专利拥有数量上跃居中央企业第四位，解决了我国多年来一直未能攻克的蛋氨酸、有机硅深加工等核心技术的研发问题。

从安迪苏的蛋氨酸技术、罗地亚的有机硅技术，到埃肯公司的金属硅、多晶硅技术，这些都是中国化工缺乏的核心技术，也是当年通过技术引进未曾获得的技术。

不过值得一提的是，从 2011 年开始，中国化工的并购战略发生转变，不再仅仅为了获取核心技术，而是更多地转向打造全球产业生态系统，完善战略布局。比如，以 6.4 亿美元的价格收购新加坡 REC 太阳能，该公司是排在全球前三位的太阳能硅片、电池、组件一体化公司，是全球领先的太阳能电力解决方案供应商。当时的中国化工已经是世界第三大有机硅单体制造商，并拥有世界先进的冶金法太阳能级多晶硅技术，在收购新加坡 REC 太阳能后，不仅能充分发挥冶金法太阳能级多晶硅的潜在优势，而且从硅产品的品种齐全、每个品种的一体化两个维度，打造成从原料、上游产品、中游、下游完整的硅产业链及生态系统，增强中国硅产业的国际竞争能力。

再比如，以 9.5 亿欧元的价格收购德国克劳斯玛菲，该公司是全球最大的橡塑机械跨国公司，拥有 178 年的历史。到 2015 年年底，中国化工的资产总额已达到 3729 亿元、营业收入 2602 亿元，分别是其成立之初的 16 倍和 26 倍。

如果从今天的全球化工竞争格局回溯，无论是拜耳求购孟山都，还是陶氏和杜邦合并，在产需剧烈调整中，全球化工行业的并购整合浪潮已经来临，而每一次并购潮都意味着为未来行业的发展蓄力。反观当时中国化工的种种收购，更是走在一些国际巨头的前头。

全球产业并购和整合是大势所趋，特别是欧美市场饱和给中国公司带来了并购机会，不乏实现跳级跨越的“良机”。而中国化工海外并购获得成功的一个重要原因，就在于很好地把握了世界分工调整和产业转移，以及跨国公司进行战略调整的机遇。

（2）并购整合，文化融合①。把握好每一次收购，重点环节不是买得来，而是管得住。对于每一次并购机会，“买得来，管得了，干得好，拿得进，退得出，卖得高”是中国化工所坚持的整合战略，而贯穿其中的“文化融合”则是并购成功的主要因素之一。

中国化工的实践表明，并购前期，双方高层人员之间的信任是并购协议达成的关键因素。国际并购不仅仅是商业行为，更是人的沟通、文化的融合。基于人际沟通的信任关系是在较长的时间内，人际真诚互动而产生的，短时间内的“在商言商”交流难以产生信任。

除了建立信任，充分的并购准备也很重要，这包括寻找合适的收购目标公司，耐心等待收购时机，聘请世界一流的专业中介机构担任并购顾问，重视与管理层、工会、政府部门等利益相关者的沟通等。

自 2004 年成立至今，中国化工有三拨并购，每四年一拨，每拨明显分为准备与交易两个阶段。多起跨国并购在启动交易谈判之前，双方就已经有过技术交流和业务合作。并购完成后，如何管理被收购公司？对此，中国化工认为，最重要的仍然在于“文化的融合”——善于发现被收购公司的亮点、发现别人的优秀文化，而非把自己的文化进行灌输。

在每次收购协议签约后，中国化工都要给海外公司高管和员工，介绍中国化工的公司理念、创业历程和发展远景，对收购的意图、举措和下一步规划表达清楚，尤其是把对管理层和员工的留用计划公布于众，使其增加对新股东的理解与认同。

---

① 内容参考网络公开文章：《中国化工10年并购之路》。

面对越来越多的国际化员工，中国化工每年邀请工会代表和员工代表来中国参观考察，向他们展示中国文化的博大精深和中国公司的实力。“并购，不是征服，而是最大程度地寻求融合与协同效应。”这个理念是中国化工一直秉持的。

2. 中国化工并购案评析。从地处偏远大西北的兰州的一家小型化工公司，到通过并购走进首都北京，又通过海外并购站在世界化工行业舞台的中央，最终成为举足轻重的玩家。通过并购，从一家地方的小型国企成为一家大型中央企业。中国化工的并购之路何以走得如此成功？我们认为，其成功之处在于：

第一，并购战略成为中国化工的最重要发展策略。一个公司的做大做强无非有两条路径，一条是通过自身发展壮大，另一条是通过并购发展壮大。毫无疑问，中国化工选择了后者。作为一名后来者、弱小者，中国化工的第一个并购战略目标，即海外并购 1.0 版本是通过并购获取核心技术、专利、品牌、销售网络。随着公司不断壮大，中国化工适时选择了第二个并购战略目标，即海外并购 2.0 版本，从技术并购走向生态并购。整合行业，构建产业链、供应链及价值链生态圈成为中国化工并购的最重要战略。

第二，中国化工的并购事前有充分的准备、与对方进行了充分的交流沟通，为之后的并购工作打下了基础。不做盲目并购，不做跨行业并购。

第三，中国化工的并购整合与文化融合做得非常好，使得双方在并购之后能够发生化学反应，从而促进了公司的飞速发展。

四、洛阳钼业海外并购成就矿业巨头

1. 洛阳钼业海外掘金靠并购①。洛阳钼业（603993.SH/3993.HK）原是

① 内容参考网络公开文章：《资产规模从十亿到千亿，洛阳钼业的蜕变之路》《洛阳钼业海外并购成就矿业巨头 稀缺产品组合穿越“牛熊”》等。

地处河南洛阳大山深处的一家矿山公司，拥有亚洲最大的钼矿资源。先后在港股与A股上市，成为港沪两地上市矿山公司。

洛阳钼业于2018年启动收购全球第三大金属贸易商IXM B.V.100%的股权。此次收购将进一步提升公司在全球资源领域的地位及影响，有助于公司充分利用IXM一流的金属采购、混合、运输和贸易服务体系，产生强大的协同效应。洛阳钼业非常擅长在资源价格低点进行布局，尤其是2016年收购刚果（金）Tenke铜钴矿，正值钴价暴涨前夕，公司业绩由此实现爆发式增长。从资产规模10亿元的矿山公司发展成为千亿元的矿业巨头。从营业收入及归属股东净利润增速上看，洛阳钼业的营业收入整体增速优于紫金矿业，且归属股东净利润的增速明显高出紫金矿业不少。从2016年到20018年年底，洛阳钼业营业收入从69.5亿元增至259.63亿元，年复合增长率为93.27%，归属股东净利润从9.98亿元增至46.36亿元，年复合增长率为115.52%。

洛阳钼业一系列精准犀利的并购操作，带来的不只是业绩的暴增，更重要的是公司获得了穿越“牛熊”周期的能力。即使是在周期低谷，洛阳钼业依然可以凭借独特稀缺的产品组合（铜、钴、钼、钨、铌、磷）和充足的现金流，蛰伏布局，静待下一个风口。

洛阳钼业早期以钼钨业务为主，公司在2012年A股上市以后，开始积极海外并购进行资源布局。

2013年10月，洛阳钼业以49亿元从力拓手中收购澳大利亚NPM铜金矿80%权益。2016年5月，公司分别从自由港公司、英美资源集团处逆周期收购TFM铜钴矿56%权益（176亿元）和巴西铌磷矿100%股权（100亿元）。2017年1月，洛阳钼业获得BHR持有的TFM铜钴矿24%的独家购买权，由此实现对TFM 80%权益控股。

通过上述一系列并购，洛阳钼业掌握了优质矿山资源，并在短短六年时间内实现了从国内钼钨龙头到世界矿业巨头的转变。根据相关资料，目前洛阳钼业已发展成为全球领先的铜生产商之一，也是全球前五大钼生产商、最大的钨生产商之一，同时也是全球第二大的钴、铌生产商，澳洲第四大在产铜矿生产商和巴西第二大磷肥生产商。

值得一提的是，洛阳钼业非常擅长在资源价格低点进行布局。公司 2016 年收购 TFM 铜钴矿时，钴价正处周期低点，而在收购资产交割完成短短一个月后，钴价开始不断攀升，洛阳钼业业绩也相应大幅增长。

截至 2018 年，TFM 产钴量仅次于嘉能可，且其权益铜产量仅次于江西铜业和紫金矿业，洛阳钼业全球第二大钴生产商和国内重要的铜生产商的地位依然稳固。

除了抄底收购的精准判断，洛阳钼业强大的海外并购运作能力也给市场留下了深刻的印象。2016 年公司对巴西铌磷业务和 Tenke 矿山的资产并购交易总额超过 40 亿美元。为了尽快完成交易，洛阳钼业在交易过程中使用了自有资金和银行借款的方式进行支付，大大加快了交易流程，从发布收购预案到交割仅用了不到半年时间。

2017 年，洛阳钼业完成了 180 亿元的巨额定增，然后使用定增资金置换部分交易垫付的自有资金和银行借款。2017 年 A 股上市公司增发募集资金金额排名中，洛阳钼业 180 亿元定增排名第七，展现了强大的资金募集能力。

洛阳钼业接连并购背后也离不开公司稳健充足的现金流。年报显示，2018 年洛阳钼业实现净利润 51.50 亿元、经营活动产生的现金流净额 94.36 亿元，截至 2018 年年底，公司货币资金为 266.48 亿元，有息负债率仅为 29%。尤其是 2017—2018 年，洛阳钼业在产矿山带来了丰厚的收入和健康持续的现金流，为公司推进“内生性增长”创造了条件。

作为洛阳钼业产品组合的重要部分，铜钴和钼钨价格的交替波动为公司提供了稳定健康的现金流。矿业的周期性显示出公司产品组合的作用，洛阳钼业拥有并构建的独特稀缺的产品组合能产生健康持续的现金流，让公司穿越市场的“牛熊”，拥有多金属资源使其具备了东方不亮西方亮、此消彼长、板块轮动带来的稳定业绩。这是其他矿业巨头所无法比拟的优势。

2. 洛阳钼业并购之路评析。洛阳钼业从一个只拥有钼金属单品、地处偏远山区的矿山公司，通过登陆香港、上海两地资本市场完成公司治理的现代化转型，并获得最重要的融资渠道，为其海外大规模并购提供了雄厚的资金来源。也就是说，洛阳钼业从一个偏居一隅的中型矿山公司，通过登陆资本市场（H+A），开展海外并购，逐渐转变为矿产国际巨头。其成功的关键就在于善于利用资本市场与并购。

同时，对于矿产公司而言，像房地产商拥有雄厚的土地资源储备一样，优质的矿产资源储备是其赖以持续发展的源泉和动力。因此，洛阳钼业在国内矿山资源逐渐贫乏及竞争加剧的情况下，制定了走出去进行海外并购的战略，先后并购了澳大利亚、南美洲、非洲等地区优质的矿产资源。特别值得一提的是，洛阳钼业的并购有两点策略做得非常好，第一就是选择所并购的金属矿产处于行业周期的最低点，从而以最优的价格获取矿产资源。第二就是选择与其原有的钼金属处于邻近的、具有互补性、周期轮动的金属资源，以稀缺性有色金属为主布局矿产资源。

此外，在并购资金的筹备上，利用充裕的自有现金与银行贷款快速抓住行业周期转瞬即逝的并购时机，快速完成交易。之后，再利用境内外资本市场以债券、定向增发融资等手段获得资金，来替换原来筹集的资金。其在并购资金的筹措上也值得学习借鉴。

五、美的集团：中国家电巨头美的走向帝国之路

1. 并购重组是美的集团成功的重要战略支柱[①]。当今中国家电业在世界

---

① 内容参考网络公开文章：《美的的“并购新思维”：吸收美日籍高管加入合伙人计划》。

家电市场上具有举足轻重的地位，而格力、海尔与美的成为中国家电业的三巨头。纵观美的之成功原因，在于事业部制改革、整体上市、研发创新，等等，但并购毫无疑问是美的集团成功的最重要战略之一。

从2011年到2016年，美的集团净利润累计上涨137%，人均生产效率提升超100%，净资产增加128%。创办49年，从一个名不见经传的乡镇公司成长至如今的世界500强跨国公司，美的集团不断通过研发创新、并购扩张和资本运作，从一个传统家电公司成功转型为一家全球化科技巨头。

在家电业里，美的的多元化可以说是最成功的，其所涉业务在细分领域几乎都能排入前三，如美的小家电第一、空调第二、洗衣机第二、冰箱第二等。最初的美的集团所经营的业务为小家电，目前已经涵盖家电领域的方方面面。早在1993年的上市规划中，美的就把通过投资参股、合作、收购等形式列入公司战略发展规划。无疑，并购重组成就了美的今日之成功。下面来介绍一下美的并购之路和美的业绩增长的关系。

表15-1 美的集团重大并购重组事件

时间	事件	标的简介
2016年	37亿欧元收购德国机器人制造商库卡	1995年建立于德国巴伐利亚州的奥格斯堡，是世界领先的工业机器人制造商之一，全球工业机器人四大家族之一。通用、福特、保时捷、宝马、奥迪、奔驰、大众等各大车厂皆为库卡的主要客户2015年销售收入29.66亿欧元，在汽车制造领域机器人市场份额列全球第一，约一半的营收是由其所创。
2016年	31亿元收购日本东芝白电业务	创立于1875年，日本最大的半导体制造商，第二大综合电机制造商，业务领域包括数码产品、电子元器件、社会基础设备、家电等。2015年世界五百强157名。
2016年	收购意大利中央空调企业ClivetS.p.A.	成立于1989年，以冷水机组、热泵、空气处理及净化系统等产品研发、生产、制造为主，是欧洲领先的商用空调企业之一。约占意大利水机市场份额的5%、欧洲大型水机市场份额的3%、全球水机市场份额的1.4%。2015年Clivet实现销售收入约1.2亿欧元。

续表

时间	事件	标的简介
2014 年	要约收购小天鹅实现绝对控股	同时制造全自动波轮、滚筒、搅拌式全种类洗衣机的全球第三大洗衣机制造商，2001 年荣获中国名牌产品称号，2007 年商务部认定最具市场竞争力品牌。2015 年小天鹅营业收入 131 亿元，净利润 10.53 亿元。完成收购后美的集团绝对控股小天鹅。
2013 年	美的集团整体重组上市	美的集团拟以 44.56 元 / 股的价格发行 A 股，并按 1:0.3582 的比例换股吸收合并美的电器股份，美的电器的换股价格为 15.96 元 / 股。该换股价格与公司停牌前均价 9.46 元 / 股的基准相比，溢价率为 68.71%，美的集团给予 10.59 元 / 股的现金选择权。
2011	收购开利拉美空调业务	全球最大的暖通空调和冷冻设备供应商，也是提供能源管理和可持续楼宇服务的全球引领者。开利公司总部位于美国，生产销售覆盖包括中国在内的 180 多个国家。
2011	收购常州弘禄华特电机	通过并购进入商用电机领域。成立威灵控股并上市。
2008	16.8 亿元受让小天鹅 24% 股份成第一大股东	2008 年小天鹅实现净利润 4004 万元，2009 年增至 2.22 亿元。美的集团通过并购小天鹅扩展洗衣机板块。
2004	235 亿港元收购广州华凌集团	成立于 1985 年，产品以电冰箱、家用空调为主，家电业第一家港股公司。获“国家质量金奖”“中国空调器王子”“中国名牌产品”“国家免检产品”“中国行业十大知名品牌”等殊荣。2004 年上半年经营亏损 2000 多万港元，累计亏损额为 4.4 亿港元。
2004	逐步收购荣事达，2013 年荣事达回归三洋	主导产品为洗衣机、电冰箱，荣事达是“中国名牌”和“中国驰名商标”。通过收购荣事达美的欲加速扩张。后续因整合困难，荣事达回归三洋之后三洋并入海尔。
2004-2006	收购云南客车厂、云南航天神州汽车、湖南三湘客车集团	计划在 3—5 年内成为国内领先的客车生产企业。但由于种种原因，美的三湘客车于 2008 年年底全面停产。2008 年以 6000 万元出售给比亚迪。
1998	5400 万收购东芝万家乐	“东芝万家乐”是日本东芝株式会社和广东万家乐集团于 1995 年合资成立的，国内第三大压缩机生产供应厂家，拥有年产压缩机 150 万台的能力，是东芝在我国最大的合资企业。美的与东芝的合作再上台阶。

资料来源：choice,牛牛金融中心

1998 年，美的收购东芝万家乐公司进入空调压缩机领域，此举为美的并购重组的开端。东芝万家乐公司拥有先进的生产技术、生产设备以及开发力量，是国内第三大压缩机生产供应厂家。纳入东芝万家乐公司是美的集团跨行业经营、进行产业链整合迈出的重大步伐，美的由此成为国内唯一掌握空调核心技术的厂家，也成为同行业内其他公司效仿的对象。此次收购，对美的集团的发展产生了积极而深远的影响。

2004 年，美的收购国有公司华凌集团，扩宽冰箱、空调线。华凌是广州市政府控股公司，第一家在香港上市的内地家电公司，旗下拥有“华凌冰箱”“华凌空调”品牌，华凌旗下的冰箱业务在广东拥有较高的市场份额。年底，美的还收购了美泰克持有的荣事达美泰克合资公司 50.5% 的股权，后续继续增持至 100%。当时荣事达公司年产冰箱 60 万台、洗衣机 200 万台，并且两者都处于增长中。荣事达为合资公司，拥有国际上较为领先的生产技术。通过收购华凌集团，美的扩展了空调线，站稳了广东市场。而通过收购荣事达，美的改变了以前的以 OEM 形式生产的冰箱的质量、产量难以保证的局面，拥有了自己的生产基地，并获得荣事达从国际上引入和最先进的最优越的产线技术以及较强的研发能力。

过去几年，美的集团马不停蹄地实施了几轮并购，仅 2016 年就投入超过 300 亿元用于并购。其并购足迹遍布日本、德国、美国、意大利，成功并购了东芝、Clivet、Eureka 以及 KUKA 集团。

对于海外并购，美的有自己的一套标准。东芝在整个东南亚市场的大众化程度要比美的高，收购了这样的品牌，在东南亚市场的大众化之路就容易得多。通过收购可以提升现有的技术能力和全球市场份额，弥补短板。比如美的收购体量并不大的意大利中央空调公司。同时，通过进入自动化和机器人领域，从 2C 方面获得更多 2B 产业拓展份额。

2016 年，一场对库卡的收购，让美的集团成为全球产业资本瞩目的中心。在这场并购的背后，是美的集团对全球机器人产业的野心。

目前，欧美国家人均机器人使用数量达到200台至300台，中国人均机器人使用台数只有30台至40台，面对薪酬持续上升及一线生产工人逐渐稀缺，机器人市场空间巨大，通过吞下全球机器人界“执牛耳者”的库卡，美的站在了世界机器人技术的顶端。

收购库卡、高创，美的进军机器人及工业自动化领域意图已然明显。选择将“机器人及工业自动化”作为新产业，让其在寻求业务新的增长点同时，加速多元化发展，促使集团业务向B2B延伸。对于美的而言，库卡和高创是美的在新跑道上的起跑点。

对于已并购来的公司，美的集团采取“区别对待”的方式进行后续整合发展。例如东芝，其与美的同为家电公司，美的集团充分挖掘双方在技术、产业链以及成本方面的协同点，这样可直接带来成本的下降。而对于处于全新机器人产业中的库卡，依靠美的自己的技术管理团队很难施以援手，这时候就需要退居幕后，从拓展市场资源和获取产业政策支持等方面帮助库卡减少运营成本。而同时美的将以库卡为主体，在机器人本体生产、工业自动化方案、系统集成以及智能物流等领域进行全面布局。

从美的的并购之路和美的业绩持续增长关系看，二者成明显的正比关系。由此可见，美的的规模从百亿元快速增长到千亿元，靠的就是并购。

2. 美的并购战略评析。从美的成长历程看，并购无疑是其最重要和最成功的战略之一，是其业绩快速增长，销售过千亿元最重要的手段。从美的的并购战略可以看出其如下策略：

第一，在美的并购历程中，除了并购车辆制造公司欲进入造车业之外，美的的并购基本围绕家电进行，或进行同业并购来进行产业整合，或进行邻近产业并购以使得产品门类齐全，或围绕智能化并购，来解决未来的机器人生产、智能家电问题，基本突出了专注与聚焦，瞄准前沿。在头脑发热并购车辆发现问题后及时止损退出，回归主业。

第二，美的并购以获取技术、品牌与销售网络为主，进而获得快速增长。

第三，美的的并购整合能力强，对于不熟悉的行业，信任原有团队，只为原有团队提供服务，而不盲目接管和插手。

六、中国建材：水泥大王怎样炼成

1. 中国建材开启行业整合并购新模式[①]。2006 年 3 月中国建材自香港上市开始，风卷残云般重组了 900 多家水泥公司，已经成为以水泥业务为主业的综合性建材产业集团，水泥产能达到 4.5 亿吨，成为毫无争议的世界水泥大王。其行业整合改变了水泥行业的格局和生态。中国建材靠什么成就了水泥传奇？

截至 2013 年年底，中国建材集团总资产达到 3500 亿元。但如果人们翻看这家公司的净资产，实际只有 650 亿元，其中民营资本和社会资本占了 440 亿元，国有资本 210 亿元，即七三开的比例。除上市公司的混合之外，中国建材重组的绝大多数水泥公司还为原来的所有者保留了 30% 的股份。在央企层面，像中国建材这样以如此之少的国有资本带动十几倍资产的案例并不多见。中国建材也理所当然地成为混合所有制的先行者。

在长期的探索中，中国建材形成了三层混合结构。第一层，在上市公司中，中国建材这家 H 股公司吸纳了大量社会资本。第二层，在四大水泥公司等业务平台上，把民营公司的股份提上来。第三层，在水泥公司里，给原来所有者保留 30% 左右股份。通过这个三层混合模式，中国建材用 210 亿元国有权益控制了 650 亿元净资产，650 亿元的净资产又控制了一个超过 3000 亿元总资产的公司。这样一来，国有资本的撬动力更大，真正实现了以小博大。

（1）选择产业最核心主业——水泥，围绕水泥进行全国并购。在中国

① 内容参考网络公开文章：《混合所有制改革之中国建材模式：联合重组做强行业江山》《水泥大王是怎样炼成的：中国建材“混合所有制”启示录》等。

工业领域，新型建材是一个特殊的行业。由于这个行业起步于改革开放以后，因此行业中的国企和民企几乎是同时起步，竞争异常激烈。相对于灵活机动的民企，国企经常败下阵来。

在主流建材领域，水泥的分量最重，占行业 GDP 比重超过 70%。不过，与新型建材一样，这也是一个竞争激烈、多小散乱的行业。从行业趋势上看，政府一直在努力改善水泥行业产能过剩和环境污染的状况，扶植大公司成为实现这一构想的最重要手段。

2003 年 4 月，中新集团正式更名为中国建筑材料集团公司，产业方向是生根大行业、大产业，在兼顾新型材料的同时，回归水泥等建材行业主流。

联合重组需要大量资金，对于底子薄、资本金少的中国建材而言，从哪里筹集这些资金呢？

参照其他公司打包到香港上市的成功资本运作经验，中国建材把旗下的优质资产，包括北新建材 A 股的股份、中国玻纤 A 股的股份，以及尚未成形的中联水泥打了个包，成立了中国建材股份公司，准备在香港上市。

2006 年 3 月 23 日，中国建材（3323.HK）在香港联交所成功挂牌上市。中国建材登陆香港股市后，募集资金 20 多亿港元。之后，中国建材迅速进行了三次增发配售，从资本市场共融资 110 亿港元，在很大程度上缓解了中国建材推动水泥联合重组的资金压力。

对于白手起家的中国建材而言，进军水泥行业并不是一条坦途。当前，我国正处在经济转型升级的关键阶段，面临的主要矛盾就是产能过剩。以水泥行业为例，2013 年全世界水泥产销量是 40 亿吨，中国水泥产量超过 23 亿吨，水泥总产能更是高达 31 亿吨。因此，水泥一直被政府视为严重过剩产业。

中国建材认为，市场简单自发的优胜劣汰，会导致恶性竞争、资源浪费、银行坏账、员工失业、税收减少等一系列社会与经济问题。大公司是市场经济的“无形之手”，肩负影响政策、健全市场、管理工厂的历史任务，对行业负有更大的责任。解决过剩问题必须充分发挥大公司作用，由大公司整合市场，增加行业集中度，从做工厂、做产量，到做市场、做系统，兼顾好各种资源和各方利益，做到退而有序。大公司整合，是市场竞争的高级方法。

因此，中国建材决定带领行业摒弃过去那种你死我活的无序恶性竞争，积极倡导共生多赢的包容性竞合模式。于是，中国建材确立了推动水泥行业联合重组，成为一家全球性公司的发展路径。如今，中国建材已是世界最大的水泥生产商。然而，这一水泥王国的起点，仅仅是一家年产能 130 万吨的小水泥厂。

2006 年，海螺水泥开始进军徐州。当时，海螺水泥拥有中国首条万吨生产线。相较之下，中国建材 5000 吨和 3700 吨的两条生产线则有些相形见绌。狭路相逢，两家公司开始了激烈竞争。尽管如此，白热化的竞争最终让两家公司谁都不挣钱。打到最激烈时，两家公司甚至都以低于成本的价格对外销售。

中联水泥是中国建材水泥梦想最初的载体。退还是守，竞争还是竞合？在认真思考并做了实地调研之后，中国建材决定通过谈判的方式解决这一问题。实际上，海螺水泥也很想早日结束这种恶性竞争局面。经过十多次谈判，中联水泥上演“蛇吞象”，成功地把徐州海螺万吨线收入囊中，作价 9.611 亿元。这相当于中国建材上市第一次融资金额的一半。在中国水泥乃至任何一个行业的并购历史上，这一次并购都值得人们铭记。

徐州海螺的万吨线进入中国建材后，通过统一采购、整合营销，成为当时全球七条万吨线中经济技术指标最好的一条线。重组后的第一年，中联水泥就挣回 3 亿元的利润，海螺水泥也获得了丰厚的回报。此次重组有效提高了产业集中度和公司竞争力，实现了技术升级，避免了恶性竞争。

中联水泥在淮海经济区纵横捭阖的同时，中国建材又把目光投向了竞争同样激烈的浙江。中国建材决定把浙江、江西几省的公司联合起来。但这些地区行业分散，大部分市场被大大小小的民企所把持着。面对这些民企，中国建材开出了三个极具吸引力的条件：

第一，公平合理定价，按国际惯例的定价原则做资产评估。带着合作善意远道而来的中国建材，本就逢低入手，当然更不能乘人之危。

第二，为民企老板保留部分股权。这就把中国建材的利益与民企老板的利益结合了起来，双方形成了利益共同体。

第三，把民企老板聘为职业经理人，让其能在自己热爱的事业中继续发挥作用。

正是上述真诚的极具诱惑力的方案打动了众多的民企，2007 年 9 月，以中国建材为第一大股东、民资注册的邦达集团为第二大股东发起的南方水泥正式成立，覆盖浙江、上海、江苏、安徽、湖南、江西、广西等省市。短短 5 年，这家典型的混合所有制公司产能达到了 1.4 亿吨。而此前，中国建材在此区域没有 1 吨水泥。

有了资金扶持的中国建材，又把触角伸向了东北。2009 年 3 月 23 日，北方水泥宣布成立。不过，与之前不同，这一回中国建材没有坚持绝对控股，而是与辽源金刚各出资 4.5 亿元，各占 45% 的股份，同时引进了与中国建材曾有过良好合作的弘毅投资占据 10% 的股份，实现了产业资本和金融资本的合作。

南下与北上成功之后，中国建材开始挺进大西南。汶川大地震后，基建项目猛增，西南地区的水泥价格也达到历史高点。市场的拉动和随后国家 4 万亿元投资的刺激，让西南地区投资水泥厂的热情极度高涨，项目四处开花。

2011 年 12 月 12 日，中国建材西南水泥有限公司挂牌成立。此后，西南水泥仅用了一年多时间，在云贵川渝三省一市展开了大规模重组整合，先后与近 150 家公司签订重组协议，累计熟料产能 1.5 亿吨，占西南地区总体水泥产能的 48%，成为西南地区最具影响力的大型水泥集团。

至此，中国建材在全国水泥市场的战略布局基本完成：在淮海地区、东南经济区、东北地区和西南地区分别组建了中联水泥、南方水泥、北方水泥、西南水泥四家大型水泥集团，水泥总产能达4.5亿吨，成为世界水泥大王。

（2）用“央企市营”化解并购重组后整合难题。并购容易整合难，整合成了运营难。中国建材是如何将这些成分复杂、不同地区的公司整合起来，发挥出惊人能量的呢？

按照中国建材董事长宋志平的概括，成功的奥秘就在于“央企市营”，其具体包含五个核心内容：多元化股份制、规范的公司制和法人治理结构、职业经理人制度、内部机制市场化、依照市场规律开展公司运营。在“央企市营”的基础上，宋志平进一步提炼出一个广为流传的融合公式：“央企的实力 + 民企的活力 = 公司的竞争力”。

中国建材对于旗下的四大水泥公司，基本没有派去一兵一卒，完全是属地化管理。央企有资源资金、人才技术、品牌价值和管理优势，民企有活力、激励机制和职业化精神，二者的优势为什么不能有效结合起来呢？只有两者放下成见，才能拾起信任，才能真正实现相互尊重、相互包容、相互学习、相互融合。

数百个小舢板捆绑在一起能不能变成航空母舰？大象能不能跳得了舞？公司大了未必就有规模效应。如果管理不过关，大好局面就会瞬间葬送。怎么办？牵牛要牵牛鼻子。对于重组公司而言，必须抓好集团管控与管理整合两个核心。

关于管控，宋志平认为，这个问题说复杂也复杂，说简单也简单，关键在于解决“二乱”。一是行权乱，不知道该听谁的，不能令行禁止；二是投资乱，子子孙孙的公司都在投资，母子公司职能缺位。为此，他研究了一套“格子化”管控方法，包括治理规范化、职能层级化、业务平台化、管理精细化、文化一体化。通过精准管控，将公司的职能分工、经营模式和发展方向都固定在相应的格子里，确保了数百家重组公司行权顺畅、经营有序。这如同盒子里的巧克力，用塑料打着格子，才不至于粘在一起。

关于管理整合，宋志平总结了“八大工法”，即五集中（市场营销集中、采购集中、财务集中、技术集中、投资决策集中）、KPI（关键经营指标）、零库存、价本利、对标优化、核心利润区、市场竞合和辅导员制。

这“八大工法”堪称中国建材的管理秘籍，不仅以简驭繁、朴素实用，而且与竞争对手相比，这套管理组合拳，实现了外抓市场与内控成本的结合，确保了联合重组的成功，真正提升了公司市场竞争力。

除了“格子化”管理方法和“八大工法”，伴随着中国建材的快速成长，防范大公司病的问题被逐渐提上了日程。怎样让一个拥有上千家公司、18 万名员工的巨型集团实现基业长青呢？为此，经过反复的推敲完善，他提炼总结出“6+6”框架，即看齐好公司的六个标准，防范大公司的六大弊病。其中，好公司的标准是业绩良好、管理精细、环保一流、品牌知名、先进简约、安全稳定。大公司病的特征是机构臃肿、人浮于事、士气低迷、效率低下、投资混乱、管理失控。

正是中国建材创新式并购重组、创新式整合、创新式管理运营，成就了中国建材的辉煌。2009 年，哈佛商学院将中国建材水泥产业大规模重组的经验纳入教学案例，打开了世界了解中国公司的一扇窗。

回溯过去 10 年的历史，中国建材从一个默默无闻、营业额仅有 20 亿元的小公司，成长为营业额超过 2500 亿元的全球第二大建材公司。在 2013 年《财富》世界 500 强中，上榜的三家建材公司唯有中国建材排名逆势而上，大幅提升。

2. 中国建材并购重组案例评析。中国建材聚焦于建材最核心产业——水泥业，以独特的并购重组模式整合了大江南北、长城内外的水泥产业，以独特的整合模式、创造型的管理运营模式使得拼凑起来、组装起来的航空母舰有序运行、发生化学反应，创造了业绩飞速成长的业界传奇。纵观中国建材的并购整合历史与其业绩成长关系，可以发现，中国建材的并购成功之处在于：

第一，整合旗下资产资源打包香港上市，使中国建材拥有了A股及港股多家资本市场融资平台，这为其开展的并购所需的资金提供了融资通道，而且上市公司的平台与央企的身份及资源也成了其转战南北所向披靡的重要基础，缺了这些，并购整合各个地方的“诸侯”，结束“诸侯割据、军阀混战”式的行业恶性竞争，是根本不可能实现的。为何早已形成的行业共识，唯有中国建材可以实施达成？原因就在于此。选对了关键的行业——水泥，选对了正确的时机（国家政策淘汰产能）。

第二，独特的共赢的并购重组模式。面对地方民企，中国建材给出了三大诱人的真诚的合作条件，而没有受到惯有的国企思想的束缚，没有国企老大的姿态，完全用平等的、公平的、互利的、协商的、合作的姿态合作，与其是并购，更准确说是合作，正是这三个条件的实施，使得民企老板在公平合理定价中可以拿到投资收益，退出部分股权。同时，通过保留的30%股份继续成为第二大股东，以及继续担任实际的管理者经营公司，这样的条件让民企老板的利益与中国建材利益绑定，怎能不努力工作呢？人心齐泰山移。这也为并购后的重整及运营管理做好了铺垫。

第三，创新的整合模式。并购容易，整合难。对于拼凑在一起的大型公司而言，最难的就在于整合，如何将散兵游勇拧成一股绳，大家力量往一处使。中国建材构建的“格子化”管理制度解决了管控问题，用“八大工法”解决了管理整合难题。不派一兵一卒的中国建材用利益机制、激励机制、管控制度、管理整合方法指挥着地方杂牌军组合起来的千军万马，创造了业绩持续增长的神话。

第十六章

大型互联网科技公司布局式生态并购

互联网科技公司巨头的发展显然不同于传统公司，主要有两大不同，第一，互联网公司竞争核心在于成为平台，在于构建生态。平台和生态是互联网科技公司的核心竞争力，无论哪种商业模式，离开了平台与生态，其价值就会减损。第二，互联网科技公司防御竞争者及后来颠覆者的模式就是围绕平台合作、赋能，围绕生态进行投资、孵化与并购。围绕生态所进行的业务拓展，超越了传统公司的边界思维，成为无边界公司。因此，生态型投资与并购是互联网科技巨头的核心战略。以至于，“BAT”的战略投资部成了国内最好的VC，赛过了国内最顶级的VC。使得互联网科技公司成了创投公司，一边创新迭代，一边投资并购，且并购成为最重要的驱动力量。

第一节
国内已上市互联网科技巨头的生态投资与并购布局地图

该类情形以国内互联网科技巨头“BAT”为例。根据相关信息披露，“BAT”每年进行的海内外投资并购都在数十起以上，这些投资并购无论在国内还是境外，无论是基于线上还是基于线下实体，无论是软件还是硬件，经过系统梳理后，就会发现一个共同的逻辑，就是“BAT”进行的投资与并购存在如下六大特点。

第一，围绕各自的平台扩展与生态构建来投资并购布局，与其他纯粹的VC不同，“BAT”的投资与并购完全是为了自己的核心资源来进行的，而不从事纯粹的投资。第二，“BAT”投资与并购是携自己的核心资源入局的，也就是能够利用自己的资源为被投资并购对象赋能、输出能力、形成协同。一些公司之所以接受BAT的投资并购就是看中了BAT这些核心的资源，这是其他VC无法替代的。第三，BAT的投资并购具有前瞻性布局，呈现出与竞争对手争抢赛道入口、船票的情形。第四，BAT的投资并购是基于自己做无法做到或做不好，或者基于亲自做太累，或者基于动手做为时已晚等原因而进行的。第五，BAT的投资并购部分是属于探索性、试探性的布局。第六，BAT的投资并购部分是出于防御性，因为不知后来者哪个会对自己形成致命威胁或颠覆，而进行分散型防御性的投资布局。

一、从BAT 2017年度投资布局看生态投资并购特点

根据《IT桔子BAT投资并购数据》报告，百度、阿里巴巴与腾讯在2017年的投资并购版图如下：

2017年百度投资并购涉及36个公司，主要分布在6个相关领域：VR/

AR 与智能硬件，智能汽车与人工智能，大数据，电商与汽车、房产服务、媒体。

2017 年阿里巴巴投资并购涉及 68 个公司，主要分布在 7 个相关领域：VR/AR 与人工智能、汽车、云计算与云服务、共享经济、文化与生活服务、新零售、金融科技。

2017 年腾讯投资并购涉及 122 个公司，主要分布在 12 个相关领域：动漫、游戏、短视频与电影、阅读与内容付费、社交与工具、教育、医疗、生活服务与电商、金融、汽车交通、公司服务、机器人与智能硬件。

将 BAT 与以上这些项目的投资关系网络可视化出来，可以更直观地看到 BAT 投资并购数量情况与它们之间的合作情况（BAT 合投情况）。

二、BAT 案例评析

BAT 作为国内互联网科技的三巨头，分别占据了互联网的搜索、电子商务及社交三大入口、山头。而搜索、电子商务及社交是互联网之刚需，是使用频次最高的三大领地。其实质都是流量生意，虽然互联网模式千变万化，但其变现为真金白银的模式只有三种：广告、电商与游戏。在此情形下，BAT 的发展战略与竞争策略就是让自己的流量越来越大，变现能力越来越强。百度变现靠广告，阿里巴巴变现实质也是靠广告服务及金融服务、物流服务，腾讯变现靠游戏、金融服务等。在变现过程中，需要进入更多的元素与合作者，所以，开放与协作成了其主要的模式。

为了应对流量大战，抢地盘，抢变现生意，围绕自己的核心优势资源与能力，除了开放、开源、合作、共享、赋能之外，就必须围绕平台与生态的布局来进行更紧密的投资与并购了。

除了上述之外，通过投资与并购形成能力输出，形成交易合作，将自己短板补齐了，以升级自己的维度，便于降维打击。还有一个作用就是防御不确定的颠覆者，隐藏在门口的野蛮人，因为不知是谁，索性不如早一点儿把可能的对手全部化敌为友，而投资并购就是最好的方式。

第二节 国内未上市互联网科技巨头的生态投资与并购布局地图

与传统公司显著不同的是，一些未上市的互联网科技独角兽在持续亏损、需要巨额资金投入扩张的过程中，一边进行巨额的融资，一边拿融来的资金投资并购其他公司，这一点在传统公司惯常思维看来难以理解。为何要这样做？已经上市的公司进行投资并购是可以理解的，但作为自己尚未上市还需要融资发展的独角兽，为何却拿融来的用于发展的资金去投资并购他人？是何逻辑与原因呢？

一、以未上市前的小米、美团和尚未上市的滴滴、字节跳动为例

1. 小米的生态是靠投资出来的①。小米围绕生态布局，通过投资不控股的模式投资了近百家智能硬件及相关公司，而绝大部分都是发生在小米赴香港上市之前。其用意何在？这些投资对于其上市有无影响？据投资界不完全统计，2018 年小米以及雷军旗下顺为资本，累计投资了 134 个项目，收获了 11 家上市公司，其中 9 家为 IPO。除了小米之外，小米和顺为资本

① 内容参考网络公开文章：《小米家族的投资版图：一年投了134个项目，收获11家上市公司》。

投资过的公司在 2018 年还有 8 家公司 IPO。

据投资界不完全统计，小米和顺为资本整个 2018 年对外投资合计达近 140 笔，小米参与了其中的 39 笔，而且小米参与的投资中又有一半是与顺为资本共同投资的。

2013 年底，小米启动了小米生态链计划。采用“投资 + 孵化”的模式积极扩张产品线，以手机为核心，辅以周边的小米生态链企业，将各种产品渗透到用户家庭中。雷军曾多次表示，要将小米模式切入 100 个细分领域，把小米从一只大船变成完整的舰队。

2017 年，小米投资了接近 100 家生态链创业企业，其中 30 多家已发布了产品，销售额突破 200 亿元，年复合增长率超过 100%。截止 2017 年底，小米 IoT 平台联网设备已超过 1 亿台，平均日活跃设备超过 1000 万台，用户粘性在业界遥遥领先。小米 IoT 平台通过智能硬件产品通过切入用户的各个生活场景，改变了用户的习惯，真正提升了用户体验。

在小米生态链的布局上，坚持投资但不控股。保持轻体量低成本的运转，同时保持创业企业的战斗力和创新性，支持专业团队做最擅长的领域。形成了小米生态链企业互利共生、协同共振的良好形态。

2. 国内互联网科技新贵 TMD 的投资版图①。字节跳动、美团、滴滴（TMD）在尚未上市之际，面对未来的布局，在投资并购上也蠢蠢欲动。

从第一次出手至今，TMD 共投资了 150 多家公司。从投资版图来看，三家均围绕核心业务展开，字节跳动偏爱内容社交，美团喜欢餐饮旅游，滴滴独爱出行。

2016 年之前，字节跳动仅出手 8 个项目，而如今，字节跳动已经投资 53 个项目，先后涉及内容、社交、出海等多个领域，其投资领域和字节跳动的业务发展高度协同。

① 内容参考网络公开文章：《解码TMD投资版图》。

2017 年下半年是字节跳动投资的分水岭。在此之前，字节跳动的投资大部分限于国内，投资领域大部分是内容、社交和工具，而其中平台类公司非常多，可以说除去内容领域板块的自媒体投资，其余所有的均为平台类公司。

这些业务的本质均为流量获取。字节跳动利用资本的触手布局各类新兴平台，目的便是为了促成不同平台间的用户转化以及商业化渠道共享，借以巩固并扩张自己的流量版图。

而当国内流量见顶之后，字节跳动选择出海作为自己流量版图的另一重点延伸方向。从 2017 年 10 月至今，今日头条已经累计投资（收购）了 9 个海外内容平台，覆盖图文、短视频、直播等多种主流内容形式。

从 2014 年至今，美团共出资 74 笔（涵盖大众点评及龙珠资本投资项目），是 TMD 中出手频次最多的一家。

2016 年下半年开始，滴滴通过并购 / 投资 / 内部孵化形成了以快车、专车、顺风车、出租车为核心，搭载巴士、单车、电单车等多种出行方式的核心竞争力。

二、TMD 等投资并购案例评析

通过对小米、美团、滴滴、字节跳动等公司上市前投资项目剖析，可以清楚看出它们的投资并购逻辑在哪里。与专业型的投资机构不同，即便是聚焦于某个行业的专业投资，它们的投资与 TMD 相比，其目的与战略也截然不同。通过项目罗列，就可以回答缘何自己未上市，也要花钱来投资并购其他项目。原因就在于，面对已经成为巨头的 BAT 而言，TMD 都处在围堵之中，前有堵截后有追兵，稍有不慎就会前功尽弃，在此情况下，不仅要低头走路还要抬头看天。一边继续夯实自己的业务基础，一边需要左顾右盼，通过并购来整合或消灭竞争对手，同时，需要为了补全布局，弥补短板来进行生态型投资。

现在的互联网科技公司，如果未来要持续发展，成为平台公司以及生态型公司是不二选择，因为缺乏了生态就失去了阵地。好的产品，才能吸引客户，平台也可以搭建，但是持续地维系用户、扩大流量、进行变现，就需要强大的生态，没有了生态圈和生态环境，一切利益相关者就难以持久围绕其生存。

而扩展平台、构建生态是最为关键的发展战略，一刻都不能疏忽，在此情况下，我们就可以理解这些尚未上市的互联网科技公司缘何去大肆投资并购了。